Deutsche strafrechtliche Landesreferate zum X. Internationalen Kongreß für Rechtsvergleichung Budapest 1978

Beiheft zur
Zeitschrift für die gesamte
Strafrechtswissenschaft

Herausgegeben von Hans-Heinrich Jescheck

1978
Walter de Gruyter · Berlin · New York

Gedruckt mit Unterstützung der Deutschen Forschungsgemeinschaft
Redaktion: Dr. Johannes *Driendl*

ISBN 3 11 00778 5

Printed in Germany

Satz und Druck: Vereinigte Druckereien Chmielorz & A. W. Hayn's Erben, 1000 Berlin 44

Inhaltsverzeichnis

Die Kongresse der Internationalen Akademie für Rechtsvergleichung

Teheran 1974 und Budapest 1978

Die Wahl des Kongreßorts Teheran für den IX. Kongreß der Akademie geschah im Grunde aus Verlegenheit. Nach dem blutigen Putsch vom 11. September 1973 mochte die Akademie an Santiago de Chile nicht festhalten. Wie schon 1970, als im Hinblick auf das Regime der griechischen Obristen für Athen als Tagungsort Ersatz gesucht werden mußte, so stellte sich auch diesmal die Frage, wer bereit und in der Lage wäre, die Ausrichtung des Kongresses kurzfristig zu übernehmen. Dem tatkräftigen iranischen Akademiemitglied *H. Afchar*, Dekan der juristischen Fakultät der Universität Teheran, ist es zu danken, daß die Akademie 1974 nach Teheran ausweichen und die mißliche Alternative, den Kongreß um ein Jahr zu verschieben, vermeiden konnte.

Was zunächst lediglich eine Verlegenheitslösung war, erwies sich dann freilich als eine Chance, die von den iranischen Kollegen voll genutzt wurde. Der erste Kongreß der Akademie außerhalb Europas[1] war zugleich wohl ihr bisher glänzendster.

Der im Zentrum Teherans gelegene Campus der (staatlichen) Universität Teheran[2], dicht bebaut, aber doch durch viele Grünflächen aufgelockert, war der Ort der wissenschaftlichen Veranstaltungen. Er war durch Busse und Kollektivtaxis leicht zu erreichen, soweit die Teilnehmer nicht sowieso in nahegelegenen Hotels Unterkunft gefunden hatten.

Den Rahmen für den Kongreß insgesamt bot dagegen, wie man ohne Übertreibung sagen kann, das jahrtausendealte Kulturland Persien, und die Gastgeber unterließen nichts, um ihren ausländischen Gästen zu zeigen, was morgendländischer Glanz und

[1] Die ersten acht Kongresse fanden in Den Haag (1932 und 1937), London (1950), Paris (1954), Brüssel (1958), Hamburg (1962), Uppsala (1966) und Pescara (1970) statt.

[2] Neben ihr gibt es in Teheran noch die (private) Nationaluniversität, die ebenfalls eine juristische Fakultät aufweist.

morgenländische Gastfreundschaft ist. Die Kongreßteilnehmer erinnern sich lebhaft an den Empfang des Oberbürgermeisters von Teheran in der zauberhaften Atmosphäre einer Villa am Stadtrand (statt einer Rede wurden die Gäste durch eine Sängerin erfreut), an die iranischen Volkstänze in der modernen Roudaki Hall, insbesondere aber an die Ausflüge nach dem Wallfahrtsort Meschhed (nahe der afghanischen Grenze), nach Isfahan, Schiras und Persepolis. Die Gastfreundschaft der iranischen Kollegen war überwältigend.

Das wissenschaftliche Programm war von der Akademie, worauf bereits in der Vorschau auf den Kongreß hingewiesen worden war[3], überreichlich ausgestattet worden: Nicht weniger als 39 Themen waren zu behandeln! Es konnte daher nicht ausbleiben, daß die Diskussionen, für die in den parallel tagenden Sektionen jeweils nur etwa drei Stunden pro Thema zur Verfügung standen, häufig an der Oberfläche bleiben mußten[4]. Der eigentliche wissenschaftliche Wert dieser Kongresse liegt, so wie sie ausgerichtet werden, eben weniger darin als in den veröffentlichten Landes- und Generalberichten.

Die deutschen Landesberichte waren diesmal nach Sektionen und damit nach Sachgebieten geordnet in mehreren Zeitschriften erschienen[5]. Erfreulicherweise lagen sie zu sämtlichen 39 Themen des Kongresses vor Kongreßbeginn gedruckt vor. Freundliche Unterstützung der Deutschen Forschungsgemeinschaft erlaubte es, sie den Kongreßteilnehmern kostenlos zugänglich zu machen[6].

[3] Beiheft ZStW 1974, 1 (2/3).

[4] Siehe dazu auch die Kongreßberichte von *Bartsch* in der NJW 1975, 486/487 und *Puttfarken* in RabelsZ 1975, 101—103.

[5] Sektion I: Zeitschrift für vergleichende Rechtswissenschaft, Band 75 Heft 1 (170 S./DM 24,—). Sektion II: Materialien zum ausländischen und internationalen Privatrecht, Band 21 (VIII, 240 S./DM 81,—). Sektion III: Abhandlungen aus dem Gesamten Bürgerlichen Recht, Handelsrecht und Wirtschaftsrecht, Heft 46 (VI, 129 S./DM 28,—). Sektion IV: Archiv des öffentlichen Rechts, Beiheft 1 (IV, 240 S./DM 68,—). Sektion V: Zeitschrift für die gesamte Strafrechtswissenschaft, Beiheft 1974 (172 S./DM 64,—). Sondersektion: Datenverarbeitung im Recht, Band 3 Heft 1/2 (124 S. [ferner 43 S. österreichische Landesberichte und 7 S. weitere Beiträge/DM 88,—]).

[6] Mehrere Länder legten ihre Berichte in Sammelbänden vor, so Italien (38 Themen), USA (34 Themen), Belgien (29 Themen), Jugoslawien (20 Themen), Ungarn (14 Themen), Schweiz (14 Themen), Israel, Kanada und Österreich (je 11 Themen), Niederlande (6 Themen), Somalia (5 Themen).

Auch die tatkräftige Hilfe und der freundliche Empfang durch die Deutsche Botschaft sollen nicht vergessen werden.

Besonders erfreulich ist, daß es Dekan *Afchar* gelungen ist, nach dem Kongreß einen Sammelband mit Generalberichten herauszubringen[7]. Dies ist um so bemerkenswerter, als es der Akademie nicht immer zu gelingen scheint, die bei ihren Kongressen gehaltenen Generalberichte gesammelt vorzulegen. Gelegentlich überläßt sie es der Initiative der einzelnen Generalberichterstatter, ihre Generalberichte zu veröffentlichen. Die Folge ist, daß diese Berichte verstreut erscheinen und nur schwer zu ermitteln sind.

Für den Teheraner Kongreß ist nun diese Schwierigkeit dank des von der Universität Teheran herausgegebenen Bandes behoben. Er umfaßt Generalberichte zu 35 der 39 Themen des Kongresses.

Vorstellbar wäre freilich noch eine wesentlich zweckmäßigere Form der Veröffentlichung von Landes- und Generalberichten, nämlich die Zusammenfassung jeweils eines Generalberichts mit allen zu dem betreffenden Thema erstatteten Landesberichten. Dieser Vorschlag *Drobnigs*[8] dürfte freilich die Möglichkeiten der Akademie überschreiten und hat daher gegenwärtig leider keine Aussicht auf Verwirklichung.

Besucht wurde der Teheraner Kongreß von rund 250 Teilnehmern aus etwa 40 Ländern. Das stärkste Kontingent stellte verständlicherweise der Iran mit 42 Teilnehmern. Es folgten Italien, Frankreich, die Bundesrepublik (22 Teilnehmer), Belgien, Jugoslawien, Kanada und Großbritannien. Die übrigen Länder entsandten je weniger als 10 Teilnehmer. Erstmals war auch die DDR vertreten.

Für den Kongreß 1978 hatte die Akademie die Wahl zwischen Caracas und Budapest. Nach dem so glänzenden Treffen in Teheran werden es die ungarischen Gastgeber nicht leicht haben. Ungarische Gastfreundschaft und Liebenswürdigkeit sind jedoch eine Gewähr dafür, daß auch Budapest die Erwartungen nicht enttäuschen wird. Ein Überblick über die bisher vorliegenden Anmeldungen zeigt, daß die Teilnehmerzahl von 1974 übertroffen

[7] Université de Téhéran: Rapports Généraux du IXe Congrès international de Droit comparé. Brüssel: Bruylant 1977.

[8] RabelsZ 1971, 576 (577).

werden wird. Dafür ist nicht nur die für viele günstigere Lage des Tagungsortes in Europa, sondern selbstredend die Anziehungskraft der alten Donaumetropole verantwortlich.

Was die Zahl der Themen anlangt, so übertrifft sich die Akademie selbst: 44 Themen sollen in der Zeit vom 23. bis 28. August in Budapest behandelt werden. Da erfahrungsgemäß nur die Hälfte der Kongreßtage für Arbeitssitzungen zur Verfügung steht, läßt sich abschätzen, wie wenig Zeit die — allerdings parallel tagenden — Sektionen zur Bewältigung ihres Programmes haben. Eine Beschränkung der Themenzahl wäre sicherlich dienlich. Die Akademie scheint aber daran festhalten zu wollen, daß eine möglichst breite Palette von Verhandlungsgegenständen ausgebreitet werden soll.

Zur Vorbereitung der deutschen Beiträge ist wiederum wie schon 1974 ein Nationalkomitee gebildet worden. Erfreulicherweise ist es diesem gelungen, Landesberichterstatter für sämtliche 44 Themen des Kongresses zu gewinnen. Zur Stunde, in der diese Zeilen geschrieben werden, liegen 41 dieser Berichte vor und befinden sich bereits im Druck. Die Veröffentlichung geschieht wiederum nach Sektionen und damit nach Sachgebieten geordnet.

Im vorliegenden dritten Beiheft der ZStW sind die deutschen Landesberichte zu den fünf Themen der Sektion V (Strafrecht/Strafprozeßrecht/Kriminologie) zusammengefaßt. Der Tatkraft der Redaktion ist es zu danken, daß sie noch rechtzeitig vor dem Kongreß erscheinen. Die Unterstützung der Deutschen Forschungsgemeinschaft wird es uns, wie wir hoffen, auch in Budapest ermöglichen, den Teilnehmern kostenlose Kongreßexemplare zur Verfügung stellen zu können.

Kongreßsprachen der Akademie sind nur Englisch und Französisch. Den in deutscher Sprache verfaßten strafrechtlichen Landesberichten wurden daher Kurzfassungen in diesen Sprachen und — im Hinblick auf die Bedeutung des hispano-amerikanischen Rechtskreises für die Strafrechtswissenschaft — auch in Spanisch beigefügt. Für die große Mühe der Übersetzung gebührt besonderer Dank Mme *Bleckmann*, Dipl.-Übers. Richter *Niederndorfer* und Lcdo. *Zugaldia*.

Generalberichterstatter für die Themen dieser Sektion sind *Andrejew*/Warschau (V A 1), *Hirano*/Tokio (V A 2), *Constant*/St. Nicolas-lez-Liège (V A 3), *Kudriasev*/Moskau (V A 4) und *Lekschas*/Berlin (V B 1). Erstmals wird damit ein Generalbericht auf einem Kongreß der Akademie durch einen Gelehrten aus der DDR erstattet.

Derzeit ist noch nicht bekannt, ob und wo die Generalberichte veröffentlicht werden. Üblicherweise erscheinen sie erst nach dem Kongreß. Ob das ungarische Organisationskomitee einen Sammelband mit den Generalberichten herausgeben wird, ist bisher noch nicht mitgeteilt worden.

Drei deutsche Generalberichterstatter und 45 deutsche Landesberichterstatter haben sich bemüht, den Kongreß sorgfältig vorzubereiten, um damit ihren Beitrag zu seinem Gelingen zu leisten. Über die wissenschaftlichen Beiträge hinaus, die für ihn erarbeitet wurden, mögen die Begegnungen in Budapest bestehende Verbindungen vertiefen und neue knüpfen helfen. Mit unserem Dank an die ungarischen Gastgeber verbinden wir gute Wünsche für einen erfolgreichen und fruchtbringenden Verlauf des Kongresses.

Dr. Kurt *Madlener* MCL

Generalsekretär des Deutschen Nationalkomitees,
Freiburg im Breisgau

Die strafrechtliche Behandlung des Irrtums

Von Professor Dr. Justus *Krümpelmann*, Mainz

I. Übersicht

Mit dem neuen Allgemeinen Teil des Strafgesetzbuches[1] hat auch das Irrtumsrecht eine veränderte gesetzliche Form gefunden. Im Mittelpunkt des neuen Irrtumsrechts stehen die Vorschriften des § 16 zum Irrtum über Tatumstände (Tatbestandsirrtum) und des § 17 (Verbotsirrtum)[2]. Nach § 16, der sich sprachlich und inhaltlich eng an die Vorschrift des § 59 StGB a. F. anlehnt, entfällt bei Unkenntnis „eines Umstandes, der zum gesetzlichen Tatbestand gehört", der Vorsatz; beruht der Irrtum auf Fahrlässigkeit und besteht ein Fahrlässigkeitstatbestand, so wird der Täter bestraft (§ 16 Abs. 1 S. 2). Der Verbotsirrtum nach § 17 hat keinen Vorläufer im früheren Strafgesetzbuch[3]. Er wird als „fehlende Einsicht in das Unrecht der Tat" beschrieben. Ein Verbotsirrtum läßt den Vorsatz unberührt. Bei Unvermeidbarkeit handelt der Täter ohne Schuld; bei vermeidbarem Verbotsirrtum kann die Strafe gemildert werden (§ 17 S. 2)[4]. Die gesetzliche Behandlung des Tatbestandsirrtums läßt sich daher als Vorsatzausschlußlösung, die des Verbotsirrtums als Vermeidbarkeitslösung bezeichnen.

[1] In Kraft getreten am 1. 1. 1975; er beruht auf dem 2. Strafrechtsreformgesetz vom 4. 7. 1969 (BGBl. I 717). Das Strafgesetzbuch ist nach Inkrafttreten neu verkündet worden (BGBl. 1975 I 2). — Ohne nähere Angaben im Text zitierte Paragraphen beziehen sich auf dieses Gesetz.

[2] Zu weiterreichenden Regelungsplänen des amtlichen Entwurfs 1962 und des Alternativ-Entwurfs 1966, die beide den parlamentarischen Beratungen zugrunde lagen, vgl. den 2. Schriftlichen Bericht des Sonderausschusses für die Strafrechtsreform, Bundestagsdrucksache V/4095, S. 8 f.

[3] Anders im Nebenstrafrecht, vgl. die Nachweise bei *Jescheck*, Lehrbuch des Strafrechts, Allgemeiner Teil, 2. Aufl. 1972, S. 228 Anm. 46; *Tiedemann*, Tatbestandsfunktionen im Nebenstrafrecht, 1969, S. 298 ff.

[4] Nach dem Milderungsschlüssel des § 49 Abs. 1. Die Verbrechensqualität nach § 12 ändert sich nicht. Erhöhte Strafminima sind bei schweren Straftatbeständen auch bei Minderung nach § 49 Abs. 1 denkbar. Sie werden erst durch § 49 Abs. 2 beseitigt, der aber bei der Strafmilderung nach § 17 nicht anzuwenden ist.

Das Gesetz enthält keine Regelung des Irrtums über die Voraussetzungen eines Rechtfertigungsgrundes (Putativrechtfertigung)[5]. Die Rechtsprechung wendet überwiegend die Vorsatzausschlußlösung an; die Problematik gehört zu den umstrittensten Fragen im Irrtumsrecht[6].

II. Die Entwicklung des Irrtumsrechts bis zum Inkrafttreten des Allgemeinen Teils 1975

Die Rechtsprechung des Reichsgerichts zu § 59 StGB a. F.[7] unterschied zwischen Tatsachenirrtum und Rechtsirrtum. Der Tatsachenirrtum schloß den Vorsatz aus. Der Rechtsirrtum über Rechtsbegriffe und damit auch der Irrtum über die Rechtswidrigkeit der gesamten Tat blieben grundsätzlich unbeachtlich[8]. Entstammte der Rechtsbegriff jedoch dem Zivilrecht oder einem anderen außerstrafrechtlichen Rechtsgebiet, so wurde er dem Tatirrtum gleichgestellt[9]. Beim außerstrafrechtlichen Rechtsirrtum hat das Reichsgericht auch die rechtliche Fehlbewertung trotz richtiger sensueller Wahrnehmung als vorsatzausschließenden Tatirrtum behandelt[10]. Vermeidbarkeit der Unkenntnis von Tatsachen oder außerstrafrechtlichen Rechtsbegriffen wurde nur unter dem Gesichtspunkt der Fahrlässigkeit und bei bestehenden Fahrlässig-

[5] Einen Fall der Putativentschuldigung (mit Vermeidbarkeitslösung) enthält § 35 Abs. 2; vgl. unten VI. — Im Text wird nur der haftungsbeschränkende Irrtum behandelt. Der umgekehrte Tatbestandsirrtum (irrtümliche Annahme nicht gegebener Tatumstände), der nach den Regeln des untauglichen Versuchs behandelt wird, bleibt grundsätzlich außer Betracht. Zu den Umkehrstrukturen des Irrtums vergleiche *Engisch*, Festschrift für Heinitz, 1972, S. 185 ff.; *Rudolphi*, Systematischer Kommentar, 2. Aufl. 1977, Anm. 24, 32 zu § 22.

[6] Vgl. unten V.

[7] Vgl. zur Darstellung *R. v. Hippel*, VDA III (1908), S. 541 ff.; *ders.*, Deutsches Strafrecht, Bd. 2, 1930, S. 343 ff.; aus neuerer Zeit *Jescheck*, Allgemeiner Teil, S. 228.

[8] Vgl. RGSt 12, 399; der Irrtum über Tatumstände wird als Schuldausschließungsgrund aufgefaßt. Im Nebenstrafrecht waren ausnahmsweise auch sogen. Formaldelikte (Delikte ohne Verschuldenshaftung) anerkannt, vgl. *Frank*, Kommentar, 18. Aufl. 1930, S. 198.

[9] Vgl. u. a. RGSt 1, 369; 19, 211; 60, 302; zum ganzen *Frank* (Anm. 8), S. 182 ff. Bei unvermeidbarem strafrechtlichen Rechtsirrtum nahm die Lehre zum Teil eine übergesetzliche Entschuldigungsmöglichkeit an, vgl. z. B. *v. Liszt-Schmidt*, Lehrbuch des Deutschen Strafrechts, 26. Aufl. 1932, S. 245; *H. Mayer*, Strafrecht des Deutschen Volkes, 1936, S. 302.

[10] Vgl. z. B. RGSt 42, 43 f.; Irrtum über die Eigentumsbeziehung an einer Sache bei Kenntnis der Tatsachenlage wird nach § 59 behandelt; vgl. auch *Lobe*, in: Leipziger Kommentar, 4. Aufl. 1929, Anm. 7 b zu § 59.

keitstatbeständen berücksichtigt. Den Irrtum über strafrechtliche Rechtsbegriffe hatte der Täter voll zu verantworten; nach der Vermeidbarkeit des Irrtums wurde nicht gefragt. In ähnlicher Weise verfuhr das Reichsgericht beim Irrtum über strafausschließende Rechtssätze: Irrtümliche Annahme ihrer tatsächlichen Voraussetzungen führte zum Vorsatzausschluß[11]. Die irrtümliche Annahme eines nichtbestehenden Rechtfertigungssatzes war unbeachtlich[12]. Beim Irrtum über einzelne rechtliche Merkmale eines Rechtfertigungssatzes wurde wiederum nach Tatirrtum und Rechtsirrtum und nach strafrechtlicher oder außerstrafrechtlicher Herkunft des Begriffs unterschieden[13].

Die Grenze zwischen strafrechtlichem und außerstrafrechtlichem Rechtsbegriff blieb unscharf; Billigkeitserwägungen sind häufig spürbar und führen meist zu überzeugenden Ergebnissen[14], während die Begründung über die strafrechtliche oder außerstrafrechtliche Herkunft des Begriffs oft mindestens gekünstelt, wenn nicht widersprüchlich anmutet[15]. Die Unschärfezone zwischen strafrechtlichem und außerstrafrechtlichem Begriff verhinderte auch die Entwicklung einer präzisen Abgrenzung zwischen Tatirrtum und Rechtsirrtum, denn die Begründung für die außerstrafrechtliche Natur des Begriffs fiel oft leichter als eine Differenzierung nach Tatsache oder Rechtsbegriff. Prinzipiell ist der Tatirrtum jedoch auf sensuelle Fehlvorstellungen beschränkt; Fehlannahmen bei einfachen sozialen Beziehungsstrukturen wurden jedoch auch als Tatirrtum betrachtet[16].

[11] Ohne Unterscheidung nach Rechtfertigungs- oder Entschuldigungsgründen, die auch in der Dogmatik noch nicht differenziert waren, als die reichsgerichtliche Irrtumsrechtsprechung schon festlag. Vgl. u. a. zur Notwehr: RGSt 53, 132; 54, 37; zum entschuldigenden Notstand: RGSt 36, 340; 41, 216; 57, 268; zum Züchtigungsrecht: RGSt 61, 194.

[12] So faßt BGHSt 2, 198 die im einzelnen terminologisch unterschiedliche Rechtsprechung des Reichsgerichts im Ergebnis zutreffend zusammen (vgl. auch *Frank* [Anm. 8], S. 187).

[13] Vgl. etwa RGSt 19, 298; 61, 194.

[14] Vgl. besonders *H. Mayer* (Anm. 9), S. 300.

[15] *Jescheck*, Allgemeiner Teil, S. 228; vgl. den rückblickenden Rechtfertigungsversuch von *H. Mayer*, Strafrecht, 1953, S. 262 ff.

[16] Vgl. RGSt 43, 23 zum Begriff des Glückspiels: Irrtum über die mechanischen Grundlagen, die den Spielausgang als zufallsbedingt statt geschicklichkeitsbedingt erscheinen lassen, ist Tatirrtum; die Folgerung, der Mechanismus lasse nicht die Geschicklichkeit, sondern den Zufall entscheiden, ist (unbeachtlicher) Strafrechtsirrtum. Vgl. näher *Lobe*, in: Leipziger Kommentar, 4. Aufl., Anm. 7 a zu § 59.

Die Irrtumslehre des Reichsgerichts lag in den Grundzügen noch vor Ende des vorigen Jahrhunderts fest und steht im Zusammenhang mit Anschauungen, die sich schon bald als überholt erwiesen. Die Überzeugung, daß die Normen des Strafrechts einer eingewurzelten Wertvorstellung von jedermann entsprachen, Unkenntnis des Rechts also nicht entschuldigen könne, war mindestens im schon damals entwickelten Nebenstrafrecht[17], aber auch bei vielen Vermögensdelikten oder den Urkundendelikten zweifelhaft: solche Entfernung vom Kernbereich sozialethischer Normen führte zur Anerkennung des außerstrafrechtlichen Rechtsirrtums. Die Irrtumslehre bildete sich unter dem Einfluß des psychologischen Schuldbegriffs, der die Wahrnehmungsbeziehung zwischen Täter und Tatumstand betonte[18]. Mit einem kritischen Verständnis des Verhältnisses von Wahrnehmungstatsachen und Bedeutungskenntnis, wie es vor allem die teleologische Rechtslehre entwickelt hatte[19], war die Gegenüberstellung von Tatirrtum und Rechtsirrtum indessen nicht mehr vereinbar. Nach Anerkennung des normativen Charakters der Schuld als Vorwerfbarkeit war die Lehre von der Unbeachtlichkeit des strafrechtlichen Rechtsbegriffs unhaltbar geworden. Dem Reichsgericht sind denn auch nicht so sehr Ergebnisfehler, als das Beharren auf überalterten Maßstäben vorgeworfen worden.

Der Bundesgerichtshof hat daher im Beschluß des Großen Strafsenats am 18. März 1952 (BGHSt 2, 194) mit der reichsgerichtlichen Rechtsprechung gebrochen und die Maßstäbe übernommen, die auch den geltenden Irrtumsvorschriften des § 16 und § 17 zugrundeliegen[20].

Die beiden Irrtumslehren, zwischen denen der Bundesgerichtshof zu entscheiden hatte, waren von der Rechtsprechung nach 1945 gelegentlich schon herangezogen worden und in der Lehre

[17] Vgl. *Mattes*, Untersuchungen zur Lehre von den Ordnungswidrigkeiten, 1977, S. 135 ff.

[18] *Jescheck*, Allgemeiner Teil, S. 229.

[19] Vgl. etwa *Mezger*, Festschrift für Traeger, 1926, S. 187 ff.; zum Einfluß dieser Lehre auf den Tatbestandsbegriff *Jescheck*, ZStW 73 (1961), 192.

[20] Zur unmittelbaren Wirkung vgl. *H. Mayer*, MDR 1952, 392 (Versuch, das Fortbestehen der reichsgerichtlichen Grundsätze aufzuzeigen); *Lang-Hinrichsen*, JR 1952, 302 (Vorwurf des Rückschritts hinter den Stand der Lehre und des Verstoßes gegen das Schuldprinzip); *Welzel*, NJW 1952, 564, der die Entscheidung durch Vorveröffentlichungen maßgeblich beeinflußt hatte, vgl. besonders SJZ 1948, Sp. 368.

in ungefähr gleichem Maße vertreten[21]. Schuld- und Vorsatztheorie sind beide mit der Entwicklung des normativen Schuldbegriffs verknüpft. Schuld ist „Vorwerfbarkeit"; das bedeutet, daß der Täter sich von der Rechtsnorm zu rechtmäßigem Verhalten bestimmen lassen kann[22]. Der Vorsatz als Tatbestandskenntnis wird zur Vorbedingung für die Möglichkeit, sich rechtmäßig zu verhalten. Das Schuldhafte am Vorsatz liegt darin, daß der Täter die Kenntnis von den Tatbestandsmerkmalen nicht zu Motiven hat werden lassen, um von der Tat Abstand zu nehmen (Appellfunktion des Vorsatzes). Die Lehren unterscheiden sich in der Art dieser Funktionsbeziehung: Bei der Schuldtheorie genügt es, daß der Vorsatz die Unrechtskenntnis ermöglicht; statt aktueller Unrechtskenntnis reicht die potentielle Kenntnis zur Begründung des Schuldvorwurfs aus. Für die Vorsatztheorie liegt der Schuldunwert des Vorsatzes in der bewußten Zuwiderhandlung gegen das Recht. Kern der Bedeutungskenntnis des Tatbestands ist die Erkenntnis seiner Rechtswidrigkeit. Vorsatz und Unrechtsbewußtsein dürfen daher nicht getrennt werden[23].

Der BGH prüft die beiden Irrtumstheorien vorwiegend auf ihre kriminalpolitischen und logischen Konsequenzen. Als Vorteil der Vorsatztheorie wird hervorgehoben, daß die schwierige Frage der Abgrenzung zwischen Tatbestandsirrtum und Verbotsirrtum überflüssig werde; der BGH verwirft jedoch die Lehre, da sie unerträgliche Lücken im Strafrechtsschutz aufweise. Er verweist auf fehlendes aktuelles Unrechtsbewußtsein bei spontanen Affekthandlungen, Überzeugungstätern und abgestumpften Gewohnheitsverbrechern. Bei der geringen Zahl von Fahrlässigkeitstatbeständen sei die Möglichkeit, in diesem Rahmen wegen Rechtsfahrlässigkeit zu strafen, nicht ausreichend. Einschränkungen der Vorsatztheorie durch Aufstellung eines Allgemeintatbestandes der Rechtsfahrlässigkeit oder durch Nichtanerkennung des Mangels der Verbotskenntnis beim Überzeugungs- und Gewohnheitstäter[24]

[21] *Jescheck*, Allgemeiner Teil, S. 339; zur Situation vor der BGH-Entscheidung vgl. *Arth. Kaufmann*, Das Unrechtsbewußtsein, 1949, S. 210 ff.; *Baumann*, Strafrecht, Allgemeiner Teil, 8. Aufl. 1977, S. 442.

[22] Vgl. *v. Liszt-Schmidt* (Anm. 9), S. 220 ff.; prägnant zusammenfassend *Arm. Kaufmann*, Festschrift für Eb. Schmidt, 1961, S. 320.

[23] Vgl. die Gegenüberstellung der beiden Lehren durch *Mezger* und *Welzel* in der 14. Sitzung der großen Strafrechtskommission, Niederschriften, Bd. 2 (1958), S. 5 ff., 21 ff.

[24] So die eingeschränkte Vorsatztheorie, vgl. *Mezger*, Leipziger Kommentar, 8. Aufl. 1957, S. 492 ff.; dagegen *Baumann*, Allgemeiner Teil, S. 444.

gäben den praktischen Nutzen der Lehre auf, die Überflüssigkeit der Trennung zwischen Tatbestands- und Verbotsirrtum, und führten zu unzulässigen Vorsatzfiktionen.

Der BGH entschied sich daher für die Schuldtheorie, die durch die Anerkennung eines potentiellen Unrechtsbewußtseins die kriminalpolitischen Mängel der Vorsatztheorie vermeidet. Der Schuldvorwurf schon bei möglicher Verbotskenntnis wird unter verantwortungsethischem Aspekt mit dem berühmt gewordenen Satz begründet: „Der Mensch ist, weil er auf freie, sittliche Selbstbestimmung angelegt ist, auch jederzeit in die verantwortliche Entscheidung gerufen, sich als Teilhaber der Rechtsgemeinschaft rechtmäßig zu verhalten und das Unrecht zu vermeiden. Dieser Pflicht genügt er nicht, wenn er nur das nicht tut, was ihm als Unrecht klar vor Augen steht. Vielmehr hat er bei allem was er zu tun im Begriff steht, sich bewußt zu machen, ob es mit den Sätzen des rechtlichen Sollens im Einklang steht“ (BGHSt 2, 201). Bleibt der Irrtum auch bei Erfüllung der Pflicht zur Gewissensanspannung und Rechtserkundigung unüberwindlich, handelt der Täter ohne Schuld; der BGH entwickelte einen damals noch übergesetzlichen Schuldausschließungsgrund. Beim vermeidbaren Verbotsirrtum könne, wenn auch nicht notwendig, die Schuld gemindert sein, und zwar über das Maß des gesetzlichen Strafrahmens hinaus.

Beim Irrtum über Voraussetzungen eines Rechtfertigungsgrundes neigt der BGH zum Tatbestandsirrtum, denn erst aufgrund der tatsächlichen Vorstellungen könnten sich die Wertungsfragen erheben. In diesem Sinne ist dann später auch weitgehend judiziert worden[25].

Die Regelung des Verbotsirrtums in § 16 und 17 führt über diese Maßstäbe nicht hinaus. Auch für das heutige Recht bedürfen daher die Fragen noch einer Antwort, die in der Auseinandersetzung mit der Entscheidung schon bald gestellt worden sind: Die Abgrenzung von Tatbestandsirrtum und Verbotsirrtum führt zu ähnlich komplizierten Fragen wie das vom Reichsgericht nicht gelöste Problem der Abgrenzung von Tatirrtum und Rechtsirrtum. Die Unvermeidbarkeit des Verbotsirrtums ist schwer präzisierbar und läßt an vergleichbare Ermessenszonen wie beim außerstrafrechtlichen Rechtsirrtum denken. Vor allem aber bleibt die Frage

[25] Ständige Rechtsprechung seit BGHSt 3, 105; zu Ausnahmen bei einzelnen Rechtfertigungsgründen vgl. unten V 1.

offen, ob die gesetzliche Lösung dem Schuldprinzip wirklich Genüge tut, denn im „Falle des Verbotsirrtums ist der Täter nicht in der Lage, sich gegen das Unrecht zu entscheiden" (BGHSt 2, 201)[26].

Umstritten bleibt auch die Frage, wie der vom BGH vollzogene Übergang von Tatirrtum zu Tatbestandsirrtum zu verstehen sei, insbesondere, was zur Bedeutungskenntnis des Tatvorsatzes verlangt werden müsse. Hier entwickelte sich in der Folgezeit eine breite Skala von Rechtsauffassungen, die von einem wertfreien Tatumstandswissen[27] bis zu der Forderung reicht, der Vorsatztäter müsse die Sozialschädlichkeit oder die materielle Rechtswidrigkeit der Tat erkannt haben[28]. Im praktischen Ergebnis nähern sich die Positionen der Vorsatztheorie und der Schuldtheorie oft viel mehr, als die theoretischen Ausgangspunkte es vermuten lassen[29]. Wichtige Erkenntnisse der Vorsatztheorie sind auch im geltenden Recht, das die Schuldtheorie zugrunde legt, nicht überholt.

III. Der Tatbestandsirrtum, § 16

1. Die Reichweite und Behandlung des Tatbestandsirrtums

Tatbestandsirrtum ist die Umkehrform des Vorsatzes[30]. Die Reichweite des Vorsatzes — und folglich die Möglichkeit eingreifender Tatbestandsirrtümer — ergibt sich aus § 15: Strafbar ist

[26] Zur Abgrenzungsfrage vgl. besonders *Lang-Hinrichsen*, JR 1952, 358; *Schröder*, ZStW 65 (1953), 178 ff.; *Baumann*, Allgemeiner Teil, S. 448 ff. — Zur Vermeidbarkeitsproblematik vgl. *Schmidhäuser*, Festschrift für H. Mayer, 1966, S. 317 ff. — Zur Verwirklichung des Schuldprinzips: *Lang-Hinrichsen*, JR 1952, 192; besonders *Schmidhäuser*, NJW 1976, 1807 ff.; *Langer*, GA 1976, 203 ff.

[27] H. L.; vgl. *Welzel*, Das deutsche Strafrecht, 11. Aufl. 1969, S. 75 f.; vgl. besonders *Arm. Kaufmann*, ZStW 70 (1958), 64 ff. Eine Übersicht über den Stand der Meinungen gibt *Schmidhäuser*, Strafrecht, Allgemeiner Teil, 2. Aufl. 1975, S. 423, Anm. 50.

[28] *Arth. Kaufmann*, ZStW 76 (1964), 553 ff.; *Otto*, Grundkurs Strafrecht, 1976, S. 209 f.

[29] In diesem Sinne sogar *Mezger* und *Welzel* als Exponenten der beiden Lehren; vgl. oben Anm. 23; siehe auch *Arm. Kaufmann*, ZStW 80 (1967), 43 f.

[30] Zum Tatbestandsirrtum als Umkehrform des Vorsatzes vgl. besonders *Arm. Kaufmann*, JZ 1955, 38; natürlich bezieht sich dieses Verhältnis nur auf die Wissenskomponente des Vorsatzes. Die Probleme bei Ausfall lediglich der Willenskomponente (bewußte Fahrlässigkeit) werden hier nicht behandelt.

nur vorsätzliches Handeln, wenn das Gesetz nicht fahrlässiges Handeln ausdrücklich mit Strafe bedroht[31]. Tatbestandsirrtum kommt also bei allen Vorsatzdelikten in Betracht und ist die Unkenntnis der objektiven Tatumstände[32].

In einigen Fällen verweist ein Gesetz auf Umstände, die aus kriminalpolitischen Gründen die Strafbarkeit einschränken, die aber ohne Bedeutung für den Unrechts- und Schuldgehalt der Tat sind[33]. Bei diesen objektiven Strafbarkeitsbedingungen ist Vorsatz nicht erforderlich und ein Irrtum darüber folglich unerheblich.

Wird das Vorsatzdelikt durch ein Fahrlässigkeitsdelikt flankiert, wie die vorsätzliche Tötung nach §§ 211, 212 durch § 222, so wird der Täter bei einem Tatbestandsirrtum nach dem Fahrlässigkeitstatbestand bestraft, wenn seine Unkenntnis auf mangelnder Sorgfalt beruht (§ 16 Abs. 1 S. 2). In den meisten Fällen ist die Rechtsfolge des Tatbestandsirrtums jedoch die Straflosigkeit, da die Zahl der Fahrlässigkeitstatbestände begrenzt ist: Sie fehlen unter anderem im Vermögensstrafrecht, bei den Urkundendelikten, den Amtsdelikten, den Staatsschutz- und Sittlichkeitsdelikten, bei Abtreibung, Freiheitsberaubung und Nötigung.

Irrt sich der Täter über einen Tatumstand, der die Strafbarkeit nach einer strengeren Vorschrift begründen würde, so kann er nur wegen des leichteren Delikts bestraft werden[34], da es eine auf straferhöhende Merkmale beschränkte Fahrlässigkeit nicht gibt[35].

Einen Sonderfall des Tatbestandsirrtums regelt § 16 Abs. 2, die irrtümliche Annahme strafmildernder Tatumstände. Sie ge-

[31] Der auf § 15 bezogenen formellen Definition läßt sich eine materielle Definition der Unkenntnis objektiver Tatbestandsmerkmale gegenüberstellen: Die Fahrlässigkeitsdelikte, die erfolgsqualifizierten Delikte des § 18 und die Vorsatz-Fahrlässigkeitskombinationen vor allem im Straßenverkehrsrecht (§ 315 c Abs. 3 Ziff. 1) erscheinen in dieser Sicht als gesetzlich geregelte Fälle des Tatbestandsirrtums.

[32] Zur Problematik der subjektiven Tatbestandsmerkmale vgl. *Jescheck*, Allgemeiner Teil, S. 219.

[33] Z. B. die Rauschtat bei der Berauschung des § 330 a; die schwere Folge beim Raufhandel des § 227; vgl. im einzelnen *Jescheck*, Allgemeiner Teil, S. 419; *Welzel*, Strafrecht, S. 58 f.

[34] Diese in § 59 StGB a. F. noch ausdrücklich genannte Konsequenz folgt schon aus dem Umkehrverhältnis des Tatbestandsirrtums zum Vorsatz und ist in § 16 daher mit Recht nicht mehr besonders erwähnt.

[35] In materieller Betrachtung des Tatbestandsirrtums (vgl. oben Anm. 31) stellen die erfolgsqualifizierten Delikte des § 18 eine Ausnahme dar.

hören meist nicht zum tatbestandsmäßigen Unrecht[36], sondern beziehen sich auf Teilverwirklichungen von Rechtfertigungs- oder Entschuldigungssätzen[37]. Das neue Gesetz behandelt diese Fälle gleich und läßt Strafbarkeit nur nach dem milderen Tatbestande zu[38].

2. Die Bewußtseinsform des Tatbestandsirrtums

Die Bewußtseinsform des Irrtums wird in § 16 Abs. 1 als Unkenntnis, in § 16 Abs. 2 als Fehlvorstellung gekennzeichnet. Entgegen dem Sprachgebrauch, der das Wort „Irrtum" nur für Fehlvorstellungen benutzt, bezieht sich der strafrechtliche Begriff auf jede Abweichung des Bewußtseins von der Wirklichkeit, mag sie auf Fehlannahme („error") oder Unkenntnis („ignorantia") beruhen. Beim Tatbestandsirrtum des § 16 Abs. 1 kommt es entscheidend auf das *Fehlen* der Kenntnis vom Vorliegen des Tatumstandes an; der Bewußtseinsinhalt ist dabei ohne Bedeutung[39].

Zweifelsfragen können sich bei der Abgrenzung von Kenntnis und Unkenntnis eines Tatumstandes ergeben. Die Aufmerksamkeit des Täters wendet sich meistens nur dem Handlungsziel und den gestaltenden Akten zu. Tatbestandsmerkmale etwa, die das Opfer näher kennzeichnen (z. B. das Kindesalter bei § 176 Ziffer 1) oder die auf Besonderheiten der tatbestandsmäßigen Situation hinweisen („besondere Verhältnisse des Straßenverkehrs" bei § 316 a) oder die Eigenschaften des Täters selbst beschreiben (Beamtenstellung, § 331; vgl. § 30 WStG) werden bei der Tatausführung meist nicht eigens reflektiert. Ein Tatbestandsirrtum kommt dennoch meistens nicht in Betracht. Solche Tatumstände sind mit dem Erleben der Tatsituation bewußtseinsautomatisch und zwangsläufig verknüpft. Es handelt sich um

[36] Vgl. etwa den 1975 aufgehobenen Übertretungstatbestand des Gebrauchsmitteldiebstahls nach § 370 Abs. 1 Ziff. 5 StGB a. F., ferner den bei *Dreher*, Kommentar, 37. Aufl. 1977, Anm. 8 zu § 16, genannten Fall, der aber auch über § 16 Abs. 1 zum selben Ergebnis zu führen wäre.

[37] Vgl. die rechtfertigungsnahe Tötung auf Verlangen (§ 216); die entschuldigungsnahe Situation der unehelichen Mutter gleich nach der Geburt bei der Kindestötung (§ 217).

[38] Das entspricht auch der früheren Rechtsprechung. Den dogmatisch wohlbegründeten Differenzierungsvorschlägen von *Küper*, GA 1968, 321, dürfte durch § 16 Abs. 2 der Boden entzogen sein.

[39] Vgl. dazu *Gössel*, Über die Bedeutung des Irrtums im Strafrecht, Bd. 1, 1974, S. 28 ff.

sachgedankliches Begleitwissen, das dem Vorsatz auch ohne besondere Aufmerksamkeitsakte immanent ist[40].

3. *Tatbestandsirrtum als Irrtum über den sozialen Bedeutungsgehalt*

a) Der Bedeutungsgehalt bei normativen und deskriptiven Tatbestandsmerkmalen

Mit dem Ersatz des Begriffs „Tatirrtum" durch „Tatbestandsirrtum" ist zum Ausdruck gebracht, daß die bloße Tatsachenwahrnehmung nicht mehr entscheidend ist. Es kommt vielmehr auf das Verständnis des Tatumstands in seinem sozialen Bedeutungsgehalt an. Er ergibt sich aus der allgemeinsprachlichen Bedeutung in dem Lebensbereich, den der Tatbestand betrifft. Kenntnis des Tatumstands bedeutet daher die Übereinstimmung des Verständnisses der Tatsache mit ihrem überindividuellen Verständnis. Richtige Tatsachenwahrnehmung gewährleistet daher noch kein richtiges Sinnverständnis, mag es auch durch falsche Wahrnehmung regelmäßig versperrt sein[41]. Die reine Tatsachenwahrnehmung sinkt damit zur bloßen Vorbedingung für den allein maßgeblichen Verständnisakt herab. Das gilt für normative, aber auch für deskriptive Tatbestandsmerkmale. Zwar ist bei deskriptiven Tatbestandsmerkmalen wie „Mensch", „Sache", „Töten" usw. die Erkenntnis des sozialen Bedeutungsgehalts mit der richtigen Tat-

[40] Die neuere Psychologie hat dieses schon früher die Rechtsprechung beherrschende Prinzip (vgl. *Bockelmann*, Gedächtnisschrift für Radbruch, 1968, S. 242 ff.) zum Teil empirisch untermauert und die Entstehungsbedingung solcher Bewußtseinsautomatismen gezeigt; grundlegend dazu *Platzgummer*, Die Bewußtseinsform des Vorsatzes, 1964, S. 83 ff., vgl. ferner *Schewe*, Bewußtsein und Vorsatz, 1967, besonders S. 120 ff. Die Tragweite der Bewußtseinsautomatismen wird manchmal überschätzt. Man glaubt, auch bei *inhaltlich* unklaren, nicht nur im Präsenzgrad undeutlichen Bewußtseinsformen Vorsatzprobleme lösen zu können (dagegen *Krümpelmann*, GA 1968, 132). Man übersieht, daß ein Bewußtseinsautomatismus ein klares Erfahrungsmodell voraussetzt, das oft fehlt und bei atypischen Situationen und Erregungszuständen versagen kann. — Über den der Sprachphilosophie entlehnten Begriff des Sachdenkens, der zu ähnlichen Problemen führt, besonders *Schmidhäuser*, Festschrift für H. Mayer, S. 325; *ders.*, Strafrecht, Allgemeiner Teil, 2. Aufl. 1975, S. 409 f. Gedanken dieser Art setzen sich allmählich auch in der Rechtsprechung durch, vgl. etwa BayObLG NJW 1977, 1974; zum ganzen *Welzel*, Strafrecht, S. 65 mit weiteren Nachweisen.

[41] Vgl. aber BGHSt 3, 248 (255): Kein Tatbestandsirrtum, wenn der Täter trotz unrichtiger Teilwahrnehmung von Tatsachen zum richtigen Bedeutungsverständnis gelangt ist.

sachenwahrnehmung meist bewußtseinsautomatisch verknüpft[42]. Im Einzelfall kann es am richtigen Bedeutungsverständnis trotz richtig erkannter Tatsachen auch bei deskriptiven Begriffen fehlen[43]. Bei normativen Merkmalen wie z. B. „Amtsträger", „Urkunde", „Mißhandeln", „fremd", „pornographisch", sind freilich besondere Verständnisakte regelmäßig erforderlich. Verständnisautomatismen schon bei Tatsachenwahrnehmung sind aber ebenfalls nicht selten. Die Fremdheit der Sache wird meistens aus dem bloßen Taterleben automatisch mitbewußt, es sei denn, daß zivilrechtliche Vorgänge die Eigentumslage verundeutlichen[44]. Die soziale Bedeutung erschließt sich manchmal nur durch eine eigene Täterwertung, etwa bei der Mißachtung im Beleidigungsbereich. Besonders bei derartigen Merkmalen ist es schwierig, eine die Bedeutung vermittelnde Wertung, die bei Ausbleiben Tatbestandsirrtum begründet, vom Unrechtsbewußtsein hinsichtlich der Gesamthandlung, also vom Verbotsirrtum, zu unterscheiden. Tatbestandsirrtum ist auch in einem solchen Fall Irrtum über den sozialen Bedeutungsgehalt, der hier freilich einen Wertungsakt zur psychologischen Voraussetzung hat.

Wenn auch kein grundsätzlicher Unterschied zwischen deskriptiven und normativen Merkmalen besteht, so zeigt doch besonders das letzte Beispiel, daß bei Tatbeständen mit normativen Merkmalen die Abgrenzung von Tatbestandsvorsatz und Verbotskenntnis erschwert ist. Gerade an dieser Stelle werden scharfe Einwände gegen das „Trennungsdenken" der Schuldtheorie geäußert[45]. Zwar sind die Anforderungen an den Tatvorsatz mit dem Erfordernis der Bedeutungskenntnis gestiegen; dennoch braucht

[42] Hier entfaltet die oben, Anm. 40, behandelte psychologische Gesetzlichkeit ihre volle Bedeutung.

[43] Sogar an sich Selbstverständliches kann in Grenzbereichen verundeutlicht sein, wie z. B. die Menschqualität bei Fehlbeurteilungen des Todes durch Verkennung der maßgebenden medizinischen Kriterien, trotz richtiger Tatsachenwahrnehmung. Vgl. auch die Fallgestaltung RGSt 1, 446: Zweifel über die Menschqualität bei Beginn der Geburt. Damals wäre ein Irrtum darüber nach heutigen Maßstäben Tatbestandsirrtum gewesen.

[44] Vgl. *Dreher*, Kommentar, Anm. 22 zu § 242. Zu weiteren Grenzfällen *Baumann*, Festschrift für Welzel, 1974, S. 533 mit Nachweisen aus der Rechtsprechung.

[45] Vgl. *Baumann*, Allgemeiner Teil, S. 407, 447. — Zutreffend zur prinzipiellen Möglichkeit der Abgrenzung *Busch*, Festschrift für Mezger, 1954, S. 165 ff.; *Jescheck*, Allgemeiner Teil, S. 346; *Maurach-Zipf*, Strafrecht, Allgemeiner Teil I, 5. Aufl. 1977, S. 556.

der Täter, auch bei Sinnverständnis der einzelnen Merkmale, selbst dann, wenn es für ein einzelnes Merkmal auf einer Täterwertung beruht, zum „geistigen Band" der Kenntnis des Verbotenseins nicht vorgedrungen zu sein[46]. In der Praxis wird sich ein Unrechtsbewußtsein allerdings meistens automatisch ergeben[47]. Dennoch ist der Verbotsirrtum nicht nur ein theoretischer Fall.

b) Gesamttatbewertende Merkmale

Einen Fortschritt auf dem Wege zur methodischen Bewältigung des Abgrenzungsproblems, zugleich aber die Entdeckung neuer komplizierter Strukturen, hat die Lehre von den gesamttatbewertenden Merkmalen erbracht[48]. Derartige Begriffe entfalten eine beherrschende Stellung im Sinngefüge des Tatbestands; der Unwert der Handlung wird allein oder jedenfalls weitgehend durch sie zum Ausdruck gebracht. Bei ihnen läßt sich der Grundsatz, daß die Merkmalskenntnis den Bedeutungsgehalt einschließt, nur eingeschränkt anwenden, denn diese Bedeutung umfaßt schon die rechtliche Bewertung des Vorgangs oder jedenfalls wesentlicher Teile von ihm. Ein Beispiel ist die Verwerflichkeit der Mittel-Zweck-Beziehung zwischen Nötigung und abgenötigter Handlung nach § 240 Abs. 2. Die Drohung mit einem empfindlichen Übel zur Erreichung eines Zwecks würde nicht ausreichen, den Unrechtscharakter derartigen Verhaltens zu verdeutlichen. Die „Verwerflichkeit" verweist einmal auf besondere Umstände des Sachverhalts, die mit der Drohung und dem angekündigten Übel nicht unbedingt zusammenhängen; sie können von Fall zu Fall wechseln und entziehen sich daher der Typisierung durch das Gesetz. Zum anderen beschränkt sich die „Verwerflichkeit" nicht auf diese konkreten Umstände, sondern unterwirft zusammen mit ihnen auch die gesetzlichen Merkmale der Drohung und des Zwecks ihrem abschließenden Gesamturteil. Bei der Verwerflichkeit und ähnlichen übergreifenden Wertbegriffen erbringt das zutreffende Bedeutungsverständnis das Unrechtsbewußtsein; Fehlverständnis ist Fehlwertung der Gesamttat und daher Verbots-

[46] Gesamtwertung und Einzelmerkmalswertung ist auch nach *Busch* (Anm. 45), S. 169 ff., entscheidend.

[47] Vgl. *Schmidhäuser*, Allgemeiner Teil, S. 424; *Baumann*, Allgemeiner Teil, S. 401.

[48] Grundlegend *Roxin*, Offene Tatbestände und Rechtspflichtmerkmale, 1959, S. 132 ff.; *Schaffstein*, Göttinger Festschrift für das OLG Celle, 1961, S. 189 ff.; *Jescheck*, Allgemeiner Teil, S. 187.

irrtum[49]. Die über den Verwerflichkeitsbegriff erst erschlossenen, nicht typisierten Umstände des Sachverhalts, die zusammen mit den gesetzlichen Tatbestandsmerkmalen das Gesamturteil tragen, sind dagegen Gegenstand von Vorsatz- und Tatbestandsirrtum. Sie können Tatsachen, aber auch normative Elemente sein[50].

c) Erwähnungen des Begriffs „Rechtswidrigkeit" im Tatbestand

In einigen Tatbeständen, wie z. B. bei Hausfriedensbruch und Sachbeschädigung, wird eigens erwähnt, daß die Handlung „rechtswidrig", „widerrechtlich", „ohne Befugnis" o. ä. erfolgen müsse. Derartige Hinweise sind überflüssig, da sie auf das Fehlen von Rechtfertigungsgründen hinweisen; sie entfalten daher keine besondere Bedeutung für die Irrtumslehre[51].

Verbindet sich der Begriff „rechtswidrig" aber mit bestimmten Tatbestandsmerkmalen wie bei der „rechtswidrigen Zueignung" des Diebstahls oder beim „rechtswidrigen Vermögensvorteil" des Betruges, so können sich dahinter besondere Tatbestands- und Irrtumsfragen aus übergreifender Wertung ergeben, die der

[49] Die Abgrenzung von normativen Tatbestandsmerkmalen, die eine Zerlegung im beschriebenen Sinne nicht zulassen, zu gesamttatbewertenden Merkmalen ist ganz ungeklärt (*Maurach-Zipf*, Allgemeiner Teil, S. 557). — Vgl. aber das Merkmal „pflichtwidrig" im rechtsanwaltschaftlichen Parteiverrat nach § 356 und die „Rechtswidrigkeit" der Zueignung bei § 242 (dazu unten im folgenden Text unter c); ganz im Sinne eines gesamttatbewertenden Merkmals legt BGHSt 25, 16 ff., die Zuständigkeit der Polizei zur Abnahme von Personalangaben im inzwischen aufgehobenen § 360 Abs. 1 Nr. 8 StGB a. F. aus; die Nachfolgebestimmung § 311 OWiG hat daraus ein normatives Tatbestandsmerkmal gemacht, jedoch in Abs. 2 bei fahrlässiger Unkenntnis Strafe angedroht. Zur Möglichkeit dieser Konstruktion vgl. schon *Busch* (Anm. 45), S. 176. — Die Rechtsprechung dürfte den Kreis solcher gesamttatbewertender Merkmale eher zu weit in den Bereich der normativen Merkmale ausdehnen, was zu Lasten des Tatbestandsirrtums geht (vgl. *Schroeder*, Leipziger Kommentar, 9. Aufl., Anm. 53 zu § 59 mit Nachweisen; *Schönke-Schröder/Cramer*, Kommentar, 19. Aufl., Anm. 16 zu § 16; einschränkend aber BGHSt 3, 248. Zur Abgrenzung vgl. auch *Baumann*, Festschrift für Welzel, S. 533).

[50] Der Täter handelt verwerflich, wenn er die Zahlung einer Forderung mit der Drohung einer Anzeige wegen einer Straftat erzwingt, es sei denn, die Forderung richte sich auf Schadensersatz wegen der am Täter selbst begangenen Straftat. Ob er nun infolge tatsächlichen Versehens einen Schaden annimmt oder aus Rechtsgründen fehlerhaft vom Schadensersatzanspruch ausgeht, in beiden Fällen liegt Tatbestandsirrtum vor; vgl. auch BGH NJW 1954, 480.

[51] Vgl. *Maurach-Zipf*, Allgemeiner Teil I, S. 340, 355.

Problematik bei den gesamttatbewertenden Merkmalen vergleichbar sind. Durch die „Rechtswidrigkeit“ der Zueignung sollen Handlungen aus dem Diebstahl ausgeschlossen werden, die nur einen vorläufigen Verstoß gegen die Eigentumsordnung darstellen und die Endabwicklung der Rechtsbeziehung zwischen Täter und Enteignetem vorwegnehmen. Voraussetzung dafür ist, daß dem Täter ein fälliger zivilrechtlicher Anspruch auf die weggenommene Sache zustand[52]. Im Zusammenhang mit dieser Voraussetzung wird auch die Enteignung einer neuerlichen übergreifenden Wertung unterzogen. Der BGH unterscheidet zwei Irrtumsfälle: Glaubt sich der Täter wegen einer Erlaubnisnorm zur Zueignung berechtigt, die in dieser Form nicht besteht, liegt Verbotsirrtum vor. Glaubt der Täter an einen fälligen Anspruch auf die Sache, so handelt er im Tatbestandsirrtum, gleich ob er sich aus tatsächlichen oder rechtlichen Gründen täuschte. Ein Tatbestandsirrtum wäre aber abzulehnen, wenn der Täter bei zutreffender tatsächlicher und rechtlicher Beurteilung seiner Beziehung zur Sache eine Lösung im Sinne der zivilrechtlichen Endabwicklung annähme, etwa weil ihm ein Gegenanspruch auf eine andere, gleichwertige Sache zustand. Hier käme nur Verbotsirrtum in Betracht.

d) Die Parallelwertung in der Laiensphäre und der Subsumtionsirrtum

Die Kenntnis des Bedeutungsgehalts eines Tatumstandes ist zu unterscheiden von der juristischen Definition des Tatbestandsmerkmals, dem der Tatumstand zu subsumieren ist („zugehört“; § 16 Abs. 1 S. 1). Gegenstand des Bewußtseins ist nicht die gesetzliche Beschreibung oder gar die Auslegung des Merkmals, sondern der konkrete Tatumstand des Sachverhalts, der dem Tatbestand zu subsumieren ist. Der Täter muß allerdings dasselbe Verständnis dazu entwickeln, das das Gesetz dem Merkmal beimißt, wenn es in den Tatbestand eingefügt wird; doch ist dieses Verständnis vom persönlichen Horizont des Täters abhängig. Begriffsbestimmungen zum Zwecke der Randschärfe oder ein Irrtum über den Sprachgebrauch des Gesetzes sind daher von vornherein kein re-

[52] Vgl. BGHSt 17, 87; OLG Hamm NJW 1969, 619; zum Parallelmerkmal bei der Erpressung nach § 253 vgl. BGHSt 4, 105. — Gegen diese Auslegung berechtigte Bedenken bei *Hirsch*, JZ 1963, 149. Der BGH hat seine Auffassung vom Tatbestandsirrtum auf rechtsirrtümlicher Grundlage daran jedoch sehr instruktiv zeigen können. Eine Überspitzung der Irrtumsmaßstäbe rügt *Baumann*, Allgemeiner Teil, S. 447, Anm. 92.

levanter Gegenstand des Täterbewußtseins. Statt einer juristisch exakten Merkmalserkenntnis ist daher die „Parallelwertung in der Laiensphäre“ verlangt, eine „der gesetzlich-richterlichen Bewertung gleichgerichtete Einschätzung des Tuns im Gedankenkreis der individuellen Person und Umgebung des Täters“[53]. Diese vor allem von *Mezger* entwickelte Lehre ist bis heute nicht wesentlich verbessert worden. Das mag in der Natur der Sache liegen. Es geht ja darum, dem exakten juristischen Begriff das notwendig unscharfe, in unreflektiert andeutendem Verständnis sich ergehende Taterleben gegenüberzustellen, das sich daher auch notwendig einer genauen Beschreibung entzieht[54]. Das Parallelbewußtsein in der Laiensphäre kann letztlich nur durch ein „Paralleleinfühlen in der Richtersphäre“ in seinen entscheidenden Momenten jeweils im Einzelfall aufgespürt werden.

Im praktischen Ergebnis erfolgt daraus, daß alle Fehlvorstellungen des Täters, die sich über den konkreten Lebenssachverhalt hinaus mit dem Gesetzesmerkmal selbst beschäftigen, für § 16 unbeachtlich sind. Subsumtionsirrtum ist niemals ein Fall des Tatbestandsirrtums[55].

4. Der Irrtum bei den Unterlassungsdelikten

Bei den echten Unterlassungsdelikten ist ein Irrtum über das Bestehen einer für jedermann geltenden Gebotsnorm nach § 17 zu behandeln. Bei den unechten Unterlassungsdelikten hingegen ergibt sich die Pflicht, für die Abweichung des Erfolges „einzustehen“ (§ 13), aus einer besonderen Nähebeziehung des Täters zur Gefahrenquelle oder zum geschützten Rechtsgut (Garantenstellung). Der Vorsatz muß die Umstände, aus denen diese Pflicht folgt, umfassen. Auch hier ist Tatbestandsirrtum nicht nur als Tatsachenirrtum (der Vater erkennt das zu rettende Kind nicht als eigenes), sondern auch als Rechtsirrtum denkbar (der Täter

[53] Vgl. *Mezger*, Strafrecht, 3. Aufl. 1947, S. 328; ferner *Schaffstein*, Göttinger Festschrift, S. 188. — Irreführend ist die Bezeichnung „Wertung“, denn es geht um ein Sinnverständnis, vgl. *Welzel*, Strafrecht, S. 75 f.; weiterführend *Kunert*, Die normativen Merkmale der strafrechtlichen Tatbestände, 1958, S. 24 ff. In diesem Sinne ist Parallelwertung nicht nur bei normativen, sondern auch deskriptiven Merkmalen von Bedeutung. Vgl. auch *Schroeder*, Leipziger Kommentar, Anm. 52 zu § 59.

[54] Nur die Lehre von der Parallelwertung, nicht die Lehre von Mitbewußtsein senkt die Maßstäbe für die inhaltliche Deutlichkeit des Tatumstandswissens.

[55] Zur Bedeutung für den Verbotsirrtum vgl. unten IV 4 b).

beurteilt eine familienrechtliche Beziehung falsch, die die Garantenstellung begründet). Ein aus dem Bewußtsein der Garantenstellung begründetes Pflichtbewußtsein wird für den Vorsatz nicht gefordert. Irrtum über die Erfolgsabwendungspflicht trotz Kenntnis der Garantenstellung ist Verbotsirrtum[56].

Nach herrschender Meinung muß der Täter auch die Möglichkeit einer Erfolgsabwendung im Bewußtsein haben. Man hat aber darauf hingewiesen, daß gerade der Täter, dem es am Eintritt des Erfolges liegt, über Mittel zur Abwendung gar nicht erst nachdenken wird. Ein vorsatzausschließender Tatbestandsirrtum würde also gerade den rücksichtslosen Unterlassungstäter begünstigen. Eine Mindermeinung verzichtet daher auf die positive Kenntnis des Rettungsmittels und begnügt sich mit seiner objektiven Erkennbarkeit. Die herrschende Meinung sucht unbillige Ergebnisse mit der Überlegung zu vermeiden, daß das mögliche Rettungsmittel regelmäßig doch in undeutlicher Form „sachgedanklich" mitbewußt sei. Es ist sehr fraglich, ob auf diese Weise alle strafwürdigen Fälle erfaßt werden, denn das Mitbewußtsein überbrückt nur eine Schwäche im Präsenzgrad, ersetzt aber nicht fehlende inhaltliche Bestimmtheit. Unterlassungssituationen sind meistens so atypisch, daß eine festgefügte Erfahrung über mögliche Rettungsmittel, aus der das Mitbewußtsein entspringt, häufig fehlen wird[57].

5. *Tatbestandsirrtum bei Blankettstrafgesetzen und im Nebenstrafrecht*

Im Nebenstrafrecht ist die Berechtigung einer Unterscheidung von Verbotsirrtum und Tatbestandsirrtum besonders umstritten. Bei Blankettstrafgesetzen, die selbst nur eine Strafdrohung enthalten und bezüglich des strafbedrohten Verhaltens auf andere Gesetze verweisen, ist der Tatbestand aus der Verbotsmaterie des Ausfüllungsgesetzes zu bilden. Für Tatbestandsirrtum und Verbotsirrtum gelten dann die allgemeinen Regeln[58]. Eine Minderheit verlangt, daß für den Vorsatz mindestens die Kenntnis vom

[56] Ganz h. M. und feststehende Rechtsprechung seit BGHSt 16, 155; a. A. *Stratenwerth*, Allgemeiner Teil I, 2. Aufl. 1977, Nr. 1038 (Pflichtbewußtsein in der Laiensphäre wird als Vorsatzbestandteil gefordert).

[57] Zur h. M. vgl. *Jescheck*, Allgemeiner Teil, S. 478; *Grünwald*, Festschrift für H. Mayer, S. 281 ff.; zur Mindermeinung *Arm. Kaufmann*, Festschrift für H. v. Weber, 1963, S. 207 ff.; *Welzel*, Strafrecht, S. 205, 212.

[58] Vgl. *Jescheck*, Allgemeiner Teil, S. 230, 345 f.; *Rudolphi*, Systematischer Kommentar, Anm. 18, 19 zu § 16, mit weiteren Nachweisen; zur Gegenmeinung *Bockelmann*, Strafrecht, Allgemeiner Teil, 2. Aufl. 1975, S. 79.

Vorhandensein einer Ausfüllungsnorm gegeben sein müsse. Nach herrschender Meinung ist die Unkenntnis hingegen Verbotsirrtum. Darüber hinaus verlangen andere Autoren bei Ordnungswidrigkeiten die Verbotskenntnis generell als Vorsatzbestandteil[59]. Mit dem Gesetz ist eine solche Differenzierung nicht vereinbar. Die Tatbestände tragen der geringen oder fehlenden Unwertdifferenz zwischen vorsätzlichem oder fahrlässigem Verhalten, die im Nebenstrafrecht allerdings häufig zu beobachten ist, meistens auch Rechnung, indem sie die gleiche Strafdrohung für beide Verhaltensweisen vorsehen. Im übrigen steht es dem Gesetzgeber selbstverständlich frei, das positive Wissen vom Verbot im Strafgesetz eigens zu verlangen[60].

6. Der Irrtum über den Kausalverlauf und verwandte Fälle

Im Rahmen der Lehre vom Tatbestandsirrtum werden regelmäßig die Fragen des error in persona, der aberratio ictus und des Irrtums über den Kausalverlauf mitbehandelt. Es handelt sich aber in Wirklichkeit nicht um Fälle des Tatbestandsirrtums im formellen Sinne des § 16, sondern um Fragen der Subsumtionslehre, der objektiven Zurechnung und des umgekehrten Irrtums mit Versuchsfolge.

Im entscheidenden Kern handelt es sich um Subsumtionsprobleme[61]. Erst unter dem Aspekt der Subsumtionsbeziehung erweist sich, was im einzelnen am komplexen und amorphen Lebenssachverhalt die Struktur des Tatumstandes gewinnt und als Gegenstand von Vorsatz und Irrtum in Betracht kommt. Zum anderen ergibt sich aus der Subsumtionsbeziehung, daß das Tatbestandsmerkmal immer ein konkretes Moment des Sachverhalts gebraucht, auf das es bezogen wird, und das nicht durch andere, vom Täter nicht bedachte Umstände ersetzt werden darf, mögen sie auch gleichartig oder gleichwertig sein. So betrachtet, gewinnt die Subsumtionsbeziehung — mittelbar — auch für Irrtumsfragen Bedeutung.

[59] Richard *Lange*, JZ 1956, 73; 1957, 233; dagegen *Welzel*, JZ 1956, 238.

[60] Vgl. *Welzel*, Strafrecht, S. 174. Davon wird in der neueren Gesetzgebung allerdings kein Gebrauch gemacht, vgl. *Tiedemann*, Tatbestandsfunktionen im Nebenstrafrecht, S. 299.

[61] Vgl. dazu *Engisch*, Einführung in das juristische Denken, 7. Aufl. 1977, S. 56; *ders.*, Logische Studien zur Gesetzesanwendung, 3. Aufl. 1963, S. 30 ff.

a) error in persona und aberratio ictus

Schießt der Täter auf A, den er mit B verwechselt, so liegt ein unbeachtlicher „error in persona“ vor, kein Tatbestandsirrtum[62]. Zum Inhalt des Tatbestandsmerkmals „Mensch“ gehört nicht die persönliche Identität des Getöteten. Für das Täterbewußtsein genügt die Kenntnis der Menschqualität; die Individualität der Person ist für die Subsumtion nicht von Bedeutung und die Verwechslung daher irrelevante Begleitvorstellung, die den Vorsatz nicht beeinflußt[63]. Die Unbeachtlichkeit des error in persona folgt aus der Subsumtionsstruktur, nicht etwa aus der Gleichwertigkeit der verwechselten Personen, wie meist behauptet wird[64]. Gleichwertigkeit der Objekte kann auch bei der „aberratio ictus“ vorliegen, die aber anders zu behandeln ist. Zielt der Schütze auf A, geht die Kugel aber fehl und trifft den danebenstehenden B, so hat der Täter zwar ebenfalls einen Menschen getötet. Er hatte jedoch nur den anvisierten A im Auge, den wirklich getöteten B hat er nicht wahrgenommen. Hier hat der Täter seine Objektwahl getroffen; das Tatbestandsmerkmal „Mensch“ ist im Tatumstand konkretisiert und — im Gegensatz zum error in persona — verfehlt worden[65].

Bei Teilnahmeverhältnissen nimmt die wohl schon herrschende Meinung im Ergebnis mit Recht an, daß der error in persona beim Angestifteten dem Anstifter nur in der Form der aberratio ictus zugerechnet werden könne, mit der Folge, daß dieser nur

[62] Vgl. Preußisches Obertribunal, GA 7 (1859), 321 ff. (Fall Rose-Rosal); weitere Nachweise bei *Jescheck*, Allgemeiner Teil, S. 232.

[63] Ebensowenig wie Vorstellungen über Alter, Geschlecht, Rasse, usw. — Ein Tatbestandsirrtum liegt natürlich vor, wenn das anvisierte Objekt das Tatbestandsmerkmal nicht erfüllt, z. B., wenn der Täter den anvisierten Menschen für ein Tier gehalten hatte („error in objecto“).

[64] Z. B. *Rudolphi*, Systematischer Kommentar, Anm. 29 zu § 16; vgl. dazu auch *Maurach-Zipf*, Allgemeiner Teil I, S. 345. Auch die Unbeachtlichkeit des Irrtums im Motiv (vgl. *Schroeder*, Leipziger Kommentar, Anm. 20 zu § 59) ist nicht der entscheidende Gesichtspunkt, denn der Täter hat nicht nur im Motiv, sondern auch über äußere Umstände geirrt, deren Irrelevanz zu zeigen ist.

[65] Es kommt daher nur versuchte Tötung ggf. in Tateinheit mit fahrlässiger Tötung in Betracht. So die h. L.; für Unbeachtlichkeit der aberratio ictus bei gleichartigem Objekt aber *Welzel*, Strafrecht, S. 73; differenzierend *Hillenkamp*, Die Bedeutung von Vorsatzkonkretisierung bei abweichendem Tatverlauf, 1971, 102 ff.; *Roxin*, Festschrift für Würtenberger, 1977, S. 123.

in den Grenzen der versuchten Anstiftung bestraft werden soll[66]. Dadurch wird aber nicht der error in persona als solcher erheblich. Für den Anstifter ist die individuelle Personenkennzeichnung vielmehr das Mittel der Objektwahl, wie das „Zielen" beim Haupttäter. Hat er durch andere Mittel als durch persönliche Identität dem Angestifteten das Opfer bezeichnet, so bleibt eine dadurch begründete Identitätsverwechslung auch in der Person des Anstifters unbeachtlich[67].

b) Der Irrtum über den Kausalverlauf

Der Vorsatz braucht nicht alle Modalitäten des Kausalverlaufs zu umfassen. Unwesentliche Abweichungen bleiben außer Betracht und begründen keinen Tatbestandsirrtum. Die Wesentlichkeit der Abweichung hängt von der Vorhersehbarkeit des wirklichen Kausalverlaufs ab. Es ist „unwesentlich", ob der Tod unmittelbar durch den Schuß oder durch das Verbluten des Opfers eintrat. „Wesentlich" ist es, wenn das Opfer erst bei der ärztlichen Behandlung infolge eines groben Kunstfehlers stirbt[68]. Die Begründung ergibt sich ebenfalls aus der Subsumtionsbeziehung des wirklichen Kausalverlaufs zum Tatbestandsmerkmal „Kausalität". Geht man von der herrschenden Äquivalenztheorie aus, so verlangt das Tatbestandsmerkmal nur das Bestehen einer Bedingungsrelation; die Ausformung im einzelnen ist für die Subsumtion unbeachtlich. Vorstellungen des Täters darüber sind — ebenso wie Vorstellungen über die Opferindividualität — irrelevante Begleitvorstellungen. Auch die Vertreter der Äquivalenztheorie lassen den Vorsatz bei einer wesentlichen Abweichung zwischen vorgestelltem und wirklichem Kausalverlauf jedoch entfallen. Das ist jedoch keine Irrtumsfolge, sondern eine nachträgliche objektive Korrektur über den Maßstab der Adäquanz, die daher letztlich doch Beachtung erzwingt[69]. Folgerichtiger ist daher die Adäquanztheorie[70]; für sie ist bei der Subsumtion nicht nur die bloße

[66] Vgl. *Bemmann*, MDR 1958, 822; *Bockelmann*, Allgemeiner Teil, S. 74; *Jescheck*, Allgemeiner Teil, S. 523 f.; *Letzgus*, Vorstufen der Beteiligung, 1972, S. 55 ff.; a. A. *Maurach-Zipf*, Allgemeiner Teil I, S. 346 mit weiteren Nachweisen.

[67] Ebenso *Bemmann*, MDR 1958, 820, Text nach Anm. 61.

[68] H. M.; abweichend *Herzberg*, ZStW 85 (1973), 887, der Zurechnungslücken über ein sachgedankliches Mitbewußtsein zu schließen versucht.

[69] Zutreffend *Stratenwerth*, Allgemeiner Teil I, Nr. 217, 274.

[70] Vgl. *Jescheck*, Allgemeiner Teil, S. 212 f., mit Würdigung des Meinungsstandes.

Bedingungsrelation, sondern auch ihre Übereinstimmung mit dem Erfahrungsbereich erforderlich. Ein inadäquater bzw. „unvorhersehbarer" Ursachenverlauf kann nicht subsumiert und infolgedessen auch nicht Gegenstand des Vorsatzes werden. Fehlvorstellungen über einen wesentlich abweichenden Kausalverlauf sind daher Tatbestandsirrtum. Für die Adäquanztheorie ist die Ausgrenzung atypischer Kausalverläufe bzw. die Unbeachtlichkeit der vorhersehbaren daher bereits eine Frage bei der Subsumtion unter den objektiven Tatbestand. Besondere Irrtumsprobleme stellen sich nicht. Allerdings wird sich der Täter meist einen konkreten Tatverlauf vorstellen; der wirkliche Entwicklungsgang kann sich anders, wenn auch ebenfalls vorhersehbar, ereignen. Die konkreten Vorstellungen sind aber nur das Material, in dem sich das allein erhebliche Wissen des typischen Bedingungszusammenhangs darstellt. Nur darauf kommt es an; darüber hinaus sind die konkreten Vorstellungen nicht rechtserheblich und nicht ein erst über besondere Verfahren als unbeachtlich zu erweisender Irrtumsfall[71].

Abweichungen des tatsächlichen vom vorgestellten Kausalverlauf hängen mit der Unberechenbarkeit der Wirklichkeit zusammen. Schwierigkeiten ergeben sich, wenn der Täter unbewußt selbst in dieses Spiel des Zufalls gerät und eigene, nicht erkannte Handlungskonsequenzen die Abweichung vom vorgestellten Kausalverlauf begründen. Diese von der Lehre noch mit dem traditionellen, aber inhaltlich überholten Begriff des „dolus generalis" erörterten Fälle[72] können sich in der Form ereignen, daß der Täter den vermeintlich bereits erreichten Erfolg in Wirklichkeit erst durch eine Anschlußhandlung erzielt (Versenken des vermeintlich Getöteten im Brunnen), oder daß der Täter den Erfolg, den er mit seiner Handlung zu erreichen meint, in Wirklichkeit schon durch eine vorhergehende Handlung erzielt hatte (der Täter tötet das Opfer unwissentlich schon mit dem zur Betäubung verabreichten Schlag und glaubt, einen Lebendigen im Brunnen zu versenken).

Die Rechtsprechung und die herrschende Lehre arbeiten auch in diesen Fällen mit der Lehre von der unwesentlichen Abwei-

[71] Im Ergebnis ebenso *Wolter*, ZStW 89 (1977), 649, auf der — problematischen — Zurechnungsgrundlage allein des Handlungsplans.

[72] Darstellung des Meinungsstandes und weiterführende Vorschläge neuerdings bei *Roxin*, Festschrift für Würtenberger, S. 109 ff.

chung vom Kausalverlauf und nehmen bei Adäquanz des wirklichen Hergangs ein vollendetes vorsätzliches Delikt an. Das ist zutreffend. Man kommt zu diesem Ergebnis aber nur, wenn man das vorhergehende oder anschließende Handeln des Täters völlig mit anderen Bedingungen parallelisiert und sie, da voraussehbar, in den Bereich des Subsumtionsunerheblichen verweist. Die nach allgemeinen Erfahrungsmaßstäben zu beurteilende Kausalität ist dann immer noch gegeben und auch vom Vorsatz umfaßt. Die begleitenden Vorstellungen des Täters, wie sich der wirkliche Kausalverlauf ereigne, sind dann irrelevant[73]. Würde man sie einbeziehen[74], so wäre bei beiden Ausformungen der dolus generalis-Fälle statt vorsätzlicher Vollendung nur Versuch, u. U. verbunden mit Fahrlässigkeit, anzunehmen, denn im ersten Falle fehlte es an der Vorstellung eines tauglichen Handlungsobjekts bei der Tötung, im zweiten am tauglichen Objekt bei der vermeintlichen Tötungshandlung.

7. *Irrtum über Strafzumessungsgründe*

Umstände, die dem Täter bei der Strafzumessung als erschwerend vorgeworfen werden, gehören nicht zum Tatbestand. Die Unkenntnis begründet daher keinen Tatbestandsirrtum. Für die Strafzumessung macht es aber einen Unterschied, ob solche Umstände vom Täter erkannt worden sind. Hier ist inhaltlich wie bei Vorsatz und Fahrlässigkeit zu verfahren. Besonders gilt das für sogenannte Regelbeispiele; hier werden Strafzumessungsregeln durch Merkmale angereichert, bei denen der Richter einen schweren Fall annehmen kann[75]. Er ist aber nicht dazu verpflichtet. § 16 ist analog anzuwenden.

IV. Der Verbotsirrtum, § 17

1. *Systematische Stellung, Behandlung und Reichweite des Verbotsirrtums*

Der Verbotsirrtum nach § 17 ist die fehlende Kenntnis der Rechtswidrigkeit der Tat, fehlendes Unrechtsbewußtsein. Das Unrechtsbewußtsein gehört zur Schuld. Verbotsirrtum schließt im

[73] Für weitere Einschränkungen nach dem normativen Gesichtspunkt der Planverwirklichung *Roxin* (Anm. 72), S. 120 ff.

[74] So *Schroeder*, Leipziger Kommentar, Anm. 130 zu § 59, mit den im Text gezeigten Konsequenzen.

[75] Vgl. besonders den Regelfall des schweren Diebstahls nach § 243; zu Vorsatzfragen *Schönke-Schröder/Eser*, Kommentar, Anm. 43 zu § 243.

Fall der Unvermeidbarkeit die Schuld aus, die Tat bleibt aber rechtswidrig. Notwehr gegen sie ist daher möglich, auch wenn sie im unvermeidbaren Verbotsirrtum begangen ist. Bei vermeidbarem Verbotsirrtum ist Schuld- und Strafmilderung nach § 49 denkbar; nach der Rechtsprechung und der überwiegenden Meinung ist das aber nicht immer der Fall[76].

Da neben der Rechtswidrigkeit in der § 17 zugrundeliegenden Sicht der Schuldtheorie ebenfalls der Vorsatz bestehen bleibt[77], ist auch Anstiftung und Beihilfe, für die das Gesetz eine *vorsätzlich* begangene rechtswidrige Haupttat verlangt, zu im Verbotsirrtum begangenen Taten möglich.

§ 17 gilt ausnahmslos für alle Straftatbestände. Verbotsirrtum ist auch nicht auf Vorsatzdelikte beschränkt. Bei Fahrlässigkeitsdelikten liegt Verbotsirrtum vor, wenn der Täter die Sorgfaltsregeln nicht kennt, die für ein bestimmtes Lebensgebiet gelten, etwa den Straßenverkehr[78].

2. *Die Bewußtseinsform des Verbotsirrtums*

Verbotsirrtum ist in der Form der fehlerhaften Vorstellung der Erlaubtheit des Verhaltens wie auch als Unkenntnis vom Ver-

[76] In zunehmenden Maße wird aber betont, daß außer in Fällen von großem Leichtsinn und Rechtsblindheit auf die Milderung nicht verzichtet werden dürfe, vgl. *Stratenwerth*, Allgemeiner Teil I, Nr. 590; *Warda*, ZStW 71 (1959), 260 ff.; *Roxin*, ZStW 76 (1964), 605; *Jescheck*, Allgemeiner Teil, S. 344 f.; in diesem Sinne auch § 20 AE, der eine Regelstrafmilderung fordert. Dagegen vor allem *Dreher*, vgl. Niederschrift über die 90. Sitzung des Sonderausschusses für die Strafrechtsreform, 5. Wahlperiode, S. 1789; *ders.*, Kommentar, Anm. 12 zu § 17; in diesem Sinne offenbar auch *Arm. Kaufmann*, Festschrift für Eb. Schmidt, S. 326. In den Beratungen des Sonderausschusses ist die vorgeschlagene Regelstrafmilderung mit nur einer Gegenstimme abgelehnt worden, vgl. Niederschrift, S. 1790 und Bundestagsdrucksache V/4095, S. 10. Die *zwingende* Strafmilderung hat *Lang-Hinrichsen*, Gutachten für den 43. Deutschen Juristentag, 1960, Bd. 1 I, 3. Teil, Heft B, S. 111, als äußerste Kompromißmöglichkeit angesehen; vgl. auch *Warda*, a. a. O., S. 255 ff.

[77] Das ist noch immer umstritten. Nach *Schönke-Schröder/Cramer*, Anm. 100 zu § 15, ist die Frage offen. Weiterhin für Fahrlässigkeitsschuld *Schmidhäuser*, Allgemeiner Teil, S. 419; *Langer*, GA 1976, 193 ff. Andere frühere Vertreter der Vorsatztheorie haben die Unabhängigkeit des Unrechtsbewußtseins vom Vorsatz unter dem Eindruck des § 17 jedoch anerkannt, vgl. *Baumann*, Allgemeiner Teil, S. 409, 448; *Stree*, JuS 1973, 467.

[78] Vgl. *Arm. Kaufmann*, Zeitschrift für Rechtsvergleichung, 1964, 52 f.; *Welzel*, Strafrecht, S. 175; *Jescheck*, Allgemeiner Teil, S. 448; a. A. *Engisch*, ZStW 70 (1958), 575.

botensein, also in denselben Bewußtseinsformen wie der Tatbestandsirrtum möglich (error und ignorantia)[79].

Das Unrechtsbewußtsein kann in der Form des Mitbewußtseins gegeben sein. Der Verstoß gegen das Verbot braucht nicht im Zentrum der Aufmerksamkeit des Täters zu stehen. Ebenso wie beim Vorsatz bedeutet das aber nur eine Minderung des Präsenzgrades, keine Auflockerung hinsichtlich der Genauigkeitserfordernisse bei der Verbotsvorstellung[80].

Ein Verbotsirrtum liegt nicht vor, wenn der Täter mit der Unerlaubtheit seiner Tat ernsthaft gerechnet hatte, mag er auch auf das Unverbotensein gehofft haben. Die Entscheidung gegen das erkannte Recht macht den besonderen Schuldgehalt des mit Unrechtsbewußtsein handelnden Täters aus. An dieser Entscheidung fehlt es, wenn der Täter zwar an ein mögliches Verbot denkt, auf sein Nichtbestehen jedoch vertraut[81]. Meistens ist dann jedoch die Vermeidbarkeit des Verbotsirrtums gegeben. Handelt der Täter jedoch auf ein ernstgenommenes Risiko des Verbots hin, so liegt bedingtes Unrechtsbewußtsein vor. Auch bei dieser Form des Unrechtsbewußtseins wird für besondere Gestaltungen der Rechts- und Erkenntnislage die Möglichkeit des Schuldausschlusses oder der Schuldminderung nach § 49 diskutiert, doch handelt es sich dabei nicht um eine Irrtumsfrage, sondern um ein Zumutbarkeitsproblem[82].

3. Die Arten des Verbotsirrtums

Der Verbotsirrtum kann sich auf die Verbotsnorm oder auf eine Rechtfertigungsnorm beziehen. Terminologisch wird danach

[79] Anders noch beschränkte § 21 E 1962 den Verbotsirrtum auf positive Fehlvorstellungen. Seit der Kritik von *Arm. Kaufmann*, Festschrift für Eb. Schmidt, S. 325 ff., ist diese Frage indessen geklärt; vgl. auch Bundestagsdrucksache V/4095, Begründung zu § 17 (S. 9).

[80] In dieser Richtung aber *Schmidhäuser*, Allgemeiner Teil, S. 424; problematisch insbesondere ist die Differenzierung zwischen der Begrifflichkeit des Unrechtsbewußtseins im Kernstrafrecht und dem Ordnungsstrafrecht. Bedenklich *Schewe*, Bewußtsein und Vorsatz, S. 193; problematisch auch *Roxin*, ZStW 78 (1966), 257. Sehr abwägend *Platzgummer*, Bewußtseinsform des Vorsatzes, S. 72 ff. Bedenken auch bei *Horn*, Verbotsirrtum und Vorwerfbarkeit, 1969, S. 43; *Rudolphi*, Unrechtsbewußtsein, Verbotsirrtum und Vermeidbarkeit des Verbotsirrtums, 1970, S. 150 ff.; vgl. auch *Stratenwerth*, Allgemeiner Teil I, Nr. 559.

[81] Vgl. *Rudolphi*, Systematischer Kommentar, Anm. 12 zu § 17 mit weiteren Nachweisen.

[82] Grundlegend *Warda*, Festschrift für Welzel, S. 499 ff.

direkter und indirekter Verbotsirrtum unterschieden[83]. Ein direkter Verbotsirrtum liegt vor, wenn der Täter die Existenz eines Verbots nicht kennt; wenn er die Norm kennt, sie aber falsch auslegt und sie deswegen nicht auf sein Handeln bezieht; und wenn er schließlich die Norm für ungültig hält, weil sie nach seiner Meinung gegen höherrangiges Recht verstößt. Beim indirekten Verbotsirrtum kann der Täter einen Erlaubnissatz annehmen, der nicht existiert (ein „Recht", den in flagranti überraschten Ehebrecher zu töten). Er kann auch die Reichweite eines im Kernbereich gegebenen Erlaubnissatzes überschätzen (Annahme eines Selbsthilferechts zur Befriedigung aus dem Schuldnervermögen über § 229 BGB hinaus). Dagegen ist die Frage umstritten, ob es sich bei der Annahme der Voraussetzungen eines Rechtfertigungsgrundes wie bei der Putativnotwehr um einen Verbotsirrtum handelt (vgl. unten V.). Von diesem Fall abgesehen bestehen hinsichtlich der Arten des Verbotsirrtums keine grundsätzlichen Unterschiede in der Behandlung.

Der Irrtum über das Bestehen und die Voraussetzung eines Entschuldigungsgrundes gehört nicht zum Verbotsirrtum (vgl. unten VI.).

4. Der unbeachtliche Irrtum über Rechtssätze

a) Strafbarkeitsirrtum

Für das Unrechtsbewußtsein ist nur die Kenntnis des rechtlichen Verbots erforderlich, der Täter braucht aber nicht zu wissen, daß die Übertretung mit Strafe bedroht ist: Der bloße Irrtum über die Strafbarkeit ist unbeachtlich. Allerdings wird oft erst das Bewußtsein von der Strafdrohung den Gedanken an ein mögliches Verbot begründen[84]. Das kann anders sein in Fällen, in denen z. B. zivilrechtliche oder verwaltungsrechtliche Sanktionen, die dem Täter bekannt sind, die Verbotskenntnis vermitteln. Das ist im Einzelfall Beweisfrage. Die Unkenntnis der Strafsanktion gibt demnach nur ein Indiz für die Unkenntnis des Verbots ab. Darin erschöpft sich die Bedeutung des Strafbarkeitsirrtums; der Anlaß zu einer milderen Bestrafung des Täters dürfte nicht einmal im Rahmen der Strafzumessung gegeben sein.

[83] Vgl. *Jescheck*, Allgemeiner Teil, S. 341 f.

[84] Vgl. auch *Stratenwerth*, Allgemeiner Teil I, Nr. 558.

b) Der Subsumtionsirrtum

Gelegentlich werden auch Fehlvorstellungen über die Subsumtionsbeziehungen zwischen Tatbestand und Tatbestandsmerkmal auf ihre Zugehörigkeit zum Verbotsirrtum diskutiert. Unbestritten ist eine Fehlvorstellung darüber unbeachtlicher Strafbarkeitsirrtum, wenn der Täter das Verbotensein der Handlung kannte (er hält ein Tier nicht für eine Sache im Sinne der Sachbeschädigung, weiß aber, daß die Tötung eines fremden Tiers verboten ist). Verbotsirrtum liegt vor, wenn der Täter infolge der fehlerhaften Auslegung des Gesetzes auch das zugrundeliegende Verbot übersieht. Die Rechtsprechung hat das besonders am Tatbestand des Parteiverrats entwickelt, der dem Rechtsanwalt verbietet, in derselben Sache mehreren Parteien mit entgegengesetzten Interessen zu dienen. Verkennt der Rechtsanwalt den Begriff „dieselbe Rechtssache" in dem Sinne „derselbe Prozeß", und vertritt er in einem denselben Sachverhalt betreffenden Zivilverfahren den Kläger, nachdem er im früheren Strafverfahren den jetzigen Beklagten vertreten hat, so kann er infolge dieser fehlerhaften Auslegung sein Verhalten für erlaubt halten und handelt dann im Verbotsirrtum[85]. Grund der Anwendung des § 17 ist aber die Verbotsunkenntnis. Ob sie auf einer Fehlauslegung des Gesetzes beruht, ist dafür unerheblich, so daß es im Grunde überflüssig ist, diesen Fall des Subsumtionsirrtums besonders hervorzuheben[86].

5. *Probleme des Verbotsirrtums bei bestimmten Täterkreisen*

Regelmäßig handelt der *Überzeugungs-* und *Gewissenstäter* nicht im Verbotsirrtum[87]. Die betreffenden Personen kennen das geltende Recht regelmäßig sogar sehr genau. Das Wissen von der Rechtsnorm reicht aber für das Unrechtsbewußtsein aus, mag auch die Norm oder sogar die betreffende Rechts- und Gesellschaftsordnung vom Täter verurteilt werden. Die Überzeugung vom Unwert einer Rechtsnorm kann aber zum Verbotsirrtum führen, wenn der Täter der Auffassung ist, daß sie gegen höherrangiges Recht, etwa gegen die Grundrechte der Verfassung verstoße.

Das im Grundlagenbeschluß des BGH noch sehr im Vordergrund stehende Argument des Verbotsirrtums beim *Gewohnheits-*

[85] Vgl. BGHSt 7, 23; *Schönke-Schröder/Cramer*, Anm. 22 zu § 356.

[86] Vgl. auch *Dreher*, Festschrift für Heinitz, S. 209.

[87] *Rudolphi*, Systematischer Kommentar, Anm. 23 zu § 17; Festschrift für Welzel, S. 633; dagegen aber *Arm. Kaufmann*, ZStW 80 (1968), 40.

verbrecher[88] wird heute kaum noch vorgetragen. Auch der Abstumpfungsprozeß durch andauernde kriminelle Gewohnheit löscht wenigstens das Mitbewußtsein eines Verstoßes gegen Verbote bei den jeweiligen Handlungen nicht aus. Ein Verbotsirrtum ist daher durchweg zu verneinen; das Schuldproblem bei Hangtätern liegt nicht im intellektuellen, sondern im voluntativen Bereich.

Sehr problematisch ist die Frage, ob bei *Affekttaten*, Spontanhandlungen im Zustand höchster Erregung, die Verbotskenntnis verloren gehen kann, wie der BGH seinerzeit annahm. Die Frage ist vor allem auch bei Tötungsdelikten von Bedeutung. Von juristischer Seite löst man die Frage häufig mit dem Hinweis auf ein sachgedankliches Mitbewußtsein des Verbots[89]. Auch die forensische Psychiatrie geht durchweg von der Verbotseinsicht mindestens in Randzonen des Bewußtseins aus und sieht Probleme allenfalls im voluntativen Bereich. Indessen haben gerade die psychologischen Untersuchungen, auf die sich die Lehre vom Mitbewußtsein beruft, zu zeigen vermocht, daß im Zustand höchster Erregung Bewußtseinsautomatismen versagen. Von diesem Zerfallsprozeß soll besonders das Normbewußtsein betroffen werden[90]. Die Frage des Unrechtsbewußtseins beim Affekttäter ist daher gegenwärtig als ungeklärt anzusehen[91].

6. *Die Teilbarkeit des Unrechtsbewußtseins*

Das allgemeine Bewußtsein, irgendwie unrechtmäßig zu handeln, reicht nicht aus; der Täter muß vielmehr das im besonderen Tatbestand verkörperte Verbot gekannt haben. Verwirklicht das Verhalten des Täters tateinheitlich mehrere Tatbestände, so kann sich das Unbewußtsein auf eine dieser Taten beschränken; hinsichtlich der anderen kann Verbotsirrtum vorliegen.

BGHSt 10, 35: Der Täter, ein Ausländer, hatte durch den Verkehr mit seiner Stieftochter außer dem damals noch strafbaren Ehebruch den ebenfalls noch strafbaren Tatbestand der unechten Blutschande verwirklicht. Außerdem lag

[88] Vgl. BGHSt 2, 206, 208 f.; dagegen *Rudolphi*, Unrechtsbewußtsein, S. 273 mit Anm. 45.

[89] Vgl. *Schmidhäuser*, Festschrift für H. Mayer, S. 328 ff.; *Schewe*, Bewußtsein und Vorsatz, S. 147 ff.

[90] Nachweise bei *Krümpelmann*, Festschrift für Welzel, S. 338 f.

[91] Vgl. *Stratenwerth*, ZStW 85 (1973), 493; gegen eine Berücksichtigung emotionell bedingten Verbotsirrtums im Rahmen des § 17 *Rudolphi*, Systematischer Kommentar, Anm. 15 ff. zu § 17.

Unzucht mit Abhängigen vor. Außer dem Ehebruch hatte der Täter keine Vorstellung vom Verbotensein des in den Tatbeständen beschriebenen Verhaltens, da diese in seinem heimischen Rechtskreis fehlten. Der BGH hat es abgelehnt, aus der Kenntnis des Ehebruchsverbots auch das Bewußtsein der Rechtswidrigkeit hinsichtlich der anderen Tatbestände zu folgern[92].

Der BGH begnügt sich aber mit der Kenntnis des Grundverbots. Die Unkenntnis eines höheren Unrechtsgehalts einer Tat, die sich gegen dasselbe Rechtsgut richtet, sei unbeachtlicher Strafbarkeitsirrtum. Das soll auch für den Fall gelten, daß sich der strafrechtliche Grundtatbestand bereits als qualifizierte Form eines strafrechtlich noch unbewehrten Verbots darstellt[93]. Indessen setzt die Vorstellung, geringeres Unrecht zu verwirklichen, den Täter nicht Entscheidungskonflikten von demselben Grade aus wie bei der Vorstellung des wirklichen Unrechtsgehalts der Tat. Das ist für seine Schuld von Bedeutung. Zutreffend ist es daher, das Unrechtsbewußtsein ausnahmslos auf das jeweils verwirklichte tatbestandliche Unrecht zu beziehen. Auch bei Unverständnis des höheren Unwerts eines straferhöhenden Merkmals kann das gelegentlich praktische Konsequenzen haben, denn Unvermeidbarkeit ist nicht völlig undenkbar. In diesem Fall kann nach dem strengeren Tatbestand nicht gestraft werden[94].

Das Bewußtsein von einem Verstoß gegen die Sittenordnung allein begründet noch kein Unrechtsbewußtsein. Der Täter muß gerade den rechtlichen Charakter des Verbots erkannt haben[95].

[92] Unter Aufgabe der früheren Rechtsprechung; vgl. dazu *Rudolphi*, Systematischer Kommentar, Anm. 7 zu § 17; weitere Nachweise bei *Baumann*, Allgemeiner Teil, S. 440.

[93] BGHSt 15, 383; dagegen mit Recht *Rudolphi*, Systematischer Kommentar, Anm. 8 zu § 17.

[94] *Rudolphi*, Unrechtsbewußtsein, S. 80 ff.; *ders.*, Systematischer Kommentar, Anm. 8 f. zu § 17; *Baumann*, Allgemeiner Teil, S. 440; ausführlich *Horn*, Verbotsirrtum, S. 25 ff., besonders S. 32; es kommt darauf an, daß der Täter den Unrechtsgehalt der Tat erkannt hat; unerheblich ist es, ob er das Verbot als Strafnorm oder als zivilrechtliches Verbot verstanden hat.

[95] BGHSt 2, 202; 10, 41. Bedenklich aber BGHSt 15, 283: Für die Förderung von der Unzucht als *rechtliches* Grundverbot des damaligen Kuppeleitatbestandes, der erst bei Eigennutz und Gewohnheitsmäßigkeit Strafe vorsah. Erst bei Gegebensein dieser Merkmale gerät das Verhalten schon in die Zone des *rechtlich* Erheblichen. — Das Bewußtsein der Sittenwidrigkeit legt allerdings die Vermeidbarkeit nahe; vgl. *Stratenwerth*, Allgemeiner Teil I, Nr. 555; *Jescheck*, Allgemeiner Teil, S. 345.

7. *Die Vermeidbarkeit des Verbotsirrtums*

Handelt der Täter ohne Verbotskenntnis, so stellt seine Tat keine wissentliche Entscheidung gegen das Recht dar. Das Gesetz berücksichtigt diese Veränderung in der Schuldqualität nur durch eine fakultative Strafmilderung. Daher ist die präzise Bestimmung der Unvermeidbarkeit, die zum Schuldausschluß, zur Straffreiheit führt, das wichtigste Problem des Verbotsirrtums. Indessen sind die Kriterien der Vermeidbarkeit bisher „wenig geklärt“[96].

a) Methodische Fragen

Die vom Grundsatzbeschluß des BGH angenommene „Pflicht“, der Täter habe das richtige Recht durch „Gewissensanspannung“ zu ermitteln und Zweifel durch Nachdenken und Erkundigung zu lösen, wobei die Umstände des Einzelfalls und die soziale Rolle des Täters von Bedeutung seien, ist seitdem kaum entwickelt worden. Vor allem im Hinblick auf den Überzeugungstäter wird dazu später jedoch ausgeführt, die Gewissensanspannung sei nicht als sittliche Entscheidung zu verstehen. Es gehe um den Einsatz der Wertvorstellungen und Erkenntniskräfte zur Ermittlung des in der Gemeinschaft geltenden Rechts[97]. Auch die soziale Rolle[98] darf nicht im Sinne eines generellen Maßstabs angesehen werden; vielmehr kommt es auf die individuelle Leistungsfähigkeit an[99]. Der Maßstab der Vermeidbarkeit ist strenger als der Maßstab der

[96] Vgl. *Jescheck*, Allgemeiner Teil, S. 345.

[97] BGHSt 4, 5; vgl. *Baumann*, Allgemeiner Teil, S. 449.

[98] Daraus werden vor allem Erkundigungs- und Informationspflichten abgeleitet, insbesondere, wenn im Arbeitsfeld des Täters erfahrungsgemäß besondere Rechtspflichten bestehen. Nachweise vgl. *Jescheck*, Allgemeiner Teil, S. 345; dazu ferner BayObLG GA 1973, 313 (316 f.); OLG Köln NJW 1973, 437; OLG Koblenz NJW 1973, 1759 f. Zur Informationspflicht gehört auch die Beobachtung rechtlicher Veränderungen durch Gesetz und Rechtsprechung; vgl. *Schroeder*, Leipziger Kommentar, Anm. 278 zu § 59. Ein guter Glaube an das Fortbestehen einer gefestigten Rechtsprechung wird dagegen nicht anerkannt, vgl. *Rudolphi*, Systematischer Kommentar, Anm. 37 zu § 17; kritisch *Schroeder*, Leipziger Kommentar, Anm. 280 zu § 59.

[99] Vgl. *Maurach-Zipf*, Allgemeiner Teil I, S. 573; dort auch zur Möglichkeit eines Übernahmeverschuldens, wenn der Täter sich auf ein Verhalten eingelassen hat, dessen rechtliche Tragweite erkennbar die eigenen Erkundungsmöglichkeiten überstieg. Daraus ergibt sich die Pflicht, den Rat eines Rechtsanwalts einzuholen, vgl. BGHSt 20, 21; weitere Nachweise bei *Dreher*, Kommentar, Anm. 9 zu § 17.

Fahrlässigkeit, da regelmäßig der Tatbestandsvorsatz schon eine Motivation zur Erkundung des Rechts biete[100].

Die Lehre lehnt in zunehmendem Maße den Gedanken einer „Pflicht" zur Rechtsbeachtung ab und verlangt, daß ähnlich wie bei der Feststellung der Schuldunfähigkeit wegen seelischer Störungen (§ 20) diagnostisch festgestellt werden müsse, welche Umstände die Kenntnisnahme des Rechtsgebots verhindert haben. Der Richter ist also gehalten aufzuzeigen, welche Elemente im Sachverhalt und Täterbewußtsein gegeben sein müssen, damit ein Schuldvorwurf trotz des nicht erkannten Rechtsgebots erhoben werden kann. An die Stelle des normativen Moments der Pflicht zur Rechtserkundung tritt der faktische Anlaß zur Rechtserkundung, der dem Täter mindestens erkennbar sein muß[101].

Diese Anregungen sind von der Rechtsprechung bisher nicht aufgenommen worden. Das ist zu bedauern. Auch die Bemühungen um die „Pflicht" zur Rechtserkundung haben bisher nicht zu analogen Sorgfaltsmaßstäben wie bei der Tatfahrlässigkeit geführt; das ist im individuellen Schuldbereich auch nicht möglich. Die Lehre von der Rechtsbeachtungspflicht führt aber deutlich zu einer Überspannung des Vermeidbarkeitsbegriffs[102].

Natürlich braucht auch die Lehre vom faktischen Anlaß zur Rechtserkundung einen obersten normativen Bezugspunkt; die Gebundenheit des einzelnen, sich überhaupt um das Recht zu kümmern, folgt aus der „Teilnahme an der Rechtsgemeinschaft"

[100] BGHSt 4, 243; 21, 20; dagegen *Roxin*, Festschrift für Henkel, 1974, 187; *Lackner*, Kommentar, 11. Aufl. 1977, Anm. 4 a; *Schroeder*, Leipziger Kommentar, Anm. 274 zu § 59.

[101] Nach richtiger Ansicht muß er sogar positiv erkannt sein, vgl. *Rudolphi*, Unrechtsbewußtsein, S. 218. „Anlaß" nach dieser Lehre sind Umstände, die in der Situation liegen und irgendwie auf die Rechtswidrigkeit des Verhaltens hindeuten und einen verantwortungsbewußten Menschen zur Erkundung der rechtlichen Qualität anhalten würden (*Rudolphi*, a. a. O.). — Zur Kritik an der Rechtsbeachtungspflicht grundlegend *Arm. Kaufmann*, Die Dogmatik der Unterlassungsdelikte, 1959, S. 144 ff.; ferner *Rudolphi*, Unrechtsbewußtsein, S. 159 ff.; *Horn*, Verbotsirrtum, S. 69 f.; *Roxin*, Festschrift für Henkel, S. 188. Gegen die Anlaßlehre aber *Schroeder*, Leipziger Kommentar, Anm. 270 ff. zu § 59.

[102] Vgl. *Rudolphi*, Unrechtsbewußtsein, S. 250 ff.; *ders.*, Systematischer Kommentar, Anm. 25 zu § 17, der aufzeigt, daß die Rechtsprechung (vgl. besonders BGHSt 21, 21) schon die Unterlassung einer Pflichtenprüfung ausreichen läßt, ohne zu berücksichtigen, ob die vorgenommene Prüfung Aussicht gehabt hätte, die Verbotskenntnis zu erlangen.

(BGHSt 2, 201). Daraus läßt sich unmittelbar die Rechtsverantwortung begründen[103]. Die Normativität dieses obersten Schuldurteils zerlegt sich aber nicht in einzelne Verhaltensregulative, in einzelne „Rechtsbeachtungspflichten". Auch bei der Vermeidbarkeit wird nicht das Sollen, sondern das Können beurteilt[104].

b) Einzelfälle

Der Blick auf die Kasuistik erweckt den Eindruck sehr rigoroser Maßstäbe. Die Urteile, in denen schon das Obergericht die Unvermeidbarkeit angenommen oder sie dem Tatgericht nahegelegt hat, sind äußerst selten[105]. Das Material betrifft überwiegend Fälle, in denen sich der Angeklagte auf eine juristische Autorität oder juristischen Rat für seine Rechtsmeinung berufen hat. So soll der Verbotsirrtum unvermeidbar sein, wenn der Täter im Vertrauen auf die Rechtsmeinung eines hohen Gerichts die Ungültigkeit einer Norm oder die verbotsbeschränkende Auslegung eines Gesetzes angenommen hat[106]. Bei widersprüchlichen Gerichtsurteilen soll das Risiko aber grundsätzlich zu Lasten des Täters gehen[107]. Der Rat eines Rechtskundigen, insbesondere eines

[103] Vgl. besonders *Würtenberger*, Festschrift für Erik Wolf, 1962, S. 345, 351; vgl. auch *Stratenwerth*, Allgemeiner Teil I, Nr. 583.

[104] Nach *Roxin*, Festschrift für Henkel, S. 188, ist die Vermeidbarkeit nicht nach dem „Können", sondern nach der kriminalpolitischen Erwägung zu bemessen, wann die Strafe bei Verbotsirrtum ihren generalpräventiven Zweck verliere; das sei der Fall, wenn der Täter keinen situationsgebundenen Anlaß zur Prüfung gehabt hätte oder die gebotene, aber unterlassene Prüfung die Erlaubtheit des Tuns nicht bestätigt hätte. Zur generalpräventiven Einfärbung der Schuld beim Verbotsirrtum noch weitergehend *Jakobs*, Schuld und Prävention, 1976, S. 18; zur Kritik und zu Grenzen des Schuldbegriffs *Stratenwerth*, Die Zukunft des strafrechtlichen Schuldprinzips, 1977.

[105] Auch in diesen Fällen (vgl. OLG Köln, NJW 1973, 437) hütet man sich aber, Regelfallkriterien der Unvermeidbarkeit aufzustellen.

[106] Vgl. etwa OLG Celle, MDR 1956, 436; OLG Stuttgart, NJW 1967, 122; NJW 1973, 1892 (zugleich über die Unvermeidbarkeit eines Auslegungsfehlers); ausführliche Nachweise bei *Rudolphi*, Systematischer Kommentar, Anm. 37 zu § 17.

[107] Nachweise bei *Rudolphi*, Anm. 38 zu § 17. Die Frage ist auch in der Lehre kontrovers; im Prinzip zustimmend *Rudolphi*, a. a. O.; *Schroeder*, Leipziger Kommentar, Anm. 284 zu § 59; für Unvermeidbarkeit aber *Welzel*, Strafrecht, S. 173; *Maurach-Zipf*, Allgemeiner Teil, S. 574. Kannte der Täter nur die ihm günstige Rechtsprechung, so wird jedoch die Unvermeidbarkeit wenigstens bei Laien generell anerkannt.

Rechtsanwalts, entbindet den Täter mindestens dann nicht vom eigenen Bemühen, wenn es um eine Gewissensentscheidung geht[108].

Der Eindruck wäre indessen fehlerhaft, wollte man aus dem veröffentlichten Material entnehmen, daß die Unvermeidbarkeit des Verbotsirrtums praktisch nur auf dem Papier stünde. Zwar fehlen gesicherte Erhebungen, doch ist die Annahme unvermeidbaren Verbotsirrtums der alltäglichen Rechtspraxis durchaus nicht fremd. Indessen dürfte sie sich weitgehend auf Evidenzfälle beschränken, hier aber von so unterschiedlichen Umständen abhängen, daß sich daraus kein Material für eine obergerichtliche Leitfunktion entwickeln konnte. Der Vorwurf der Vorsatztheorie, daß sich bei der Bestimmung der Unvermeidbarkeit eine ähnliche Unbestimmtheitszone gebildet habe, wie in der funktional vergleichbaren Rechtsprechung des Reichsgerichts zu strafrechtlichen und außerstrafrechtlichen Rechtsbegriffen[109], ist angesichts dieser Situation schwer zu widerlegen. Darin liegt jedoch kein Argument gegen die Schuldtheorie, sondern gegen den Stand ihrer theoretischen Entwicklung. Man mag auch Kritik an der mangelnden Rezeption der Ergebnisse der Lehre in der Rechtsprechung üben.

c) Der vermeidbare Verbotsirrtum

In der veröffentlichten Rechtsprechung findet man keine Anhaltspunkte, wann und in welchem Maße man von der Strafmilderungsmöglichkeit bei Vermeidbarkeit nach § 17 S. 2 Gebrauch zu machen habe. Im Gegensatz zur Frage nach der Unvermeidbarkeit, die Rechtsfrage ist, herrscht hier das tatrichterliche Ermessen[110]. Allerdings werden tatrichterliche Urteile als fehlerhaft aufgehoben, wenn das Instanzgericht einen Verbotsirrtum übersehen hat, mag auch Vermeidbarkeit gegeben sein[111].

[108] Vgl. BGHSt 21, 21; jetzt auch OLG Braunschweig, NJW 1976, 60 (vermeidbarer Verbotsirrtum über die Nötigung bei Rückforderung der Fangprämie vom Ladendieb trotz Unbedenklichkeitserklärung eines Rechtsanwältekreises). *Regelmäßig* darf der Täter jedoch auf den Rat des Rechtsanwalts vertrauen, OLG Hamburg, NJW 1977, 1831.

[109] Vgl. oben Anm. 20.

[110] Vgl. BGHSt 2, 194 (209 f.); dazu auch *Warda*, ZStW 71 (1959), 259.

[111] Vgl. BGH MDR 1969, 358; OLG Hamm VRS 10, 358; *Schönke-Schröder/Cramer*, Anm. 24 zu § 17; sowie vor allem *Bruns*, Strafzumessungsrecht, 2. Aufl. 1974, S. 556 mit Anm. 20. Zur Möglichkeit einer Verfahrenseinstellung nach § 153 StPO bei geringfügigem Verschulden vgl. *Schroeder*, Leipziger Kommentar, Anm. 294 zu § 59 mit weiteren Nachweisen.

8. Das Vorverschulden am Verbotsirrtum

Besonders im Nebenstrafrecht ist die Fallgestaltung nicht selten, daß der Täter im Augenblick der konkreten Handlung keinerlei Anlaß hatte, über die Rechtswidrigkeit nachzudenken, daß er aber infolge *früherer* Säumnisse einmal bestehende Möglichkeiten nicht ausgenutzt hat. In diesen Fällen kann es an der zeitlichen Koinzidenz von Tat und Schuld fehlen. Die Möglichkeit der Rechtserkundung kann ja im Augenblick der Tat schon wieder erloschen sein[112]. Aus der Praxis ist kein Fall bekannt, daß aus Gründen dieser fehlenden Koinzidenz der Schuldvorwurf nicht erhoben worden wäre. Der BGH scheint die Zulässigkeit des Rückgriffs auf frühere Rechtserkundungsmöglichkeiten vorauszusetzen: Der Affekttäter, der im Tatzeitpunkt kein Unrechtsbewußtsein hatte, kann im Zeitpunkt der Tat wegen seiner Erregung erst recht keine Erkenntnisleistungen mehr erbringen. Wenn der Bundesgerichtshof den Affekttäter gerade als besonders wichtiges Beispiel für die Notwendigkeit der Schuldtheorie heranzieht, so ist bei der Vermeidbarkeit des Irrtums offenbar an das frühere Unrechtswissen gedacht. Der Rückgriff auf frühere Säumnis zur Begründung des Schuldvorwurfs stellt aber wieder eine Veränderung gegenüber der Regelschuldform des Handelns mit Unrechtsbewußtsein dar[113].

9. Verbotsirrtum und Schuldprinzip

Die praktische Bedeutung des Verbotsirrtums ist in neuerer Zeit in Frage gestellt worden; mindestens ein sachgedankliches Mitbewußtsein des Verbots sei in den Materien des Strafgesetzbuches nahezu immer gegeben. Dieser Gedanke ist vor allem von

[112] Grundlegend hierzu *Rudolphi*, Unrechtsbewußtsein, S. 252 ff.; vgl. *ders.*, Systematischer Kommentar, Anm. 44 ff. zu § 17, der Spannungen zum Schuldbegriff durch einen „mittelbaren Tatschuldvorwurf" zu lösen versucht. Das Problem wird von *Stratenwerth*, ZStW 85 (1973), 495 (bedenklich auch *Schroeder*, Leipziger Kommentar, Anm. 292 zu § 59) unterschätzt und mit dem Hinweis auf ein — fragwürdiges — Übernahmeverschulden ebenfalls nicht gelöst (vgl. neuerdings aber *Stratenwerths* Zugeständnis, daß es sich um eine Grenzlage des Schuldprinzips handele, Die Zukunft des strafrechtlichen Schuldprinzips, S. 19 f.). Zur Bedeutung der Frage für die Praxis vgl. *Tröndle*, NJW 1973, 32.

[113] *Rudolphi* (Anm. 112) versucht, seine Ausweitung auf das Nebenstrafrecht zu beschränken; im Kernstrafrecht mißt er ihr keine Bedeutung zu. Das ist allerdings nicht haltbar; vgl. 113 BGHSt 2, 206; dagegen *Schmidhäuser*, Festschrift für H. Mayer, S. 328 ff.; vgl. auch *Krümpelmann*, ZStW 88 (1976), 13, 37.

den Vertretern der Vorsatztheorie zum Beweise für die kriminalpolitische Brauchbarkeit ihrer Lehre vorgetragen worden[114].

Sicherlich hat die Lehre vom Mitbewußtsein dazu beigetragen, daß man heute die Möglichkeit eines Verbotsirrtums zurückhaltender beurteilt. Indessen vermittelt das Mitbewußtsein selbst im innersten Bereich des Strafgesetzbuchs mitunter keine Unrechtskenntnis mehr, denn überall gibt es Grenzsituationen und atypische Tatbestandsverwirklichungen[115]. Auch bei solchen Handlungen mag ein sachgedankliches Gefühl der Rechtsbedenklichkeit mitwirken. Es ist jedoch nicht eine Frage größerer Aufmerksamkeit, ob sich dieses Gefühl zu klarer Verbotskenntnis entwickeln ließe[116]. Die Schwierigkeiten liegen weniger im Präsenzgrad des Bewußtseins als im inhaltlichen Umriß des Verbots. Hier kann die Lehre vom sachgedanklichen Unrechtsbewußtsein aber keine Abhilfe schaffen. Vielleicht hat gerade die bevorstehende und inzwischen erfolgte gesetzliche Verurteilung der Vorsatztheorie dazu beigetragen, daß viele ihrer Argumente neu überdacht worden sind und auch bei Anhängern der Schuldtheorie viel Verständnis gefunden haben. Daß der Verbotsirrtum ein relativ seltener Fall ist, wird heute eingeräumt[117]. Es wächst auch das Verständnis, daß die Vereinbarkeit des Schuldvorwurfs bei vermeidbarem Verbotsirrtum mit dem Schuldprinzip noch immer schwere Grundsatzfragen aufwirft[118].

[114] Vgl. oben Anm. 47 und 80.

[115] Das veröffentlichte Material ist allerdings spärlich und bezieht sich meistens auf Grenzirrtümer bei Rechtfertigungsgründen und Tatbeständen mit gesamttatbewertenden Merkmalen (vgl. neuerdings BGH, NJW 1976, 1949; BGHSt 25, 13). Möglicherweise werden wenigstens die Evidenzfälle bei Betrug, Erpressung, Urkundenfälschung usw. schon im Ermittlungsverfahren ausgesondert. Daß die Untergerichte bei vermeidbarem Irrtum ohnehin nicht mehr genau prüfen, ist vermutet worden (*Warda*, ZStW 71 [1959], 260). — Daß sich selbst bei den Tötungsdelikten im medizinisch-juristischen Grenzbereich Verbotsirrtümer ergeben können, ist in Anbetracht des Regelungssystems bei Reanimation, Transplantation usw. kaum zu bezweifeln.

[116] Mit Recht wird der „unspezifische Zweifel" am Verbotensein von *Horn*, Verbotsirrtum, S. 105, daher nur im Zusammenhang mit der Vermeidbarkeit gewürdigt, dort allerdings — problematisch — in den Rang eines ausschlaggebenden Kriteriums erhoben.

[117] Jedenfalls im Kernstrafrecht; vgl. etwa *Stratenwerth*, Allgemeiner Teil I, Nr. 5, 67.

[118] Die Bedenken sind gerade auch bei Anhängern der Schuldtheorie angewachsen, vor allem seit den Untersuchungen von *Arm. Kaufmann*, Bindings Normentheorie, S. 176 ff.; vgl. auch *Horn*, Verbotsirrtum,

Im Regelfall des Handelns mit Unrechtsbewußtsein sind drei Voraussetzungen erfüllt: Der Täter kennt sein Unrecht, seine Tat ist eine *Entscheidung* gegen das Recht. Dieses Bewußtsein fällt mit der Tatbegehung zusammen. Das entspricht den klassischen Komponenten des Schuldbegriffs[119]: Dem intellektuellen und dem voluntativen Schuldmoment und dem Moment der zeitlichen Koinzidenz von Tat und Schuld. In der Dogmatik der Schuldtheorie ist kaum berücksichtigt worden, daß mit der Abschwächung des intellektuellen Moments von der Unrechtskenntnis zur Erkennbarkeit zugleich das voluntative Moment der Entscheidung gegen das Recht aus dem Schuldbegriff entfernt worden ist[120]. Dem Täter, der das Recht nicht kannte, darf ja nicht unterstellt werden, er habe sich gegen das Recht entschieden. Mit dem gelegentlich erforderlichen Rückgriff auf das Vorverschulden am Verbotsirrtum wird jedesmal das Koinzidenzmoment vernachlässigt. Die Schuldtheorie und mit ihr § 17 haben daraus die Konsequenz gezogen, diese Kümmerform des Schuldbegriffs zur Regelschuldform zu erheben. Voluntatives Schuldmoment und Koinzidenzmoment sind seitdem dogmatisch nicht mehr einleuchtend einzuordnen.

Dennoch hat die Schuldtheorie recht, wenn sie — aus dem Prinzip der Rechtsverantwortung — das Handeln im vermeidbaren Verbotsirrtum als schuldhaft ansieht. Der Fehler liegt darin, daß sie die ausnahmsweise Verkümmerung zur Regel macht. Die Schuld bei vermeidbarem Verbotsirrtum ist eine qualitativ andere, leichtere Schuldform gegenüber der Regelschuldform des Handelns mit Unrechtsbewußtsein. Das Gesetz hätte dem leicht Rechnung tragen können, wenn es die Strafmilderung bei vermeidbarem Verbotsirrtum zwingend angeordnet hätte. Die wenigen Fälle, in denen die materielle Schuld des notorisch Rechtsgleichgültigen der Schuld des Täters mit Unrechtsbewußtsein gleichkommt, finden ihre Parallele im Verhältnis des bodenlos Leichtsinnigen zum Vorsatztäter. Die nur fakultative Strafmilderung bei § 17 verwischt den Ernst der Grenze und wirft einen

S. 109 ff., 166 ff.; sehr kritisch *Bockelmann*, Allgemeiner Teil, S. 123: „Modifizierung des Schuldprinzips".

[119] Wie sie in § 20 in der Fähigkeit, „bei Begehung der Tat" „das Unrecht der Tat einzusehen" und „nach dieser Einsicht zu handeln", zusammengefaßt sind.

[120] Vgl. aber *Horn*, Verbotsirrtum, S. 107, 117 f., 149; *Krümpelmann*, ZStW 88 (1976), 14.

Schatten auf die Verwirklichung des Schuldprinzips in unserem Recht schlechthin.

Die Vorsatztheorie bietet allerdings nicht die bessere, sondern die schlechtere Lösung, da sie die tatsächlichen Grenzen zwischen Verbotskenntnis und Verbotsunkenntnis, teilweise nach falschen Maßstäben, verundeutlicht, um zu praktikablen Ergebnissen zu gelangen[121].

Da das Schuldprinzip verfassungsrechtlichen Rang einnimmt[122], die Regelung des vermeidbaren Verbotsirrtums in § 17 S. 2 aber anerkannte Komponenten seiner regelmäßigen Erscheinungsform vernachlässigt, ist die Frage der Verfassungsmäßigkeit der Vorschrift mit gutem Grund aufgeworfen worden. Das Bundesverfassungsgericht hat sie trotzdem mit Recht bejaht[123]. Das geltende Recht *erlaubt* die Berücksichtigung der qualitativ veränderten Schuldform; mehr ist aus der Verfassung wohl nicht abzuleiten. Die zwingende Milderung würde dem Geist der Verfassung jedoch besser gerecht. Die Rechtsprechung könnte hier eine bessere gesetzliche Lösung vorwegnehmen[124].

V. Die Putativrechtfertigung

Während der Irrtum über Existenz und Reichweite eines Erlaubnissatzes nach allgemeiner Ansicht Verbotsirrtum nach § 17 ist, streitet man sich immer noch um die Frage, wie die irrtümliche Annahme von Umständen zu behandeln ist, die zu den Merkmalen eines geltenden Erlaubnissatzes gehören[125]. Dieser Fall wird als Putativrechtfertigung, Erlaubnistatbestandsirrtum oder Irrtum über die Rechtfertigungsvoraussetzungen bezeichnet. Im Gegen-

[121] Vgl. oben Anm. 80.

[122] Vgl. *Warda*, ZStW 71 (1959), 261; *Schmidhäuser*, Allgemeiner Teil, S. 416, 419; *ders.*, NJW 1975, 1807; *Langer*, GA 1976, 193 ff. *Schmidhäuser* und *Langer* halten die Rückkehr zur Vorsatztheorie im Wege verfassungskonformer Auslegung des § 17 für möglich und geboten.

[123] BVerfG 41, 121; dazu die verfassungsrechtliche und strafrechtsdogmatische Kritik von *Langer* (Anm. 122).

[124] Durch eine Grundsatzentscheidung über ein tatrichterliches Urteil, das die Strafmilderung nach § 17 Abs. 2 verweigert; es handelte sich nicht um Rechtsfolgensetzung, sondern um Rechtsfolgepräzisierung nach dogmatisch aufweisbaren Wertungsmaßstäben, die das Gesetz enthält, aber nicht ausdrücklich konkretisiert; Bedenken bei *Warda*, ZStW 71 (1959), 261, 263.

[125] Grundlegend *Hirsch*, Die Lehre von den negativen Tatbestandsmerkmalen, 1960.

satz zu den Entwürfen[126] hat der neue Allgemeine Teil die Frage nicht geregelt und es der Fortentwicklung durch Rechtsprechung und Lehre überlassen, ob dieser Irrtumsfall nach § 16 als Tat- als Putativrechtfertigung. Erlaubnistatbestandsirrtum oder Irrtum eigener Art anzusehen sei. Der Gesetzgeber billigt aber die bisher feststellbare Entwicklung der Rechtsprechung[127].

1. Die Behandlung in der Putativrechtfertigung in der Judikatur

Die Rechtsprechung hat die Putativrechtfertigung grundsätzlich wie einen Tatbestandsirrtum behandelt, Vorsatzausschluß angenommen und Sorgfaltsmängel beim Irrtum nur im Rahmen bestehender Fahrlässigkeitstatbestände berücksichtigt[128]. Voraussetzung für den Vorsatzausschluß ist, daß der Täter alle Umstände in sein Bewußtsein aufgenommen hatte, die den Merkmalen des Erlaubnissatzes entsprechen[129]. Das Rechtfertigungsbewußtsein ist das Gegenstück des Tatbestandsvorsatzes auf der Rechtfertigungsseite[130]. Bei normativen Merkmalen, die gerade bei Erlaubnissätzen häufig sind, ist die Abgrenzung zwischen Merkmalskennt-

[126] Nachweise bei *Krümpelmann*, GA 1968, 129.

[127] Vgl. 2. Schriftl. Bericht des Sonderausschusses, Bundestagsdrucksache V/4095, S. 9. Vgl. auch *Roxin*, JuS 1973, 202. Der Verzicht auf eine Regelung erfolgte wohl unter dem Eindruck der Strafrechtslehrertagungen in Hamburg (1964) und Münster (1967), auf denen der Inhalt und die Notwendigkeit der Entwurfsvorschriften scharf kritisiert worden war, vgl. *Art. Kaufmann*, ZStW 76 (1964), 562; *Roxin*, ZStW 76 (1964), 583 ff.; *Arm. Kaufmann*, ZStW 80 (1968), 38.

[128] Feststehende Rechtsprechung seit BGHSt 3, 105 (Züchtigungsrecht); 3, 194 (Notwehr). Unklar aber OLG Celle, NJW 1969, 1775 mit Kritik von *Horn*, NJW 1969, 2156.

[129] Konsequenz der Vorsatzausschlußlösung ist, daß Teilnehmer an einer in Putativrechtfertigung begangenen Tat wegen des in §§ 26, 27 aufgestellten Vorsatzerfordernisses nicht haften, vgl. OLG Köln, NJW 1962, 686.

[130] Vgl. vor allem *Schaffstein*, MDR 1951, 199; *ders.*, Göttinger Festschrift, S. 185; vgl. dazu *Hirsch*, Negative Tatbestandsmerkmale, S. 157 ff.; *Dreher*, Festschrift für Heinitz, S. 224. — Das Rechtfertigungsbewußtsein ist die Kenntnis der Rechtfertigungsvoraussetzungen. Es ist einmal vom Erlaubnisbewußtsein (der Wertung, daß bei Vorliegen der Umstände, die zu einem Rechtfertigungsgrund „gehören", die Tat erlaubt sei) zu trennen (dazu *Hirsch*, Negative Tatbestandsmerkmale, S. 226 ff.), zum anderen aber auch von der Pflicht zur Überprüfung des Vorliegens der Rechtfertigungsumstände zu unterscheiden. In diesem Sinne ist das Rechtfertigungsbewußtsein ganz überwiegend anerkannt, vgl. *Jescheck*, Allgemeiner Teil, S. 245; zur Terminologie vgl. *Dreher*, Festschrift für Heinitz, S. 224; zu abweichenden Stellungnahmen vgl. die kritische Bestandsaufnahme bei *Maurach-Zipf*, Allgemeiner Teil I, S. 368 ff.

nis und Fehlwertung des Gesamtverhaltens, die Verbotsirrtum begründet, noch schwieriger als bei den normativen Tatbestandsmerkmalen. Die Rechtsprechung arbeitet häufig noch mit der Unterscheidung nach Tatirrtum und Rechtsirrtum[131]. Darin liegt seit der Abkehr von diesem Begriffspaar aber eine Inkonsequenz, denn behandelt man den Irrtum über Rechtfertigungsmerkmale wie einen Irrtum über Tatbestandsmerkmale, so müssen auch dieselben Abgrenzungen wie bei § 16 maßgebend sein. Es kommt also auf die Kenntnis von der sozialen Bedeutung eines Merkmals und die Parallelwertung in der Laiensphäre an. Indessen haben bei Rechtfertigungsgründen gesamttatbewertende Merkmale, die in Urteil und Beurteilungsgrundlage zu zerlegen sind, größeres Gewicht. Bei der Notwehr z. B. dürften die Rechtswidrigkeit des Angriffs und die Erforderlichkeit der Abwehr zu ihnen gehören[132]. Beurteilungsfehler sind Verbotsirrtum; die irrtümliche Annahme erforderlichkeitsbegründender Umstände oder von Umständen, die die Rechtswidrigkeit des Angriffs begründen, kommen dagegen für den Vorsatzausschluß in Betracht. Die „Erforderlichkeit" ist gesamttatbewertend, weil sie auf die zahlreichen, durch Merkmale nicht typisch erfaßbaren Situationen verweist, die die Notwendigkeit, einen Rechtswert zugunsten eines anderen zu opfern, überhaupt erst begründen[133]. Die Rechtswidrigkeit des Angriffs ist gesamttatbewertend, da sich aus diesem Merkmal erst die weitreichenden Eingriffsberechtigungen der Notwehr ergeben[134].

In einigen Situationen der Putativrechtfertigung gelangt die Judikatur jedoch zu anderen Ergebnissen. Bei der Frage der me-

[131] Besonders deutlich BGHSt 3, 105; weitere Nachweise bei *Herdegen*, 25 Jahre Bundesgerichtshof, 1975, S. 207 Anm. 56. Eine Anpassung an die neue Terminologie auch bei Rechtfertigungsgründen aber in BGHSt 3, 357 (364).

[132] Vgl. *Krümpelmann*, GA 1968, 138.

[133] Der Irrtum über einen erforderlichkeitsbegründenden Umstand kann rechtlicher Natur sein: Eigene Abwehr trotz Gegenwart eines Polizisten, der aber irrtümlich nicht für einsatzbefugt gehalten wird.

[134] Anders *Dreher*, Festschrift für Heinitz, 226; vgl. aber *Herdegen* (Anm. 131), S. 207. — Die irrtümliche Annahme, polizeiliche Photo-Aufnahmen von deliktsverdächtigten Demonstranten seien ein rechtswidriger Angriff und erlaubten die gewaltsame Beseitigung des Filmes, ist fehlerhafte Gesamtbeurteilung und kann nur Verbotsirrtum begründen. Putativnotwehr kommt jedoch in Betracht, wenn der Täter glaubt, die Photographie sei für eine illegitime „Sympathiesantenkartei" bestimmt; vgl. BGH vom 12. 8. 1975 — 1 StR 42/75. Der Hinweis des BGH auf die Möglichkeit der Putativnotwehr ist in JZ 1976, 31, nicht mitveröffentlicht.

dizinisch indizierten Schwangerschaftsunterbrechung, nach der Rechtsprechung bisher ein Fall des rechtfertigenden Notstandes, versuchte man den Vorsatzausschluß zu vermeiden, der bei § 218 mangels Fahrlässigkeitsstrafdrohung zum Freispruch führen müßte. Zu den tatbestandlichen Voraussetzungen der Rechtfertigung rechnete man das Erfordernis der sorgfältigen Prüfung der medizinischen Voraussetzungen des Eingriffs. Für das Rechtfertigungsbewußtsein fehle es an der Kenntnis der Prüfungspflicht, wenn der Täter ohne sorgfältige Prüfung die Schwangerschaft unterbrochen habe. Erlaubnistatbestandsirrtum schließt man mit dieser Begründung aus[135]. Diese Einschränkung ist von einigen Oberlandesgerichten in Fällen des Notstandes im Straßenverkehr überwiegend nicht gemacht worden, doch ist die Rechtsprechung nicht einheitlich[136]. Von der Lehre wird teilweise die Ausdehnung des *Ergebnisses* auf alle[137] oder einige[138] Rechtfertigungsgründe gefordert, bei denen das Nichtbestehen von Fahrlässigkeitstatbeständen kriminalpolitisch bedenkliche Lücken aufreißt, oder bei denen der Angriff in ein unbeteiligtes Rechtsgut erhöhte Aufmerksamkeit des Täters und daher eine strengere Haftung im Irrtumsfall erfordert. Die Begründung der schärferen Haftung beim Putativnotstand, wie sie die Rechtsprechung in der Kenntnis der Prüfungspflicht aufstellt, ist von der Lehre fast allgemein abgelehnt worden. Die Prüfungspflicht sei *jedem* Rechtfertigungsgrund zugeordnet. Die Säumnis bedeute ganz allgemein Fahrlässigkeit oder Vermeidbarkeit; ihre Verselbständigung bei einem einzelnen Rechtfertigungsgrund sei daher Willkür. Zulässig sei nur die Kon-

[135] Vgl. BGHSt 2, 114; 3, 7 (12); 14, 1; im Anschluß an die reichsgerichtliche Rechtsprechung, die bei unterlassener Prüfung auch dann strafen will, wenn das Gegebensein einer Notstandslage nicht zu widerlegen war.

[136] Vgl. die Nachweise bei *Dreher*, Kommentar, Anm. 18 zu § 34. Gegen die Prüfungsvoraussetzungen eingehend OLG Hamm VRS 41, 141, da in § 34 entsprechende gesetzliche Voraussetzungen fehlten (ebenso *Herdegen*, 25 Jahre Bundesgerichtshof, S. 208). In anderen Entscheidungen hat sich dasselbe OLG aber für die Prüfung ausgesprochen, vgl. zuletzt OLG Hamm VRS 50, 464.

[137] So die „strenge" Schuldtheorie, vgl. *Welzel*, Strafrecht, S. 168 ff.; *Arm. Kaufmann*, JZ 1955, 37; *Maurach*, Allgemeiner Teil, 4. Aufl. 1971, S. 475; *Schroeder*, Leipziger Kommentar, Anm. 59 zu § 59; *Bockelmann*, Allgemeiner Teil, S. 120; *Hirsch* (Anm. 125).

[138] *Jescheck*, Allgemeiner Teil, S. 350. Außer dem rechtfertigenden Notstand wird an die mutmaßliche Einwilligung, die Wahrnehmung berechtigter Interessen nach § 193 (vgl. dazu BGHSt 3, 73; 14, 48) und das Recht auf politischen Widerstand nach Art. 20 Abs. 3 GG gedacht.

sequenz, bei vermeidbarem Erlaubnistatbestandsirrtum generell wegen vorsätzlicher Tat in Verbindung mit § 17 zu bestrafen oder die Fahrlässigkeitslösung nach § 16 ausnahmslos anzuwenden[139].

2. Vorschläge der Lehre zur Behandlung der Putativrechtfertigung

Nach der Lehre von den negativen Tatbestandsmerkmalen[140] umfaßt der Vorsatzausschluß nach § 16 strukturnotwendig auch die Putativrechtfertigung, so daß es einer Sonderregelung im Grunde nicht bedarf. Der Unrechtstatbestand umfasse neben den Tatbestandsmerkmalen auch die Unrechtsmerkmale in negativer Form, so daß bei ihrer irrtümlichen Annahme der Gesamtvorsatz entfalle. Auch im Unrechtstatbestand finden sich zwar gelegentlich negative Merkmale, und die Lehre findet ihr stärkstes Argument darin, daß solche Merkmale von Rechtfertigungsmerkmalen oft nicht einfach abzugrenzen sind[141]. Solcher Grenzprobleme wegen darf aber nicht die Kollisionsstruktur von Tatunwert und Rechtfertigungswert übersehen werden[142]; auch der subjektive Bereich spiegelt diese Gegensätzlichkeit im Nebeneinander von Tatbestandsvorsatz und Rechtfertigungsbewußtsein und verschwimmt nicht in einer einheitlichen Bewußtseinsform.

Die strenge Schuldtheorie dagegen ist, wenn sie die Putativrechtfertigung uneingeschränkt als Verbotsirrtum nach § 17 ansieht, in dieser Ausschließlichkeit ebenfalls nicht zu vertreten. Da der mit Rechtfertigungsbewußtsein handelnde Täter im Endzweck einen Wert, nicht einen Unwert verwirklichen will und seine Vorstellungen über die Rechtslage mit dem geltenden Recht auch wirk-

139 Vgl. *Welzel*, JZ 1955, 142; *Roxin*, MSchrKrim 1961, 211; zustimmend zur Begründung des BGH aber *Blei*, Allgemeiner Teil, S. 153; vgl. auch *Lackner*, Anm. 5 c zu § 17.

140 Vgl. *v. Weber*, Festschrift für Mezger, S. 185 ff.; *Engisch*, ZStW 70 (1958), 583 ff.; *Schaffstein*, Göttinger Festschrift, S. 183 ff. mit weiteren Nachweisen; aus kritischer Sicht *Hirsch*, oben Anm. 125; vorwiegend logische und systematische Probleme der Lehre behandelt *Minas-v. Savigny*, Negative Tatbestandsmerkmale, S. 127 ff.; Verfasserin wendet sich gegen eine Irrtumsrelevanz dieser Lehre.

141 Vgl. vor allem *Roxin*, MSchrKrim 1961, 211 f. Ein starkes Argument liegt nunmehr auch in § 16 Abs. 2, der rechtfertigungs*nahe*, strafmildernde Merkmale der Vorsatzausschlußlösung unterwirft; dazu *Schaffstein*, Göttinger Festschrift, S. 185 f.

142 *Jescheck*, Allgemeiner Teil, S. 187 ff.; *Dreher*, Festschrift für Heinitz, S. 217 ff.

lich übereinstimmen, ist der Unrechts- und Schuldgehalt gegenüber dem Regelfall des Verbotsirrtums gemindert[143].

Der Streit um die Behandlung der Putativrechtfertigung hat in der letzten Zeit an Schärfe verloren, denn Wertdifferenzen zum klassischen Fall des Tatbestandsirrtums auf der einen und des Verbotsirrtums auf der anderen Seite werden heute überwiegend zugegeben[144]. Ein Kompromiß[145] zeichnet sich aber noch nicht deutlich ab. Die Rechtsfolgen von § 16 und § 17 scheinen unüberwindliche Alternativen zu bilden.

Für eine *analoge Anwendung des § 16* verweist man vor allem auf drei Gesichtspunkte: Der Handlungsunwert der vorsätzlichen Tat stehe dem Handlungsunwert des Rechtfertigungsbewußtseins gegenüber und sei dadurch aufgehoben[146]. Bewußtes Vorstellen sei von mangelnder Bewußtseinsanspannung, die den Wesensgehalt der Putativrechtfertigung bilde, durch die Unterscheidung von Vorsatz und Fahrlässigkeit getrennt[147]. Die Rechtsordnung könne nur über die Einwirkung auf menschliche Vorstellung planvolle Verhaltensschritte gebieten oder verbieten; ob eine Rechtfertigungslage gegeben sei oder nicht, stehe nicht in der Macht des Täters. Das Fehlen der objektiven Rechtfertigungslage sei daher von untergeordneter Bedeutung und könne nur die Fahrlässigkeitsprüfung eröffnen[148].

[143] Das wird von der strengen Schuldtheorie aber auch nicht geleugnet, vgl. etwa *Arm. Kaufmann*, Festschrift für Welzel, S. 399. Zutreffend ist ferner, daß die Übereinstimmung des Täterbewußtseins mit dem geltenden Recht, die „Rechtstreue", wenn sie auch gegen die Wertgleichheit mit dem Verbotsirrtum spricht, nichts über den Ausschluß des Vorsatzes besagt, wenn dieser auf den Unrechtstatbestand bezogen wird.

[144] Vgl. etwa *Roxin*, Kriminalpolitik und Strafrechtssystem, 2. Aufl. 1973, S. 25, Anm. 56.

[145] Wie ihn — trotz aller Kritik (vgl. *Roxin*, ZStW 76 [1964], 582) — der Entwurf 1962 in abgewogener Weise entwickelt hatte.

[146] *Schaffstein*, MDR 1951, 199; *v. Weber*, JZ 1951, 262; *Stratenwerth*, Allgemeiner Teil I, Nr. 499; *Schönke-Schröder/Cramer*, Anm. 26 zu § 15; Anm. 14 zu § 16; Anm. 37 a vor § 25; *Rudolphi*, Systematischer Kommentar, Anm. 12, 13 zu § 16, der den Vorsatz aber dennoch — kaum konsequent — als tatbestandsbezogen auffaßt und daher Teilnehmerhaftung bei Putativrechtfertigung zuläßt.

[147] *Engisch*, ZStW 70 (1958), 599 ff.; vgl. auch *Maurach-Zipf*, Allgemeiner Teil I, S. 555.

[148] *Zielinski*, Handlungs- und Erfolgsunwert im Unrechtsbegriff (1973), S. 230 ff.

Die strenge Schuldtheorie räumt überwiegend heute eine Unrechts- und Schuldveränderung ein, sie schließe aber den Tatbestandsvorsatz nicht aus. „Handlungsunwert“ sei nicht nur die subjektive Verhaltensseite, der Vorsatz, sondern enthalte auch die objektiven Handlungsmomente. Das rein subjektiv bestimmte Rechtfertigungsbewußtsein könne daher den subjektiv und objektiv zu bestimmenden Handlungsunwert nicht ausgleichen, sondern nur das Gesamtunrecht des vorsätzlichen Verhaltens mindern[149]. Auch bei diesem Ausgangspunkt geht man in der Behandlung der Unrechts- und Schuldminderung bei Gegebensein des Rechtfertigungsbewußtseins unterschiedliche Wege. Die strengste Fassung dieser Lehre glaubt, die Wertdifferenzen im Rahmen der Milderungsmöglichkeiten nach § 17 genügend berücksichtigen zu können[150]. Dieser Meinung wird Unbilligkeit der Ergebnisse vorgeworfen; sie ist auch im Hinblick auf die bloß fakultative Milderung bedenklich[151]. Ein Teil der Lehre hält daher zwar an der Einordnung der Putativrechtfertigung in den Verbotsirrtum fest, sieht aber in dem Verweis auf den Haftungsrahmen des § 16 die angemessene Lösung. Darin liege aber lediglich eine *Rechtsfolgeverweisung;* der Irrtum sei strukturell Verbotsirrtum und lasse den Tatbestandsvorsatz bestehen[152]. Unterstützend wird vorgetragen, daß dem Täter der Schuldunwert des vorsätzlichen Verhaltens fehle, da die Motivation bei der Vorsatzbildung auf die Übereinstimmung mit Normen des geltenden Rechts Rücksicht nehme[152a]. Ein solcher Verbotsirrtum sei daher zwar nur in den Grenzen des § 16, aber nach den Vermeidbarkeitsmaßstäben des § 17 zu beurteilen. Die strengere Haftung wird mit der fortbestehenden Appellwirkung des Tatbestandsvorsatzes zu höherer Sorgfalt begründet. Diese Lehre kann systematisch unliebsame Konsequenzen der Vorsatzausschlußlösung vermeiden: Die Haftung des Teilnehmers ist auch bei Putativrechtfertigung des Haupttäters be-

[149] *Hirsch*, Negative Tatbestandsmerkmale, S. 245 f. mit Anm. 75.

[150] Vgl. die oben Anm. 137 genannten Autoren.

[151] Dagegen aber *Hirsch, Negative* Tatbestandsmerkmale, S. 332 ff.; *Horn*, NJW 1969, 2157. — Für zwingende Strafmilderung bei Putativrechtfertigung anscheinend auch *Welzel*, Strafrecht, S. 169, der zutreffend auch die Milder-Bestrafung im Tenor des Urteils zum Ausdruck bringen will; a. A. *Jescheck*, Allgemeiner Teil, S. 349, Anm. 46.

[152] *Jescheck*, Allgemeiner Teil, S. 348 f.; *Wessels*, Allgemeiner Teil, 6. Aufl. 1976, S. 84 ff.; *Lackner*, Kommentar, Anm. 5 b zu § 17; *Krümpelmann*, GA 68, 138 ff. (vgl. aber unten Anm. 154).

[152a] *Jescheck*, a. a. O., im Anschluß an *Gallas*, ZStW 67 (1955), S. 45, Anm. 89.

gründet, da nicht der Tatbestandsvorsatz, den die Teilnahmevorschriften verlangen, sondern nur seine Rechtsfolge entfällt. Der Übergang zur schärferen Haftung nach § 17 beim Irrtum über die Voraussetzungen bestimmter Rechtfertigungsgründe, wie besonders des rechtfertigenden Notstandes, kann nach dieser Meinung aus der Wertstruktur des jeweiligen Erlaubnissatzes im Zusammenhang mit kriminalpolitischen Bedürfnissen erklärt werden, ohne daß es des Rückgriffs auf die fragwürdige Kenntnis der Prüfungspflicht bedürfte.

Eine dritte, vor allem von *Dreher* vertretene Meinung[153] verbindet Strukturerwägungen mit Werterwägungen und faßt die Putativrechtfertigung als gesetzlich ungeregelten Irrtumsfall eigener Art auf. Strukturell unterscheidet sich die Putativrechtfertigung vom Verbotsirrtum durch das Subsumtionsproblem: Auch beim Erlaubnissatz sind einer Rechtsnorm Sachverhaltsumstände zuzuordnen, die Gegenstand eines Verwirklichungswillens und auch möglicher Gegenstand einer Tatumstandssorgfalt sind. Ein Irrtum über solche Sachverhaltsumstände zeige daher Strukturparallelen zum Irrtum über unrechtsbegründende Tatumstände; der Irrtum über das Bestehen eines Erlaubnissatzes sei dagegen dem Irrtum über das Verbotensein strukturverwandt. Da im Hinblick auf die fehlenden Rechtfertigungsumstände nur ein Sorgfaltsmangel gegeben sei, lasse sich der Fall dem vorsätzlichen Delikt nicht vergleichen. Eine Gleichstellung mit dem Fall des Tatbestandsirrtums lehnt diese Lehre vor allem aus kriminalpolitischen Gründen ab. Für das geltende Recht nimmt sie eine Rechtsfolgeanwendung des § 16 in Kauf, setzt sich aber mit besonderem Nachdruck für eine gesetzliche Regelung ein. Die Vorsätzlichkeit des Handelns, die § 17 beibehält, soll ausgeschlossen werden. Die Strafmilderung nach § 49 sei zwingend anzuwenden. Die Haftung ist aber nicht mehr auf bestehende Fahrlässigkeitstatbestände beschränkt, wie es bei einer Anwendung von § 16 der Fall wäre.

3. *Stellungnahme*

Die Auffassung *Drehers* wird dem Verhältnis von Wertstruktur und Sachstruktur bei der Putativrechtfertigung am besten gerecht und vermag aufzuzeigen, daß weder die Rechtsfolge des § 16

[153] *Dreher*, Festschrift für Heinitz, S. 223 ff.; zustimmend *Herdegen*, 25 Jahre Bundesgerichtshof, S. 209.

noch die des § 17 angemessen ist. Sie löst auch die kriminalpolitischen Probleme am zweckmäßigsten.

Die Rechtsfolgeverweisung auf § 16 und die damit verbundene Beschränkung auf vorhandene Fahrlässigkeitstatbestände ist sachlich nicht gerechtfertigt. Die Entscheidung, ob ein Grundtatbestand vorsätzlichen Verhaltens vom Gesetzgeber Flankenschutz durch die Aufstellung eines Fahrlässigkeitstatbestandes erhalten soll, ist kriminalpolitisch bedingt. Die Gründe beschränken sich durchweg auf die Einschätzung der Strafwürdigkeit und Strafbedürftigkeit des Verbotsverstoßes und nehmen auf dogmatische Fernwirkungen wie das Eingreifen von Erlaubnistatbeständen und Erlaubnistatbestandsirrtum keine Rücksicht. So erweist sich die Hauptwirkung der Rechtsfolgenverweisung auf § 16, die Haftungsbeschränkung auf bestehende Fahrlässigkeitstatbestände, wenigstens unter Strafzweckaspekten als irrational. Das fällt natürlich bei den einzelnen Rechtfertigungsgründen unterschiedlich ins Gewicht[154].

Die Vermeidbarkeit des Irrtums über Rechtfertigungsvoraussetzungen ist von der Vermeidbarkeit des Verbotsirrtums systematisch zu trennen. Die Prüfungspflicht, die solche Irrtümer zu vermeiden gebietet, ist nicht erst das aus dem allgemeinen Verantwortungsgrundsatz entspringende (und durch die Appellfunktion des Tatbestandsvorsatzes möglicherweise verstärkte) Gebot zur Erkundung des richtigen Rechts[155], so daß erst im Funktionszusammenhang mit diesem Gebot der Täter gehalten wäre, auch die Sachverhaltsumstände für das Eingreifen des Erlaubnissatzes aufzuklären. Aus dem allgemeinen Verantwortungsprinzip entspringt zwar das Gebot, sich um die geltenden Rechtfertigungsregeln zu kümmern. Die mangelnde Sorgfalt bei der Erkundung der Rechtfertigungsvoraussetzungen ist jedoch schon im Unrechtsbereich einzuordnen. Tatbestandsverwirklichung mit Rechtfertigungstendenz ist riskantes Verhalten und löst Sorgfaltspflichten

[154] Vgl. *Krümpelmann*, GA 1968, 143 ff. — Der Entwurf 1962, der auf solche Unterschiede Rücksicht nahm, konnte seinerzeit als passabler Kompromiß erscheinen, der in den Ergebnissen der Rechtsprechung weitgehend entsprach. Daß diese heute aber „theoretisch in der Luft" hängt, hat *Herdegen* (Anm. 153), S. 207, treffend hervorgehoben. Eine Gleichbehandlung im Sinne der von *Dreher* vorgeschlagenen Lösung dürfte daher heute vorzuziehen sein.

[155] Meine in GA 1968, 138 f., vertretene Meinung kann ich nicht aufrechterhalten.

aus, die nicht anders als die Sorgfaltspflichten des Fahrlässigkeitsrechts schon für den Unrechtsgehalt der Tat maßgebend sind[156]. Mit *Dreher* und der herrschenden Meinung ist also davon auszugehen, daß Fahrlässigkeitsmaßstäbe über das Unrecht der Putativrechtfertigung entscheiden können. Bei objektiver Unerkennbarkeit des Fehlens der Rechtfertigungsvoraussetzungen entfällt daher das Unrecht der Tat ebenso wie das Unrecht der Erfolgsverursachung bei fehlender Sorgfaltspflichtverletzung[157].

Dennoch wird der Tatbestandsvorsatz bei der Putativrechtfertigung nicht einfach durch Fahrlässigkeit ersetzt[158]. Die Eigenständigkeit der Putativrechtfertigung als besondere Irrtumsart verlangt es, daß die Wertungsgegensätze der objektiven Rechtfertigung auch in die Bewußtseins- und Bewertungsebene hinsichtlich der subjektiven Tatseite voll übertragen werden: Tatbestandsvorsatz, Rechtfertigungsbewußtsein und Einhaltung oder Überschreitung der gebotenen Sorgfalt bilden das Substrat für die Bewertung, ob und in welchem Ausmaß Unrecht gegeben ist. Eine angemessene Behandlung der Putativrechtfertigung kann daher auf die haftungsbeschränkende Folgeverweisung auf bestehende Fahrlässigkeitstatbestände, nicht aber auf die Übernahme der Fahrlässigkeitsmaßstäbe verzichten, die allerdings durch ihr Zusammenspiel mit Tatbestandsvorsatz und Rechtfertigungsbewußtsein eine besondere Ausprägung erfahren.

Es verspricht daher keinen Gewinn, eine Gesamtvorsätzlichkeit oder Gesamtfahrlässigkeit über das Handeln mit Rechtfertigungsbewußtsein aus Werterwägungen abzuleiten. In der Putativrechtfertigung verbinden sich Vorsatz- und Fahrlässigkeitsfaktoren zu einer eigenständigen Bewertungsgrundlage, die in ihrer Zusammensetzung herausgearbeitet werden muß, wenn man die Haftungsmaßstäbe für diesen Sonderfall erkennen will[159].

[156] Dazu eingehend die soeben fertiggestellte Mainzer Dissertation von *Paeffgen*, Der Verrat in irriger Annahme eines illegalen Staatsgeheimnisses (§ 97 b StGB) und die allgemeiner Irrtumslehre.

[157] Im Ergebnis ebenso *Arm. Kaufmann*, Festschrift für Welzel, S. 401 f. — Dagegen allerdings die ganz herrschende Lehre, vgl. nur *Maurach-Zipf*, Allgemeiner Teil I, S. 372.

[158] So jedoch *Dreher* (Anm. 153), S. 227, der immerhin von einer „eigenständigen" Form der Fahrlässigkeit spricht.

[159] Im Grunde tendieren die meisten Bemühungen um die Einordnung der Putativrechtfertigung zu einer Anerkennung der komplexen subjektiven Tatseite, vgl. *Welzels* „Gefühlsbedenken" gegen die Bestrafung wegen vorsätzlicher Tat und seine Forderung nach Angabe der Putativrecht-

Eine zwingende Strafmilderung ist das erste Gebot bei der Behandlung der Putativrechtfertigung. Die Maßstäbe dafür liefert grundsätzlich § 49.

Der Sorgfaltsmangel, auf dem die fehlende Erkenntnis der Rechtfertigungsvoraussetzungen beruht, kann geringfügig sein. Das verbindet die Putativrechtfertigung mit den Haftungsmaßstäben der Fahrlässigkeit, die, im Gegensatz zu § 49 Abs. 1, Untergrenzen der strafrechtlichen Haftung nicht kennt. Solche Strafminima müssen daher bei der Putativrechtfertigung auch unterschritten werden können, wie es § 49 Abs. 2 für besondere Fälle ja auch vorsieht[160]. Regelmäßig liegt der Unrechtsgehalt der Putativrechtfertigung jedoch über dem Unrecht der fahrlässigen Verwirklichung des Grundtatbestandes, da dem Täter die Risikozone seines Verhaltens ja bewußt geworden ist[161]. Die Obergrenze der in § 49 Abs. 1 bestimmten Haftung kann daher auf den Fall der Putativrechtfertigung übertragen werden. Die Ausdehnung des so zur Verfügung gestellten Strafrahmens entspricht der Spannbreite des möglichen Unrechts- und Schuldgehalts der möglichen Fälle von Putativrechtfertigung.

Bei der Teilnehmerhaftung ist zu unterscheiden: Anstiftung und Beihilfe setzen vorsätzliches und rechtswidriges Verhalten des Haupttäters voraus. Der Tatbestandsvorsatz bleibt beim Täter, der im Erlaubnistatbestandsirrtum handelt, bestehen. Grundsätzlich ist also Teilnahmehaftung möglich. Ist allerdings der Irrtum über die Rechtfertigungsvoraussetzungen unvermeidbar, so scheidet Teilnahme aus, nicht wegen fehlenden Vorsatzes beim Haupttäter, sondern wegen der fehlenden Rechtswidrigkeit der Haupttat[162].

fertigung im Tenor (Strafrecht, S. 169); ebenso *Stratenwerths* Forderung nach einer „offenen, auch die Folgen einbeziehenden Abwägung der Entscheidungsmöglichkeiten“ (Allgemeiner Teil I, Nr. 500). Es wird auch keine dritte Zurechnungsform neben Vorsatz und Fahrlässigkeit geschaffen (wie die Risikohaftung oder dgl.), sondern es geht nur um die Anerkennung bestehender Zurechnungsformen, die aber gerade in ihrem Zusammentreffen im Rechtfertigungsbewußtsein verfeinerte Bewertungsdimensionen eröffnen.

[160] Eine unmittelbare Anwendung kommt wegen des Gesetzesvorbehalts in § 49 Abs. 2 freilich nicht in Betracht.

[161] Die Wertverletzung ist *erkannter* Anlaß zur Aufwendung erhöhter Sorgfalt, deren Versäumung daher im allgemeinen auch schwerer wiegt.

[162] Gerade in diesen Fällen dürfte Teilnahme häufig in mittelbare Täterschaft umschlagen, doch müssen Strafbarkeitslücken in Kauf genommen

Im Gegensatz zur Auffassung *Drehers* dürfte eine Behandlung der Putativrechtfertigung in diesem Sinne auch mit dem geltenden Recht vereinbar sein. Die Anwendung des § 16 hat zwar die Tradition auf ihrer Seite; sie ist aber in einer früheren reichsgerichtlichen Praxis verwurzelt, die sich vor Ausbildung der heute bestimmenden dogmatischen Einsichten über Tatbestand, Rechtswidrigkeit und Schuld gebildet hat. Die Praxis kann sich daher jederzeit aus der Präjudizienbindung lösen und eine neue Behandlung der Putativrechtfertigung auf bessere dogmatische Einsicht gründen. Allerdings hat sich die Praxis, wenn sie auch Analogien im Bereich der Rechtsfolgevoraussetzungen zu ziehen bereit war, bisher sehr zögernd verhalten, wenn es um die analoge Anwendung von Rechtsfolgemaßstäben ging[163]. Auch das von der Strafzumessungslehre und der Judikatur inzwischen anerkannte System der relativen Strafrahmenschichtung — und dazu gehört auch der Milderungsmaßstab des § 49 — ist eine Ausprägung von Rechtsmaßstäben. Das wird in letzter Zeit zunehmend anerkannt und eröffnet eine neue Perspektive für Analogieschlüsse[164].

Für das geltende Recht ergibt sich jedenfalls kein Anlaß, die Haftungsmaßstäbe dort zu senken, wo schon vorher bei einzelnen Rechtfertigungsgründen die Vorsatzausschlußlösung verworfen wurde[165]. In den meisten Fällen handelt es sich jedoch nicht um Irrtumsfragen. Bei den Rechtfertigungsgründen kann das Verhältnis von objektiven und subjektiven Rechtfertigungsvoraussetzungen abgewandelt werden. Es besteht dieselbe Ermessensfreiheit des Gesetzgebers wie bei der Fassung der Tatbestände, in denen ja auch ein materieller Versuch formell als Vollendung ausgestaltet werden kann; eine Gefahr kann für den Erfolg, ein subjektives Unrechtselement für die objektive Beendigung der Tat eintreten[166]. So kann der Gesetzgeber auch auf objektive Rechtfertigungsvoraussetzungen verzichten und subjektive ausreichen lassen. Bei den Rechtfertigungsgründen aus Amtsrecht ist das aner-

werden; im Falle BGHSt 4, 355 (mißbräuchliche Veranlassung der Mitteilung eines Berufsgeheimnisses unter Ärzten) war der Irrtum sicher unvermeidlich.

163 Gerade der Grundlagenbeschluß BGHSt 2, 194, bietet das hervorragende Beispiel.

164 Vgl. *Bruns*, Strafzumessungsrecht, S. 81 ff., dazu neuerdings BGHSt 26, 311; BGH JR 1977, 159 mit Anm. *Bruns;* vor allem BGHSt 27, 2 (JR 1977, 164 mit Anm. *Bruns).*

165 Vgl. oben bei Anm. 135.

166 Vgl. oben Anm. 31.

kannt[167]. Die polizeiliche Festnahme des Unschuldigen ist schon gerechtfertigt, wenn nach pflichtmäßigem Ermessen Tatverdacht bestand. Das pflichtmäßige Ermessen ist die verwaltungsrechtliche Parallele für die materiellstrafrechtliche Sorgfaltspflicht zur Erkundung der wirklichen Täterschaft. Fehlt es an der erforderlichen Sorgfalt bei der Prüfung, darf auch keine Strafbefreiung eintreten. Die Verletzung der Sorgfaltspflicht verdient aber nur Beachtung, wenn es an der objektiven Rechtfertigungslage, also der Täterschaft, auch wirklich fehlt. Das Ermessenserfordernis ist keine *selbständige* Rechtfertigungsvoraussetzung, sondern nur ein Surrogat, daß sich durch den Verzicht auf die objektive Rechtfertigungslage ergibt und daher wegfällt, wenn diese wirklich eingetreten ist.

Auch die Neuregelung des § 34 gebietet es nicht, den Putativnotstand künftig nach § 16 zu behandeln. Bei Sorgfaltspflichtverletzungen sollte freilich die Strafe nach § 49 zwingend gemildert werden; die Haftung sollte jedoch im Umfang des Vorsatztatbestandes möglich sein. Die kriminalpolitischen Bedenken einer Behandlung des Putativnotstandes nach § 16 sind wiederholt hervorgehoben worden: Putativnotstand ist bei vielen Tatbeständen denkbar, in denen ein Auffangtatbestand der Fahrlässigkeit nicht besteht[168].

Derartige Unterschiede könnten freilich vermieden werden, wenn die Rechtsprechung sich entschlösse, auf die fragwürdige Analogie zu § 16 zu verzichten und die Putativrechtfertigung nach den diesem besonderen Irrtumsfall angemessenen Maßstäben zu beurteilen.

VI. Der Irrtum über Entschuldigungsgründe

Begeht der Täter eine tatbestandsmäßige Handlung, um sich oder eine ihm nahestehende Person einer existenzbedrohenden Gefahr zu entziehen, so bleibt die Tat rechtswidrig, der Täter wird aber entschuldigt (§ 35 Abs. 1). Den Irrtum über eine solche Sachlage behandelt § 35 Abs. 2. Bei Unvermeidbarkeit des Irrtums ist der Täter entschuldigt, bei Vermeidbarkeit muß die Strafe nach

[167] Vgl. *Jescheck*, Allgemeiner Teil, S. 290; ferner und zu anderen Subjektivierungen der Rechtfertigung *Maurach-Zipf*, Allgemeiner Teil I, S. 370; *Lenckner*, Festschrift für H. Mayer, S. 165 ff.; z. T. abweichend *Samson*, Systematischer Kommentar, Anm. 28 vor § 32.

[168] Vgl. eindrucksvoll *Welzel*, ZStW 67 (1955), 216 ff.; *Hirsch*, Negative Tatbestandsmerkmale, S. 332 ff.

§ 49 Abs. 1 gemildert werden. Es handelt sich also um eine Vermeidbarkeitslösung wie bei § 17, nur ist die Strafmilderung zwingend vorgeschrieben. Der Irrtum über die Voraussetzungen des entschuldigenden Notstandes ist aber kein Verbotsirrtum, denn die Rechtswidrigkeit des Handelns bleibt dem Täter bewußt. Es handelt sich um einen Irrtum eigener Art, dessen Behandlung bis zur gesetzlichen Regelung umstritten war[169]. Teile der Lehre hielten es schon im Ansatz verfehlt, im Bereich der Entschuldigungsgründe nach Irrtumsproblemen zu fragen. Entschuldigung werde gewährt, weil eine Motivation nach der Rechtspflicht nicht möglich oder nicht zumutbar sei. Für die Motivation sei aber der vorgestellte, nicht der wirkliche Sachverhalt entscheidend[170]. Die Lösung des § 35 Abs. 2 beruht jedoch auf einer differenzierteren Analyse. Der entschuldigende Notstand ist eine komplexe Regel: Wegen der rechtswerterhaltenden Tendenz des Täters ist das Tatunrecht gemindert. Da die Notlage auch die Fähigkeit zur Pflichtbefolgung mindert, verzichtet das Gesetz aus dem doppelten Aspekt der Unrechts- und Schuldminderung auf den Schuldvorwurf überhaupt, obwohl er in abgeschwächter Form in den meisten Fällen an sich möglich wäre[171]. Dann aber ist es sinnvoll, dem Täter wenigstens eine Prüfung des Gegebenseins der Notlage abzuverlangen[172]. Die Putativentschuldigung nach § 35 Abs. 2 beruht daher auf vielschichtigen Erwägungen. Die Schuld wiegt schwerer als bei der Putativrechtfertigung, da der Täter mit Unrechtsbewußtsein handelt. Seine Motivationsfreiheit kann aber stärker beschränkt sein als im Falle des Rechtfertigungsirrtums. Die Rechtsfolge des § 35 Abs. 2 nimmt darauf Rücksicht.

Man mag die Folgerichtigkeit eines Regelungsprogramms bezweifeln, das in dieser Randfrage Stellung bezog, die wichtigere Frage nach der Putativrechtfertigung aber offenließ. Inhaltlich ist § 35 Abs. 2 jedoch eine geglückte Vorschrift. Bei der Behandlung des Irrtums im Bereich der entschuldigenden Pflichtenkollision[173] sollte sie die Grundlage für eine analoge Anwendung bilden. Auch beim Entschuldigungsgrund der Notwehrüberschreitung aus Verwirrung, Furcht oder Schrecken (§ 33) ist die Analogie geboten,

[169] Ausführlich *Vogler*, GA 1969, 103 ff. Dort auch über die Lösungsvorschläge des Entwurfs 1962 und des Alternativentwurfs (S. 107 f.).

[170] *Art. Kaufmann*, ZStW 76 (1964), 577; mit weiteren Nachweisen in Anm. 112.

[171] Grundlegend *Arm. Kaufmann*, Bindings Normentheorie, S. 202 ff.

[172] *Vogler*, GA 1969, 113.

[173] Vgl. *Lang-Hinrichsen*, Festschrift für Bärmann, 1975, S. 583 ff.

wenn der Täter eine Notwehrlage irrtümlich angenommen hatte. Rechtsprechung und Lehre gehen hier jedoch bislang andere Wege[174].

Fehlvorstellungen über die Existenz oder Reichweite eines Entschuldigungsgrundes sind unbeachtlich. In solchen Fällen hat möglicherweise der Täter aber schon die Erlaubtheit seines Handelns angenommen, so daß Verbotsirrtum vorliegen würde. Das ist eine Frage des Einzelfalles.

Von diesen Fragen ist die irrtümliche Annahme der Schuldunfähigkeit wegen Geisteskrankheit oder anderer seelischer Störungen nach § 20 zu unterscheiden. Dieser Irrtum ist unbeachtlich. Eine noch wenig geklärte Frage betrifft das Verhältnis zwischen dem Verbotsirrtum nach § 17 und der fehlenden oder verminderten Einsichtsfähigkeit in das Unrecht, die nach §§ 20, 21 zu den Voraussetzungen der Schuldunfähigkeit oder geminderten Schuldfähigkeit gehört. Nach überwiegender Ansicht ist darin ein Unterfall des Verbotsirrtums zu sehen, der hinter der Regelung des § 17 zurückzutreten habe[175]. Zutreffend dürfte eine Mindermeinung sein, die die Selbständigkeit der beiden Regelungskreise betont[176].

VII. Irrtumsvorschriften bei besonderen Tatbeständen

1. Der Irrtum bei Widerstand gegen Amtshandlungen

Nach § 113 wird der gewaltsame Widerstand gegen Amtshandlungen bestraft, wenn die Amtshandlung rechtmäßig war. Die Rechtmäßigkeit hängt von der pflichtmäßigen Ermessensprüfung durch den Beamten ab. (Es handelt sich hier um einen Fall vorgezogener Rechtfertigung, für den die vorläufige Festnahme durch die Polizei nach § 127 Abs. 2 StPO einen Beispielsfall bietet.) Ist die Amtshandlung auch nach diesem erweiterten Maßstab rechtswidrig, so scheidet § 113 aus, auch wenn der Täter die Rechtswidrigkeit nicht erkannt hatte (§ 113 Abs. 3). In § 113 Abs. 4 findet sich eine komplizierte Irrtumsregelung. Bei Vermeidbarkeit des Irrtums über die Rechtswidrigkeit kann der Richter die Strafe nach dem Maß des § 49 Abs. 2 bis zum Mindestbetrag der Geld-

[174] Vgl. BGH NJW 1968, 1885; dort wird die Frage nur nach Fahrlässigkeitsmaßstäben behandelt; weitere Nachweise bei *Lackner*, Kommentar, Anm. 4 zu § 33.

[175] Vgl. *Arm. Kaufmann*, Festschrift für Eb. Schmidt, S. 323 ff.

[176] *Rudolphi*, Unrechtsbewußtsein, S. 140 ff., mit ausführlicher Darstellung des Meinungsstandes.

strafe mindern oder ganz von Strafe absehen. Bei Unvermeidbarkeit ist der Täter von Strafe frei, es sei denn, daß die Einlegung eines Rechtsmittels gegen die Amtshandlung zumutbar war. In diesem Fall besteht aber ebenfalls die Milderungsmöglichkeit nach § 49 Abs. 2 und die Möglichkeit, von Strafe abzusehen. Dogmatisch ist diese Irrtumsvorschrift bis heute ungeklärt[177]. Die meisten Fragen lassen sich aber lösen, wenn man § 113 Abs. 4 als eine Spezialregelung der Putativnotwehr betrachtet, die auf die subjektive Rechtfertigung der Amtshandlung durch pflichtmäßiges Ermessen abgestimmt ist. Das Erfordernis, ein dem Widerstand vorgeschaltetes Rechtsmittel müsse unzumutbar sein, ist eine besondere Ausformung der Erforderlichkeitsvoraussetzung. Der Strafverzicht bei unvermeidbarem Irrtum und Unzumutbarkeit von Rechtsmitteln entspricht der Rechtslage bei unvermeidbarem Erlaubnistatbestandsirrtum. Die zwingende Anordnung der Milderung und die Möglichkeit, die Strafe auch nach den Maßstäben des § 49 Abs. 2 zu mildern, entspricht den Anforderungen, die sich bei der Putativrechtfertigung als angemessen erwiesen hatten. So betrachtet bietet § 113 Abs. 4 die Grundlage einer Analogie für die Beurteilung von Abwehrhandlungen, die gegen andere, schon durch pflichtmäßige Prüfung gerechtfertigte Eingriffe in der irrtümlichen Annahme ihrer Rechtswidrigkeit ausgeübt werden.

2. Der Irrtum über die Illegalität des Staatsgeheimnisses, § 97 b

Der Begriff des Staatsgeheimnisses in § 93 Abs. 1 ist der Bezugspunkt des Landesverratstatbestandes und verwandter Vorschriften. Nach § 93 Abs. 2 sind illegale Geheimnisse keine Staatsgeheimnisse im Sinne des Gesetzes; ihr Verrat führt daher nicht zur Bestrafung nach den entsprechenden Tatbeständen. In § 97 b behandelt das Gesetz die irrtümliche Annahme der Illegalität. Der Irrtum ist nur beachtlich, wenn drei Voraussetzungen zusammentreffen: Die Unvermeidbarkeit des Irrtums, der Wille, durch die Offenbarung des Geheimnisses einem Mißstand abzuhelfen und die Angemessenheit des besonderen Handlungsmittels. Ein Teil der Lehre sieht in dieser Vorschrift einen gesetzlich besonders geregelten Tatbestandsirrtum; andere versuchen, mit Maßstäben zu arbeiten, wie sie beim Putativnotstand und bei den Rechtferti-

[177] Der Streit geht um die Frage, ob die Rechtswidrigkeit der Amtshandlung ein Tatbestandsmerkmal, eine objektive Strafbarkeitsbedingung oder ein gesamttatbewertendes Merkmal ist. Vgl. *Schönke-Schröder/Eser*, Anm. 19 ff. zu § 113; *Maurach-Zipf*, Allgemeiner Teil I, S. 554.

gungsgründen des erlaubten Risikos gelten[178]. Als besonders problematisch wird empfunden, daß bei Unvermeidbarkeit des Irrtums nicht die Entschuldigung gewährleistet ist, sondern auch andere Voraussetzungen erfüllt sein müssen, ferner, daß bei vermeidbarem Irrtum über die Illegalität nicht wenigstens eine Strafmilderung vorgesehen ist. Es ist bis heute nicht restlos gelungen, diese Fragen aufzuklären[179].

VIII. Irrtum im Zustand der Schuldunfähigkeit

Wird eine Straftat im Zustand der Schuldunfähigkeit begangen, so können sich gleichwohl Rechtsfolgen aus ihr ergeben. Die Straftat ist objektive Strafbarkeitsbedingung für den in § 330 a geregelten Unrechtstatbestand der vorsätzlichen oder fahrlässigen Berauschung. Eine rechtswidrige, im Zustand der Schuldunfähigkeit oder der verminderten Schuldfähigkeit begangene Tat ist auch die Voraussetzung für die Unterbringung in einem psychiatrischen Krankenhaus (§ 63).

In beiden Fällen stellt sich die Frage, ob ein Irrtum, der im Regelfalle zur Haftungsbefreiung führen müßte, unbeachtlich ist, wenn er gerade mit dem Rausch oder mit den Ursachen der Schuldunfähigkeit im Zusammenhang steht. Grundsätzlich ist ein rausch- oder krankheitsbedingter Irrtum unbeachtlich[180]. Bei § 330 a macht man jedoch eine Ausnahme, wenn der rauschbedingte Irrtum des Täters Unrechtsqualitäten der Tat ausschließt, die gerade das Strafwürdige des Verhaltens ausmachen, wie z. B. den Täuschungswillen und die Bereicherungsabsicht beim Betrug[181].

Beim krankheitsbedingten Irrtum werden solche Einschränkungen überwiegend abgelehnt[182].

[178] Vgl. *Jescheck*, Festschrift für Engisch, 1969, S. 584 ff.

[179] Für einen gesetzlich geregelten Spezialfall der Putativrechtfertigung die in Anm. 156 genannte Dissertation von *Paeffgen*.

[180] Für § 330 a vgl. *Schönke-Schröder/Cramer*, Anm. 18 zu § 330 a, der selbst aber den Irrtum nach allgemeinen Regeln behandeln will. Zu § 63 *Schönke-Schröder/Stree*, Anm. 5 ff. zu § 63; zu Fragen des Verbotsirrtums im Zustand der Zurechnungsunfähigkeit vgl. *Maurach-Zipf*, Allgemeiner Teil I, S. 576.

[181] Nachweise bei *Schönke-Schröder/Cramer* (Anm. 180).

[182] Vgl. BGHSt 3, 289; 10, 355; eine Berücksichtigung wenigstens des Tatbestandsirrtums fordert mit Recht *Jescheck*, Allgemeiner Teil, S. 609.

IX. Die Konkurrenz von Irrtumsarten

Der Täter kann über ein Tatbestandsmerkmal irren und trotzdem denken, daß sein Handeln verboten sei. Er kann das Rechtfertigungsbewußtsein der Notwehr besitzen, aber trotzdem glauben, sein Handeln sei unerlaubt, weil er unrichtige, engere Vorstellungen über das Notwehrrecht besitzt. Die Lösung solcher Konkurrenzprobleme hat schon der Grundlagenbeschluß des Bundesgerichtshofs angedeutet. Erst aus der Kenntnis der Wertungsgrundlagen können sich die Wertungsfragen richtig erschließen lassen. Eine Unkenntnis von Tatbestands- und Erlaubnismerkmalen entzieht daher der Wertung des Täters ihr Substrat. Ein Unrechtsbewußtsein ist daher nur von Bedeutung, wenn es aus den erkannten Wertungsvoraussetzungen resultierte[183].

X. Rückblick

Äußerlich betrachtet stellt die neue Regelung des Irrtumsrechts ungefähr 100 Jahre nach Inkrafttreten des Reichsstrafgesetzbuchs von 1871 den einzigen wichtigen gesetzlichen Eingriff dar. Der entscheidende Wandel hat sich jedoch 1952 durch den Grundlagenbeschluß des Bundesgerichtshofs ereignet. Ob seitdem der Irrtum in größerem Maße anerkannt wird als vorher, ist dennoch wegen der Ermessensspielräume, die sich das Reichsgericht zu schaffen wußte, und der Abgrenzungsschwierigkeiten, die im heutigen Recht fortbestehen, kaum zu beurteilen. Sicherlich darf man sagen, daß seit der Entscheidung des Jahres 1952 bessere methodische Handhaben zur Bewältigung der Irrtumsprobleme zur Verfügung stehen. Die Rechtsprechung hat sich freilich auch heute noch in der Sache breite Ermessenszonen bewahrt. Darauf sollte künftig verzichtet werden. Die Präzisierung der Maßstäbe der Entschuldigung und Schuldminderung bei Verbotsirrtum ist das dringendste Gebot des gegenwärtigen Irrtumsrechts.

Zusammenfassung

1. Das Reichsstrafgesetzbuch von 1871 begnügte sich mit einer einzigen Vorschrift zur Behandlung des strafrechtlichen Irrtums. Die Unkenntnis von „Tatumständen, welche zum gesetzlichen Tatbestand gehören“, ließ den Vorsatz entfallen. Strafe war nur möglich, wo sie das Gesetz auch für fahrlässiges Verhalten androht.

[183] Nachweise bei *Rudolphi*, Systematischer Kommentar, Anm. 10 zu § 17.

Das Reichsgericht faßte den Irrtum nach § 59 als Irrtum über Tatsachen auf, der dem Irrtum über Rechtsbegriffe entgegengestellt wurde. Der Rechtsirrtum wurde grundsätzlich nicht anerkannt; entstammte ein Rechtsbegriff aber dem Zivilrecht oder einem anderen außerstrafrechtlichen Rechtsgebiet, so wurde auch der Rechtsirrtum nach § 59 als vorsatzausschließend gewertet. Auch bei Merkmalen von Rechtsnormen, die die strafrechtliche Verantwortlichkeit aufhoben oder verminderten, verfuhr das Reichsgericht nach dieser Unterscheidung. Der Bundesgerichtshof hat im Jahre 1952 wegen der Undurchführbarkeit der Trennung von Tatsachenirrtum und Rechtsirrtum und der ungenügenden Berücksichtigung des Schuldprinzips mit der Rechtsprechung des Reichsgerichts gebrochen und andere Irrtumsmaßstäbe und Haftungsgrenzen durchgesetzt.

2. Das Irrtumsrecht des Allgemeinen Teils von 1975 kodifiziert im wesentlichen nur die seit 1952 in der Rechtsprechung bereits gehandhabten Grundsätze. Zwar schließt sich der Tatbestandsirrtum nach § 16 StGB im Gesetzestext eng an das frühere Recht an. Der Tatbestandsirrtum ist jedoch kein Tatsachenirrtum, sondern kann auch Rechtsbegriffe umfassen. In § 17 erkennt das Gesetz die Möglichkeit des Schuldausschlusses durch Verbotsirrtum an. Fehlt dem Täter die Einsicht, Unrecht zu handeln, so handelt er ohne Schuld, wenn der Irrtum unvermeidbar ist. Bei vermeidbarem Irrtum kann die Strafe gemildert werden. Der Vorsatz wird vom Verbotsirrtum nicht berührt. Auch bei schuldausschließendem Verbotsirrtum bleibt die Tat rechtswidrig; Notwehr gegen sie ist daher zulässig.

Das Gesetz entscheidet sich mit der Vorsatzausschließung bei Tatbestandsirrtum und der Vermeidbarkeitslösung bei Verbotsirrtum für die „Schuldtheorie". Die „Vorsatztheorie", die auch bei fehlender Kenntnis der Rechtswidrigkeit des Verhaltens den Vorsatz entfallen läßt, hat das neue Gesetz wegen der Besorgnis auftretender Lücken im Strafrechtsschutz verworfen.

3. Im geltenden Recht bereitet die Abgrenzung von Tatbestandsirrtum und Verbotsirrtum jedoch Schwierigkeiten. Man hat dazu Kriterien entwickelt, die die sachliche Kompliziertheit des Problems widerspiegeln. Tatbestandsirrtum ist nicht Irrtum über Tatsachen, sondern über die soziale Bedeutung von Tatsachen, mag das Gesetz diese Bedeutung durch tatsachennahe (deskriptive) oder wertende (normative) Merkmale beschreiben. Die Kenntnis des

Gesetzes ist nicht erforderlich; der Täter muß durch „Parallelwertung in der Laiensphäre“ den sozialen Sinn seines Tuns begriffen haben.

4. Beim Verbotsirrtum fehlt die bewußte Entscheidung gegen das Recht. Die Gründe, aus denen ein Verbotsirrtum als vermeidbar erscheint, liegen oft vor der Tat und sind bei Begehung der Tat mitunter schon entfallen. Der Schuldvorwurf, der gegen den Täter bei vermeidbarem Verbotsirrtum erhoben wird, stützt sich auf das intellektuelle Schuldelement in potentieller Form, muß aber auf das voluntative Schuldmoment immer und auf das Moment der zeitlichen Koinzidenz von Tatbegehung und Schuld manchmal verzichten. Die Regelung des Verbotsirrtums erlaubt es zwar, auf solche Schuldunterschiede zum Regelfall der bewußt gesetzwidrigen Entscheidung Rücksicht zu nehmen, doch enthält das Gesetz keine Garantien dafür. Rechtsprechung und Lehre haben bisher *präzise* Kriterien für die Unvermeidbarkeit des Verbotsirrtums und feste Maßstäbe für die Behandlung des vermeidbaren Verbotsirrtums nicht zu entwickeln vermocht.

Die Vorsatztheorie andererseits konnte nicht nachweisen, daß sie kriminalpolitisch tragbar ist. Bei der Rechtsfahrlässigkeit steht sie prinzipiell vor denselben Abgrenzungsfragen wie die Schuldtheorie.

5. Beim Irrtum über strafaufhebende Rechtssätze gebietet die entwickelte Dogmatik des Verbrechensaufbaus, auf Unterschiede zwischen Rechtfertigungsgründen und Entschuldigungsgründen Rücksicht zu nehmen.

a) Die Zuordnung des Irrtums über die Existenz oder Reichweite eines Rechtfertigungssatzes ist Verbotsirrtum und nach § 17 zu behandeln. Umstritten ist die irrtümliche Annahme der Voraussetzungen eines geltenden Rechtfertigungssatzes.

Die Rechtsprechung wendet die Vorsatzausschlußlösung des § 16 an, macht aber einige Ausnahmen. Ein Teil der Lehre nimmt Verbotsirrtum mit der Rechtsfolge des § 17 an. Den Vorzug verdient eine dritte Ansicht, daß die Putativrechtfertigung eine Irrtumsform eigener Art neben Tatbestandsirrtum und Verbotsirrtum ist. Eine angemessene Rechtsfolge für diesen Irrtum sollte der Gesetzgeber einführen. Eine vorläufige Lösung könnte auch eine Grundsatzentscheidung des Bundesgerichtshofs erbringen.

b) Der Irrtum über einen Entschuldigungssachverhalt ist im Gesetz nur teilweise geregelt (§ 35 Abs. 2). Die Vorschrift enthält eine Vermeidbarkeitslösung und bietet ein Modell für Analogieschlüsse.

6. Die Regelung des Irrtums im Allgemeinen Teil von 1975 stellt einen erheblichen Fortschritt in der rechtstechnischen Bewältigung des Irrtumsproblems dar. Die Behandlung des Verbotsirrtums im geltenden Recht kann jedoch noch nicht befriedigen. Eine Anerkennung der milderen Schuldform des vermeidbaren Verbotsirrtums sollte durch zwingende Minderung der Strafe gesetzlich sichergestellt werden. Auch in dieser Frage ist die Rechtsprechung ermächtigt, unter dem höheren Normgebot des Schuldprinzips Gesetzesrecht vorwegzunehmen.

Summary

1. The Criminal Code of 1871 contained only one provision dealing with criminal mistake: the ignorance of the "circumstances composing the criminal offence" excluded the necessary criminal intent. In that case the offender could only be punished if a corresponding negligent behavior was also prohibited. The Supreme Court of Justice (Reichsgericht) understood mistake as a mistake of fact, not one of law. Mistake of law was generally not recognized unless the civil law or any other branch of the law other than the criminal law expressly provided for it, in which case § 59 could also be applied to exclude the criminal intent. The Supreme Court of Justice applied these criteria to each element of the rule which limited or lessened criminal liability. Due to the inadequacy to distinguish mistake of law from mistake of fact and the inadequate consideration given to the principle of guilt, the Federal Supreme Court (Bundesgerichtshof) discarded the theories developed by the Supreme Court of Justice in 1952 and established new criteria for dealing with mistake and for limiting criminal liability.

2. The paragraphs on mistake in the General Part of the Criminal Code of 1975 (Allgemeiner Teil des Strafgesetzbuchs) are basically a codification of the doctrines developed by the courts since 1952. Particularly related to the earlier law is § 16 of the Criminal Code dealing with error as to the elements of an offence (Tatbestandsirrtum). This "error as to the elements of an offence"

is not, however, only limited to mistakes of law. § 17 of the Criminal Code recognizes the possibility of exculpation in the case of an error in the legal evaluation of the act (Verbotsirrtum). If the offender does not realize that he is acting illegally, he will not be held criminally liable provided his error was unavoidable. If the error was avoidable the sentence can be reduced. An error in the legal evaluation of an act does not affect the criminal intent. Thus, even if the error is unavoidable, it will not change the illegal character of the act. Therefore, one who uses self-defense against such an act will not be criminally liable.

With the introduction of the rule dealing with error as to the elements of an offence which negates the criminal intent and the use of the notion of avoidability in the case of error in the legal evaluation of an act, the Criminal Code has opted for the „Schuldtheorie“ ("theory of liability", i. e., an error in the legal evaluation of an act affects only the criminal liability, not the intent). Consequently the Code rejected the „Vorsatztheorie“ („theory of mens rea“) which negated the intent when the offender did not realize the illegality of his act; it was felt that the function of the criminal law as a system of protection of the individual could, in this way, better be served.

3. The distinction now in force between error as to the elements of an offence and error in the legal evaluation of an act raises some difficulties. The extent of their complexity can very well be appreciated by looking at the criteria subsequently developed in response to these problems. An error as to the elements of an offence is not essentially a mistake of fact; it is rather a false understanding of the social meaning of the facts regardless of whether the law defines it in a descriptive way or in a normative way. Knowledge of the law is, however, not necessary. The offender must merely have understood the social meaning of his act as the "reasonable man" would have done had he been in his position („Parallelwertung in der Laiensphäre“).

4. In the case of an error in the legal evaluation of an act there is no conscious decision to breach the law. Those elements which would indicate that an error in the legal evaluation of an act could be avoided are often only present before the act takes place and no longer existent by the time the act is perpetrated. As basis to a criminal liability in case of avoidable error in the legal evaluation of an act, lies the failure to recognize the illegal

character of the act. It never suffices that the offender was only willing to breach the law and sometimes even the simultaneous coexistence of the act of perpetration and his recognition that it is illegal would not make him liable. The rules governing the error in the legal evaluation of an act allow that such distinctions be taken into account when determining criminal liability; the law, however, gives no guarantee that this will take place. The courts and the works of scholars have been as yet unable to provide precise criteria for defining the notion of unavoidability and for dealing with the avoidable error in the legal evaluation of an act.

The „Vorsatztheorie", on the other hand, has not proven to be more practicable; in cases of negligent mistakes of law it faces exactly the same problems in establishing a set of fixed criteria as the „Schuldtheorie".

5. When the error relates to rules where the penal liability can be excluded, the theory dealing with the concept of crimes requires that consideration be given to the difference between thoses rules which render legal an otherwise illegal act and those which completely exclude liability.

a) An error relating to the existence or extent of a rule which renders legal an otherwise illegal act is an error in the legal evaluation of an act and falls under the provision of § 17. There still exists disagreement as to whether this also includes the erroneous assumption that the prerequisites of the above-mentioned rule are present.

In most cases the courts have applied the rule of § 16 which negates criminal intent. However, some authors have assumed that this error fell under the rule of § 17 concerning the error in the legal evaluation of an act. But the third solution which places the error relating to rules which render legal an otherwise illegal act into a special category of errors, is to be preferred. A clear statement of the Federal Supreme Court would certainly help to clarify this issue, but legislative enactments would, in the long run, be the most desirable solution.

b) An error relating to rules which exclude criminal liability finds only partial application in the Criminal Code (§ 35 subpara. 2). This provision contains a solution based on the notion of avoidability and provides a model for further analogies.

6. The new provisions dealing with mistake in the General Part of the Criminal Code of 1975 are a considerable improvement in the way the problems relating to mistake are to be solved. However, the error in the legal evaluation of an act is not adequately dealt with. Recognition of a lesser type of liability in cases of avoidable errors should be insured by the introduction of a system of mandatory reduction of penalty. In this matter the courts should anticipate new legislative solutions and decide themselves on the question.

Résumé

1. Le code pénal de l'Empire datant de 1871 se contentait d'une seule prescription pour le traitement de l'erreur de droit pénal. L'ignorance de „circonstances de fait qui appartiennent aux éléments constitutifs de l'infraction“ faisait disparaître la faute intentionnelle. Une peine n'était possible que dans le cas où la loi en prévoit une pour un comportement imprudent. La Cour de l'Empire comprenait l'erreur d'après le par. 59 comme une erreur sur les faits que l'on opposait à l'erreur sur les concepts juridiques. L'erreur de droit n'était pas reconnue par principe, si une notion juridique venait du droit civil ou d'un autre domaine juridique extérieur au droit pénal, on évaluait également l'erreur de droit d'après le par. 59 comme excluant la faute intentionnelle. Même pour les caractéristiques de normes juridiques qui supprimaient ou diminuaient la responsabilité de droit pénal, la Cour de l'Empire procédait d'après cette distinction. A cause de l'impossibilité de réaliser la séparation entre erreur de fait et erreur de droit et à cause de la sousestimation du principe de faute, la Cour fédérale a rompu en 1952 avec la jurisprudence de la Cour de l'Empire et a adopté d'autres critères d'erreur et d'autres limites de responsabilité.

2. Le droit de l'erreur de la Partie Générale de 1975 codifie seulement pour l'essentiel les principes déjà appliqués dans la jurisprudence depuis 1952. Certes, l'erreur constitutive de l'infraction d'après le par. 16 du code pénal le texte de la loi se tient de près au droit antérieur. Mais l'erreur constitutive de l'infraction n'est pas une erreur de fait, elle peut englober aussi des notions juridiques. Dans le par. 17, la loi reconnait la possibilité de l'exclusion de la faute par l'ignorance du fait qu'un acte constitue une infraction. Si le délinquant n'a pas conscience de faire du mal, il agit sans faute si l'erreur est inévitable. Si l'erreur

était évitable, la peine peut être atténuée. La faute intentionelle n'est pas touchée par l'ignorance du fait qu'un acte constitue une infraction. Même lorsque cette ignorance exclut la faute, l'acte reste illégal; c'est pourquoi la légitime défense à son encontre est licite.

La loi se prononce pour la „théorie de la faute" en excluant la faute intentionnelle pour l'erreur constitutive d'infraction et en distinguant le caractère évitable de l'ignorance du fait qu'un acte constitue une infraction. La théorie de la faute intentionelle qui ne retient pas la faute intentionnelle (dol) même dans le cas d'une ignorance du caractère illégal de l'acte, a été rejetée par la nouvelle loi à cause du risque de lacunes dans la protection du droit pénal.

3. Dans le droit en vigueur, la délimitation de l'erreur constitutive de l'infraction et de l'ignorance du fait qu'un acte constitue une infraction crée cependant des difficultés. A cet effet on a développé des critères qui reflètent la complication de fait du problème. L'erreur constitutive de l'infraction n'est pas une erreur sur les faits, mais sur la signification sociale des faits, que la loi circonstrive cette signification par des caractéristiques proches des faits (descriptions) ou donnant une appréciation (normatives). La connaissance de la loi n'est pas indispensable; l'auteur de l'acte doit seulement avoir saisi le sens social de son action grâce à une „appréciation parallèle dans la sphère profane".

4. Dans le cas de l'ignorance du fait qu'un acte constitue une infraction, il n'y a pas de décision consciente contre le droit. Les motifs pour lesquels une telle ignorance semble évitable existent souvant avant l'acte et peuvent avoir disparu au moment de l'acte. Le grief de faute, formulé contre l'auteur de l'acte dans le cas de l'ignorance évitable s'appuie sur l'élément intellectuel de la faute sous une forme potentielle, mais doit toujours renoncer à l'élément volontaire de la faute et parfois à celui de la coïncidence temporelle de l'acte et de la faute. Le règlement de l'ignorance du fait qu'un acte soit une infraction permet certes de prendre en considération de telles différences de fautes par rapport à la règle de décision sciemment contraire au droit, mais la loi ne donne pas de garanties à ce sujet. La jurisprudence et la doctrine n'ont jusqu'à présent pas été capables d'élaborer des critères précis pour le caractère inévitable de l'ignorance et des normes solides pour le traitement de l'ignorance évitable.

La théorie de la faute intentionnelle, par contre n'a pas pu prouver qu'elle était acceptable du point de vue de la politique criminelle. Dans le cas de la négligence juridique, elle se trouve placée devant les mêmes questions de délimitation de principe que la théorie de la faute.

5. Lors d'une erreur au sujet des règles juridiques qui suppriment la peine, le développement de la doctrine sur la structure du crime demande de prendre en considération des différences entre motifs de justification et motifs d'excuse.

a) La classification d'une erreur sur l'existence ou la portée d'un principe de justification est l'ignorance du fait qu'un acte constitue une infraction et à traiter d'après le par. 17. La supposition erronée que les conditions d'une règle juridique en vigueur existent est discutée.

La jurisprudence applique la solution de l'exclusion de la faute intentionnelle du par. 16, mais fait quelques exceptions. Une partie de la doctrine suppose l'ignorance de l'infraction avec les conséquences juridiques du par. 17. Une troisième interprétation qui voit dans la justification putative une forme d'erreur spécifique à côté de l'erreur constitutive de l'infraction et de l'ignorance de l'infraction, mérite la préférence. Le législateur devrait introduire une suite juridique convenable pour cette erreur. Une décision de principe de la Cour fédérale pourrait apporter une solution provisoire.

b) L'erreur sur les faits constituant une excuse n'est réglée que partiellement par la loi (par. 35 alinéa 2). Cette disposition contient une solution pour la question du caractère évitable et propose un modèle qui permet des analogies.

6. Le règlement de l'erreur de la Partie Générale datant de 1975 représente un progrès considérable dans la façon de surmonter le problème de l'erreur par les techniques du droit. Mais le traitement de l'ignorance de l'infraction dans le droit en vigueur ne peut pas donner pleine satisfaction. Une reconnaissance de la forme plus bénigne de la faute que constitue l'ignorance évitable de l'infraction devrait être garantie dans la loi par une réduction obligatoire de la peine. Dans cette question également, la jurisprudence a le droit d'anticiper la loi sous l'exigence plus forte du principe de la faute.

Resumen

1. — El Código Penal de 1871 se conformaba con dedicar un solo precepto al tratamiento del error en el Derecho Penal. El desconocimiento de las „circunstancias fácticas pertenecientes al tipo" hacía desaparecer el dolo. Sólo era posible imponer sanción cuando la ley expresamente consideraba que el concreto comportamiento del agente era punible a título de culpa. El Tribunal Supremo del Reich consideraba el error según el parágrafo 59 como error sobre el tipo, el cual se enfrentaba al error sobre conceptos jurídicos. Como regla general, el error de derecho no fué reconocido: sólo si el concepto jurídico procedia del Derecho Civil o de otro campo jurídico distinto del penal, se le valoraba según el parágrafo 59 como excluyente del dolo. Tambien en relación a las normas jurídicas que excluían o atenuaban la responsabilidad criminal, el Tribunal Supremo del Reich procedía segun esta diferenciación. En el año 1952, el Tribunal Supremo Federal rompió con la línea jurisprudencial del Tribunal Supremo del Reich a causa de la inviabilidad de la separación del error de hecho y del error de derecho por no considerarla suficiente de cara al principio de culpabilidad, imponiendo otras normas respecto al error y otros límites de la culpabilidad.

2. — La normativa del error de la Parte General de 1975 codifica en lo esencial los principios sentados a reiz del fallo de 1952. El error sobre el tipo segun el parágrafo 16 se aproximaba mucho al Derecho antiguo. Pero el error sobre el tipo no es solamente un error en materia fáctica u objetiva, sino que tambien puede abarcar conceptos jurídicos. En el parágrafo 17 la ley reconoce la posibilidad de ausencia de culpabilidad por existir un error de prohibición. Si el autor no sabe de su actuar antijuridico no actua culpablemente en el supuesto de que ese error fuera invencible. Pero en el caso de error vencible, la pena puede ser suavizada. El dolo no queda afectado si el error radica en el desconocimiento de la prohibición. Incluso en el caso de error de prohibición, la conducta sigue siendo antijurídica; la legítima defensa procede en este caso.

La ley se decide por la exclusión del dolo en el caso de error sobre el tipo y por la exclusión de la culpabiludad en los supuestos de error invencible en cuanto al conocimiento de la antijuridicidad, siguiendo así la „teoria de la culpa". La „teoria del dolo", que tambien en el caso de falta de conocimiento de la antijuridicidad hace decaer el dolo, ha sido rechazada por la nueva ley debido al recelo existente de que presentara importantes lagunas.

3. — En el Derecho vigente, la delimitación del error sobre el tipo y el error sobre la prohibición presenta, no obstante, ciertas dificultades. En este sentido se han desarrollado criterios que reflejan la complejidad fáctica del problema. El error sobre el tipo no es solamente un error sobre los hechos, sino tambien sobre el significado social de los mismos, ya sea que la ley describa ese significado mediante criterios descriptivos o normativos. De otra parte, no es necesario el conocimiento de la ley; el autor tiene que haber captado el sentido social de su obrar mediante la „valoración paralela en la esfera de un profano".

4. — En el caso de error de prohibición falta la decisión consciente de actuar contra el Derecho. Los motivos por los que puede aparecer como evitable un error de prohibición se encuentran generalmente antes del hecho y suelen estar ausentes en el momento de la perpetración del mismo. El reproche de culpabilidad que se realiza contra el autor por su error vencible se basa en el elemento intelectual de la culpabilidad en forma potencial pero prescinde en todos los casos del elemento voluntativo de la culpabilidad y en la mayoría de los casos de la coincidencia temporal de la perpetración del delito y de la culpabilidad. De una parte, la regulación del error de prohibición permite tomar en consideración tales diferencias de culpabilidad, pero de otra, la ley no da ninguna garantía para ello. La jurisprudencia y la doctrina no han podido hasta ahora desarrollar criterios precisos en relación con el error de prohibición invencible ni tampoco normas firmes para el tratamiento del error de prohibición vencible.

Por su parte, la teoría del dolo no ha podido demostrar que fuera aceptable en un plano de política criminal. En los supuestos de „imprudencia" en el conocimiento del Derecho se encuentra, en principio, frente a las mismas dificultades de delimitación que la teoría de la culpa.

5. — En el caso de error sobre causas que impiden la imposición de la pena, la dogmática de la teoría jurídica del delito advierte la necesidad de tener en cuenta las diferencias entre las causas de justificación y las causas de inculpabilidad.

a. — El error sobre la existencia o amplitud de una causa de justificación es un error de prohibición y debe ser tratado con arreglo al parágrafo 17. Se discute todavía el tratamiento de la aceptación errónea del presupuesto de una causa de justificación.

La jurisprudencia toma el camino de la exclusión del dolo según el parágrafo 16, pero hace algunas excepciones. Una parte de la doctrina acepta el error de prohibición con la consecuencia jurídica que se deduce del parágrafo 17. Tiene preferencia un tercer punto de vista que considera la justificación putativa como una forma de error especial junto al error sobre el tipo y el error de prohibición. Una alusión expresa a las consecuencias jurídicas de este error debería ser introducida por el legislador. El Tribunal Federal podría tambien sentar una directriz provisional en forma de principio programático.

b. — El error en los hechos en los que se basa la disculpa está regulado por la ley sólo en parte (parágrafo 35, apartado 2). La norma contiene un supuesto de evitabilidad y ofrece un modelo para supuestos análogos.

6. — La regulación del error en la Parte General de 1975 representa un considerable avance en la solución técnico-jurídica del problema del error. El tratamiento del error de prohibición en el Derecho vigente no resulta todavía del todo satisfactorio. Un reconocimiento de la forma atenuada de culpabilidad por error evitable de prohibición debería ser asegurado mediante una atenuación obligatoria de la pena. También en este punto la jurisprudencia está autorizada a anticipar la ley tomando en cuenta el principio de culpabilidad sentado en la Constitución.

Der strafrechtliche Schutz der Umwelt

Von Professor Dr. Rudolf *Leibinger*, Konstanz

I.

1. Schon seit langem werden Verhaltensweisen, die heute als Umweltschädigungen bezeichnet würden, mit strafrechtlichen Sanktionen geahndet. Sie erschienen, etwa im Gewerberecht, als eine selbstverständlich praktizierte Möglichkeit zur Durchsetzung von Verwaltungsanordnungen im Bereich des Nebenstrafrechts. Grundsätzliche Überlegungen zum Einsatz des Strafrechts als einem Teil des rechtlichen Instrumentariums zur Umweltsicherung sind verhältnismäßig jungen Datums und mit der allgemeinen Diskussion des Umweltschutzes seit dem Ende der fünfziger Jahre verknüpft[1].

[1] Aus der umfangreichen Literatur: *Backes*, Umweltstrafrecht, JZ 1973, S. 337 ff.; *ders.*, Fehlstart im Umweltstrafrecht, ZRP 1975, S. 229 ff.; *Baumann*, Der strafrechtliche Schutz der menschlichen Lebensgrundlagen. Ein Beitrag zum Thema Umweltschutz, ZfW 1973, S. 63 ff.; *ders.*, Umweltverschmutzung ist kein Kavaliersdelikt, Umwelt 1972, S. 36 ff.; *Beer*, Die Luftverunreinigung unter strafrechtlichen Gesichtspunkten. Diss. Mainz, 1968; *Buckenberger*, Strafrecht und Umweltschutz. Möglichkeiten und Grenzen. Dargestellt anhand der Abfallbeseitigung. Tübingen, 1975; *Diskussionsentwurf* der Arbeitsgemeinschaft Sozialdemokratischer Juristen. Kriminalisierung der Umweltzerstörung, ZRP 1972, S. 76 ff.; Kriminalisierung der Umweltverschmutzung, Vorgänge 1971, S. 411 ff.; *Erbs-Kohlhaas*, Strafrechtliche Nebengesetze, Loseblatt-Komm., München, 2. Aufl. Stand 1977; *Frielinghaus*, Der Ruf nach dem Strafgesetzbuch, Umwelt 1972, S. 14 ff.; *ders.*, Alternativen im Umweltstrafrecht, Vorgänge 1972, S. 214 ff.; *Jahn*, Zur strafrechtlichen Bekämpfung der Umweltschädigung, Bulletin des Presse- und Informationsdienstes der Bundesregierung Nr. 21, 1974, S. 194 ff.; *Kunz*, Die Verletzung des biologischen Lebensraumes als strafrechtliche Tatbestände. Diss. Zürich, 1973; *Laufhütte*, Frühstart von Backes, ZRP 1976, S. 24; *Noll*, Der Schutz des Menschen und seine natürliche Umwelt heute. Strafrechtliche Aspekte, Universitas 1971, S. 1021 ff.; *ders.*, Strafrechtlicher Umweltschutz, in: *Müller-Stahel*, Schweizerisches Umweltschutzrecht, Zürich 1973, S. 393 ff.; *Riegel*, Die neuen Vorschriften des Wasserhaushaltsgesetzes, NJW 1976, S. 783 ff.; *Rüdiger*, Zur Bekämpfung sozialgefährlicher Umweltverstöße durch das Kriminalstrafrecht. Diss. Gießen, 1976; *Weinmann*, Probleme des Umweltschutzes aus der Sicht der Strafverfolgungsbehörden, Landkreisnachrichten aus Baden-Württemberg 1975, S. 36 ff.; *Wernicke*, Die

Schon das Umweltprogramm der Bundesregierung vom 29. September 1971 sah eine Überprüfung der bisherigen Straf- und Bußgeldbestimmungen auf dem Gebiete des Umweltschutzes vor[2]. Im fortgeschriebenen Umweltbericht 76 wird die Fortsetzung der Bemühungen angekündigt, unter Ausdehnung des strafrechtlichen Schutzes auf ökologische Güter und unter Übernahme der Kernbestimmungen in das Strafgesetzbuch, ein modernes Umweltschutzrecht zu schaffen[3]. Im Bundesjustizministerium sind gegenwärtig die Vorarbeiten zu einem 17. Strafrechtsänderungsgesetz (Gesetz zur Bekämpfung der Umweltkriminalität) weitgehend abgeschlossen, so daß noch in diesem Jahr mit einer Gesetzesvorlage gerechnet werden kann[4].

Maßgebende Impulse erhielt die Diskussion schließlich durch den Alternativ-Entwurf eines Strafgesetzbuches (AE)[5], in dem erstmals Strafvorschriften zum Schutz menschlichen Lebens und menschlicher Gesundheit vor den Gefahren der Umwelt tatbestandlich ausformuliert wurden[6].

2. Im Gesamtkonzept der strafrechtlichen Entwicklung wird die Ausdehnung des Strafrechts im Bereich des Umweltschutzes, ebenso wie bei der Wirtschaftskriminalität[7], als gegenläufige Entwicklungstendenz zur Entkriminalisierung erkannt und die Widersprüchlichkeit in angebotenen Begründungsformeln aufgezeigt[8].

Neufassung der Ordnungswidrigkeitenbestimmungen im Wasserhaushaltsgesetz, ZfW 1977, S. 1 ff.; *ders.*, Das neue Wasserstrafrecht, NJW 1977, S. 1662 ff.
Eingehende Literaturnachweise, auch über verwaltungs- und verfassungsrechtliche Literatur, enthalten die Arbeiten von *Buckenberger* und *Rüdiger*. Textsammlung: *Burhenne-Dietrich*, Strafe und Buße im Umweltrecht. Einschlägige Rechtsvorschriften. Loseblattausgabe. Berlin, 1977.

[2] BT-Drucksache VI, 2710, S. 9 f.

[3] Stuttgart, 1970, S. 62 f.

[4] Vgl. dazu unten II, 7.

[5] Besonderer Teil, Straftaten gegen die Person, Zweiter Halbband, Tübingen 1971.

[6] §§ 151 ff.; noch im Entwurf 62 sind die §§ 327, 329, Gefährdung durch Giftstoffe und Brunnenvergiftung, nicht unter dem spezifischen Blickwinkel der Umweltgefährdung konzipiert.

[7] Zum Teil werden Umweltdelikte als eine Erscheinungsform der Wirtschaftskriminalität angesehen; vgl. die Nachweise bei *Heinz*, Die Bekämpfung der Wirtschaftskriminalität mit strafrechtlichen Mitteln, GA 1977, S. 193 ff., S. 207, Note 100.

[8] Vgl. *Kaiser*, Die Fortentwicklung der Methode und Mittel des Strafrechts, ZStW 86 (1974), S. 349 ff., 358, 370; *ders.*, Kriminologie, Heidelberg,

In der Diskussion wird neben einer Betonung der generalpräventiven Abschreckung Gewicht auf die Überlegung gelegt, daß schon die Androhung von Strafe das Bewußtsein und die Einsicht in die Notwendigkeit umweltschützender Maßnahmen stärkt und einer Einschätzung als „Kavaliersdelikt“ entgegenwirkt[9]. Von der ganz überwiegenden Meinung wird deshalb auch eine Übernahme der wichtigsten Umweltschutzdelikte, die bisher im Nebenstrafrecht eingestellt sind, in das Strafgesetzbuch vorgeschlagen[10]. Mit der Verankerung von Umweltschutzdelikten im Strafgesetzbuch soll der Gefahr einer Bagatellisierung entgegengewirkt und der sozialschädliche und strafwürdige Charakter der Taten angemessen gekennzeichnet werden.

3. Die Erwartungen an einen verstärkten strafrechtlichen Umweltschutz dürfen nicht zu hoch angesetzt werden[11]. Die Unzulänglichkeiten bei der Anwendung umweltschützender Straftatbestände sind nur zum geringen Teil normativer Natur. Im Vordergrund stehen Vollzugsdefizite, die einmal mit den tatsächlichen Schwierigkeiten bei der Bewältigung dieser Kriminalität durch die Strafverfolgungsbehörden entstehen[12], die aber auch mit

3. Aufl. 1976, S. 7 f., 74 f., 285 ff.; weitere Nachweise bei *Heinz* (Note 7), S. 195; *Zipf*, Kriminalpolitik, 1973, S. 65, bejaht im Bereich des Umweltschutzes ein aus dem Wertsystem der Verfassung abgeleitetes Pönalisierungsgebot.

[9] *Horstkotte*, Tendenzen in der Entwicklung des heutigen Strafrechts, Die Gesetzgebung, Frankfurt, 1973, S. 20 f.; *Rüdiger* (Note 1), S. 14 ff. mit weiteren Nachweisen.

[10] Nachweise bei *Buckenberger* (Note 1), S. 165 f.; *Rüdiger* (Note 1), S. 67 ff. Vor einer Überbewertung der bewußtseinsbildenden Kraft des Strafrechts und einer Abwertung von Strafbestimmungen in Nebengesetzen warnt aber zu Recht *Horstkotte* (Note 9), S. 24, Note 78.

[11] Im Rahmen des gesamten rechtlichen Instrumentariums zum Schutz der Umwelt kann das Strafrecht ohnehin nur am Ende aller Bemühungen stehen und als ultima ratio nur dort eingesetzt werden, wo andere außerstrafrechtliche Präventionsmittel versagen. Vgl. *Buckenberger* (Note 1), S. 267 f.; *Kloepfer*, Zum Umweltschutzrecht in der Bundesrepublik Deutschland, Percha am Starnberger See, 1972, S. 54 f.; *Küppers*, Erde, Wasser, Luft und Feuer, Freiburger Universitätsblätter 1974, S. 43 ff., 54 ff.; *Tuchfeld*, Möglichkeiten des Umweltschutzes ohne strafrechtliche Sanktionen, in: Lebendiges Strafrecht, Festgabe zum 65. Geburtstag von Hans Schultz, Bern, 1977, S. 214 ff.; *Kölble*, Staat und Umwelt. Zur Grundstruktur des rechtlichen Instrumentariums der Umweltsicherung, DÖV 1977, S. 1 ff.

[12] *Müller, K.*, Umweltschutz und Strafrecht sind noch nicht im Einklang, Staatsanzeiger für Baden-Württemberg, 1973, Nr. 95, S. 3.

den allgemeinen Vollzugsproblemen der Verwaltungsbehörde verknüpft sind[13]. Daß hier darüber hinaus verhängnisvolle gegenseitige Abhängigkeiten auftreten können, zeigt eine neuere empirische Untersuchung, die im Auftrag des Sachverständigenrates für Umweltfragen entstanden ist und deren Ergebnisse hier kurz angedeutet werden sollen[14]. Die befragten Verwaltungsbehörden im Bereich des Umweltschutzes betrachten sich in erster Linie nicht als Strafverfolgungsorgane, sondern sehen ihre Aufgabe in der Verminderung der Umweltbelastung. Von den zur Verfügung stehenden Sanktionen wird dem verwaltungsrechtlichen Zwangsgeld der Vorzug vor der straf- und bußgeldrechtlichen Sanktionierung gegeben. Die verwaltungsrechtlichen Zwangsmaßnahmen erfordern weniger Verwaltungsaufwand und sind mit geringeren Belastungen der kooperativen Beziehungen zu den Betreibern verbunden. Die Kritik am Straf- und Ordnungswidrigkeitenrecht richtet sich (ausgenommen den inzwischen geänderten § 38 WHG) nicht gegen die Tatbestandsfassung der Umweltschutzdelikte, sondern gegen die Praxis der Strafverfolgung. Gerügt wird vor allem die Dauer der Verfahren; beanstandet werden ferner die zu hohen Anforderungen an die Beweisführung und das fehlende Spezialwissen der Strafjustiz. Sowohl im Immissions- wie im Wasserrecht entstehen durch Vollzugspraktiken gewisse Grauzonen behördlich geduldeter Rechtsverstöße, die es nicht nur erschweren, in ähnlich gelagerten Fällen später Sanktionen zu ergreifen, sondern die bei strafrechtlicher Verfolgung auch zu der Unsicherheit führen, ob überhaupt ein unbefugtes Verhalten festgestellt werden kann[15].

Neben einer Reform des Umweltstrafrechts bleibt daher der weitere Ausbau des technischen Instrumentariums zur Beweissicherung (mobile Probeentnahme- und Analysesysteme, Erstellung von Emmissions- und Einleitungskatastern) sowie die Einrichtung von Spezialdienststellen in Ballungsgebieten eine dringende Aufgabe.

[13] Vgl. u. a. *Winter*, Das Vollzugsdefizit im Wasserrecht, Berlin, 1975; *Rehbinder*, Argumente für die Verbandsklage im Umweltrecht, ZRP 1976, S. 157 ff., Note 11.

[14] *Mayntz*, u. a., Vollzugsprobleme der Umweltpolitik. Empirische Untersuchungen der Implementation von Gesetzen im Bereich der Luftreinhaltung und des Gewässerschutzes. Erscheint 1978 in der Reihe: Materialien zur Umweltforschung, Kohlhammer, Stuttgart.

[15] *Wernicke*, NJW 1977, S. 1223.

II.

1. Das gegenwärtig geltende Umweltrecht und Umweltstrafrecht ist in einer Vielzahl von Spezialgesetzen niedergelegt, die in erster Linie verwaltungsrechtliche Materien enthalten, an die die strafrechtlichen Sanktionen angefügt sind[16]. Das Strafgesetzbuch enthält lediglich in den §§ 310 b, 311 a und 311 b (Herbeiführung einer Explosion durch Kernenergie und Mißbrauch ionisierender Strahlen) Tatbestände, die zum Umweltschutz zu rechnen sind. Im übrigen fehlen Tatbestände, die Rechtsgüter speziell gegen Beeinträchtigungen durch typische Umweltgefahren eines industriellen Zeitalters schützen[17].

2. Kennzeichnend für das deutsche Recht ist auch im Bereich des Umweltschutzes die Zweiteilung in Straftaten und Ordnungswidrigkeiten. Überwiegend wird angenommen, daß es sich hierbei um eine quantitative Abstufung handelt, innerhalb derer es dem Gesetzgeber erlaubt ist, das Strafrecht nach Strafwürdigkeits- und Strafbedürfniskriterien auf einen engeren Bereich zu beschränken und Zuwiderhandlungen mit geringerem Unwertgehalt mit einer von der Kriminalstrafe abgehobenen Sanktion, der Geldbuße, zu belegen[18]. Die Unterscheidung ist auch für das Verfahren wesentlich. Die Ahndung von Ordnungswidrigkeiten obliegt den Verwaltungsbehörden im Wege von Bußgeldbescheiden, gegen die von den Betroffenen das Gericht angerufen werden kann[19].

3. Eine vollständige Wiedergabe der sanktionierten Umweltverstöße des Nebenstrafrechts ist nicht möglich. Es sollen vielmehr in den Kernbereichen des Umweltschutzes, der Gewässer-, Luft- und Bodenverunreinigung sowie der Lärmbekämpfung anhand der neueren Gesetzgebung und der Reformüberlegungen die Be-

[16] Vgl. die Sammlung von *Burhenne-Dietrich;* umfassende Gesetzessammlungen: *Kloepfer,* Deutsches Umweltschutzrecht, Loseblattausgabe, 2 Bände, Percha am Starnberger See, Stand 1978; *Burhenne,* Umweltrecht, Raum und Natur, Loseblattausgabe, 5 Bände, Berlin, Stand 1978. Eine Übersicht über die wichtigsten Kommentierungen der Nebengesetze gibt *Kölble* (Note 12), S. 3, Anm. 15.

[17] Zur Bedeutung der Tatbestände des StGB im Rahmen der Umweltverschmutzung zusammenfassend *Rüdiger* (Note 1), S. 41 ff.

[18] Vgl. etwa *Jescheck,* Lehrbuch des Strafrechts, 3. Aufl., Berlin, 1978, § 7 V 3 b; *Göhler,* Gesetz über Ordnungswidrigkeiten, 5. Aufl., München, 1977, vor § 1, Anm. 2, A.

[19] Zur Vereinheitlichung der Anwendung des Ordnungswidrigkeitenrechts werden Bußgeldkataloge für den Umweltschutz erarbeitet. Vgl. Umweltbericht 76 (Note 3), S. 56.

mühungen aufgezeigt werden, Umweltverstöße mit strafrechtlichen Mitteln anzugehen[20]. Dabei wird auch deutlich, daß die Grundsätze der deutschen Gesetzgebung von denen des japanischen Gesetzes vom 25. Dez. 1970[21], das der Herr Generalberichterstatter als Vergleichsgrundlage genannt hat, wesentlich abweichen.

Im Bereich des Gewässerschutzes ist der zentrale Tatbestand § 38 WHG[22], der die unbefugte vorsätzliche oder fahrlässige Gewässerverunreinigung oder die sonst nachteilige Veränderung der Gewässereigenschaft mit Strafe bedroht. Eine erhöhte Strafdrohung sieht § 39 WHG für den Fall vor, daß die Gewässerverunreinigung zu einer Gefährdung des Lebens oder der Gesundheit eines anderen, einer Sache von bedeutendem Wert, der öffentlichen Wasserversorgung oder einer staatlich anerkannten Heilquelle führt, oder wenn sie nicht nur vorübergehende Beeinträchtigungen der Gewässernutzung zur Folge hat. Als Ordnungswidrigkeiten werden in § 41 WHG zahlreiche Verstöße gegen Pflichten bei der Gewässernutzung und beim Umgang mit wassergefährdenden Stoffen geahndet. Die geschilderten Straftatbestände sind das Ergebnis einer noch jungen Novellengesetzgebung aus dem Jahr 1976[23], mit der Lücken im Bereich des Gewässerschutzes geschlossen werden sollten. Die frühere Fassung des Tatbestandes knüpfte an bestimmte wasserrechtliche relevante Handlungen des Einbringens oder Einleitens, des Lagerns oder Beförderns von Stoffen an. Damit blieben Zweifel, ob ein mittelbares Einleiten über eine Kanalisation oder Verunreinigung als Folgen eines nicht zweckgerichteten Handelns strafrechtlich erfaßt werden konnten[24]. Die neue Tatbestandsfassung verlangt objektiv lediglich die Verursachung einer Gewässerverunreinigung, ohne daß an die Tathand-

[20] Außer Betracht bleiben auch internationale Abkommen und Richtlinien und Entscheidungen der Europäischen Gemeinschaft, bei denen zukünftig ein Schwerpunkt des Umweltschutzrechtes liegen wird.

[21] Gesetz Nr. 142 aus 1970.

[22] Gesetz zur Ordnung des Wasserhaushaltes (Wasserhaushaltsgesetz — WHG) vom 27. Juli 1957 (BGBl. I, S. 1110) in der Fassung der Bekanntmachung vom 16. Oktober 1976 (BGBl. I, S. 3017), geändert durch Gesetz vom 14. Dezember 1976 (BGBl. I, S. 3341, ber. 1977, S. 667).

[23] Viertes Gesetz zur Änderung des Wasserhaushaltsgesetzes vom 26. 4. 1976 (BGBl. I, S. 1109); dazu BT-Drucksache 7/888 und *Wernicke*, NJW 1977, S. 1662 ff.; weitere Nachweise bei *Heinz* (Note 7), S. 207.

[24] Vgl. *Kohlhaas*, Zum Stand der strafrechtlichen Rechtsprechung und Reform des Wasserhaushaltsgesetzes, ZfW 1974, S. 331 ff.

lung weitere Anforderungen gestellt werden[25]. Einigkeit besteht auch darüber, daß eine schädliche Verunreinigung nicht vorausgesetzt wird, mit der Folge, daß eingewandt werden könnte, das beeinträchtigte Gewässer sei ohnehin schon so verunreinigt, daß es auf eine neuerliche Belastung nicht mehr ankomme[26]. Mit der Beschränkung auf unbefugte Verunreinigungen bleiben Handlungen straflos, die aufgrund wasserrechtlicher Gestattungen oder sonstiger Rechtfertigungsgründe vorgenommen werden[27]. Das Vorliegen einer behördlichen Erlaubnis schließt eine Strafbarkeit auch dann aus, wenn sie im Hinblick auf veränderte Verhältnisse heute nicht mehr erteilt würde oder wenn sie ermessensfehlerhaft erteilt wurde. Die strafrechtliche Verantwortlichkeit nach dem Wasserhaushaltsgesetz ist von der verwaltungsrechtlichen Vorentscheidung abhängig[28].

4. Auf dem Gebiet der Abfallbeseitigung enthalten die §§ 16 und 18 des Gesetzes über die Beseitigung von Abfällen (Abfallbeseitigungsgesetz[29]) Straf- und Bußgeldvorschriften. Hier wurde § 16 Abs. 1, der einen auf die Gefährdung von Leib und Leben abstellenden Gefährdungstatbestand enthielt, durch Änderungsgesetz vom 21. Juni 1976[30] in ein abstraktes Gefährdungsdelikt umgewandelt. Die ordnungswidrige Ablagerung von gefährlichen Abfällen (die Gifte oder auf Menschen übertragbare Erreger

[25] Zutreffend *Riegel* (Note 1), S. 784 f.; a. A. *Wernicke*, NJW 1976, S. 1666. Die Beschränkung auf eine Erfolgsverursachung kann nicht nur bei mittelbarem Einleiten und bei Fahrlässigkeitsdelikten bedeutsam sein, sondern auch bei Unterlassungsdelikten, wenn nach § 13 StGB die Entsprechung zu prüfen ist. Zur Frage, unter welchen Voraussetzungen die strafrechtliche Verantwortlichkeit eines Amtsträgers angenommen werden kann, der gegen Gewässerverunreinigung eines anderen nicht einschreitet, vgl. StA Mannheim, NJW 1976, S. 585 ff. mit Anm. *Wernicke*, NJW 1976, S. 1223 f.

[26] *Riegel* (Note 1), S. 785; OLG Stuttgart, NJW 1977, S. 1408 f.

[27] Unbefugt handelt auch, wer einer Auflage zuwiderhandelt, die mit einer Erlaubnis verbunden ist; anders insoweit OLG Stuttgart, NJW 1976, S. 1406, mit ablehnender Anmerkung von *Sack*.

[28] Die strafrechtliche Problematik von lange zurückliegenden, nicht mehr zeitgemäßen Erlaubnissen ist noch nicht gelöst; vgl. StA Mannheim, NJW 1976, S. 585, mit ablehnender Anmerkung *Wernicke*, NJW 1976, S. 1223.

[29] Vom 7. Juni 1972 (BGBl. I, S. 873), bekanntgemacht am 5. Januar 1977 (BGBl. I, S. 41, ber. S. 288).

[30] BGBl. I, S. 1601; vgl. dazu *Hösel-Lersner*, Recht der Abfallbeseitigung, Loseblattausgabe, Berlin, 1972, Nr. 1260, S. 2 ff.

schwerer Krankheiten enthalten) oder die ungenehmigte Betreibung einer Abfallbeseitigungsanlage sind als solche strafbar. Die Gefährdung von Leib oder Leben oder Sachen von bedeutendem Wert stellt eine Qualifikation dar. § 18 bedroht mit Geldbußen zahlreiche Zuwiderhandlungen gegen Vorschriften über den Umgang mit Abfall. Wichtigste Bestimmung ist § 18 Abs. 1 Nr. 1, der das Ablagern von Abfall außerhalb einer dafür zugelassenen Abfallbeseitigungsanlage erfaßt.

5. Die grundlegenden Vorschriften gegen Luftverunreinigung und Lärm enthält das Gesetz zum Schutz vor schädlichen Umwelteinwirkungen durch Luftverunreinigung, Geräusche, Erschütterungen und ähnliche Vorgänge (Bundes-Immissionsschutzgesetz[31]). Bestraft wird nach § 63 BImSchG, wer vorsätzlich oder fahrlässig eine genehmigungsbedürftige Anlage ohne Genehmigung oder entgegen einer vollziehbaren Untersagung betreibt, wer eine Anlage, deren Lage, Beschaffenheit oder Betrieb ohne Genehmigung wesentlich geändert wurde, betreibt oder wer einer Rechtsverordnung über den Schutz bestimmter Gebiete oder einer aufgrund einer solchen Rechtsverordnung ergangenen vollziehbaren Anordnung zuwider handelt. Eine Ordnungswidrigkeit nach § 62 Abs. 1 BImSchG begeht, wer vorsätzlich oder fahrlässig eine genehmigungsbedürftige Anlage ohne Genehmigung errichtet oder sie wesentlich verändert oder wer einer Rechtsverordnung über technische Anforderungen an Anlagen oder Emmissionsgrenzwerte oder einer darauf gestützten vollziehbaren Anordnung zuwider handelt oder wer sonstigen vollziehbaren Auflagen, Anordnungen oder Untersagungen nicht richtig, nicht vollständig oder nicht rechtzeitig nachkommt. Als qualifizierten Tatbestand in der Form des konkreten Gefährdungsdeliktes umfaßt § 64 BImSchG die vorsätzliche oder fahrlässige Gefährdung des Lebens oder der Gesundheit eines anderen oder fremder Sachen von bedeutendem Wert, die durch eine in § 62 Nr. 1—6 aufgeführte Ordnungswidrigkeit oder nach § 63 unter Strafe gestellte Handlung herbeigeführt wurden. Einen Straferhöhungsgrund sieht § 64 Abs. 2 für einen besonders schweren Fall vor, der im Regelfall anzunehmen ist, wenn das Leben oder die Gesundheit einer großen Anzahl von

[31] Vom 15. März 1974 (BGBl. I, S. 721, ber. S. 1193), zuletzt geändert durch Gesetz vom 14. Dezember 1976 (BGBl. I, S. 3341, ber. 1977, S. 667).

Menschen gefährdet oder der Tod oder eine schwere Körperverletzung eines Menschen verursacht wurde.

Da die Nichteinhaltung von Auflagen und vorgeschriebenen Grenzwerten den Großteil aller auf dem Gebiet der Luftverunreinigung anfallenden Vorgänge ausmacht, liegt gegenwärtig das Schwergewicht bei der Bekämpfung dieser Umweltverstöße im Ordnungswidrigkeitenrecht.

6. Zur Verdeutlichung der dem Umweltschutz dienenden Gesetzgebung seien einige Gesetze angeführt, die Detailprobleme regeln; sie enthalten vor allem Bußgeldtatbestände.

Das Gesetz über die Umweltverträglichkeit von Wasch- und Reinigungsmitteln (Waschmittelgesetz[32]) gibt in Fortschreibung des Detergentiengesetzes von 1961 die Möglichkeit, auf die Zusammensetzung von Waschmitteln Einfluß zu nehmen, um die Gewässerbelastung zu vermindern.

Im Gesetz über die Angaben für das Einleiten von Abwässer in Gewässer (Abwasserabgabengesetz[33]) werden die Hinterziehung der Abwasserabgaben und Verstöße bei ihrer Berechnung geahndet.

Der Eindämmung umweltbelastender Stoffe dienen u. a. das Düngemittelgesetz[34] von 1962, das Pflanzenschutzgesetz[35] von 1968, das DDT-Gesetz[36] von 1972 und das Futtermittelgesetz[37] von 1975.

Ergänzende Regelungen zum Gewässerschutz und zur Abfallbeseitigung enthalten das Altölgesetz[38] von 1968 und das Tierkörperbeseitigungsgesetz[39] von 1975.

Ungeachtet eines breiten gesetzlichen Instrumentariums, das durch eine Vielzahl von Verordnungen und Verwaltungsanordnungen ergänzt wird, stehen bedeutsame rechtspolitische Entscheidungen auf dem Gebiet des Umweltschutzes noch aus. Hin-

[32] Vom 20. August 1975, BGBl. I, S. 2255 i. V. m. d. Verordnung vom 30. Januar 1977 (BGBl. I, S. 244).

[33] Vom 13. September 1976 (BGBl. I, S. 2721, ber. S. 3007).

[34] BGBl. I, S. 558.

[35] BGBl. I, S. 352, in der Fassung der Bekanntmachung vom 2. Oktober 1975 (BGBl. I, S. 2591, ber. 1976 I, S. 1059).

[36] BGBl. I, S. 1385, geändert durch Gesetz vom 2. März 1974 (BGBl. I, S. 469).

[37] BGBl. I, S. 1754.

[38] BGBl. I, S. 1419, zuletzt geändert durch Gesetz vom 14. Dezember 1976 (BGBl. I, S. 3341, ber. 1977, S. 667).

[39] BGBl. I, S. 2313, ber. S. 2610.

zuweisen ist auf ein geplantes Umweltchemikaliengesetz, das der Belastung von Wasser, Boden und Luft durch Chemikalien entgenwirken soll. In einer vorgesehenen Novelle zum BImSchG wird darüber entschieden werden, ob und unter welchen Voraussetzungen auch in stark belasteten Gebieten neue Industrieansiedlungen zugelassen werden können.

7. Eine Reihe von Änderungen des geltenden Umweltstrafrechtes sieht der im Bundesministerium der Justiz vorbereitete Entwurf eines 17. Strafrechtsänderungsgesetzes vor. In einem 29. Abschnitt des StGB sollen insbesondere schwerwiegende Umweltschutzdelikte zusammengefaßt und gegenüber dem geltenden Recht harmonisiert und verbessert werden. Angestrebt wird nur eine Reform, bei der die verwaltungsrechtlichen Normen der einzelnen Umweltgesetze und die darin enthaltenen Ordnungswidrigkeiten unberührt bleiben. Auch auf eine ausschließliche Erfassung aller Umweltschutzdelikte im StGB wird kein Wert gelegt[40]. Da eine endgültige Regierungsvorlage noch nicht formuliert ist, können hier nur unter Vorbehalt einige Reformtendenzen beschrieben werden.

Im Bereich des Gewässerschutzes werden unter Ausdehnung des Schutzbereichs auf die Hohe See im wesentlichen die bisher im WHG enthaltenen Strafbestimmungen in das StGB übernommen.

Im Immissionsschutz wird die Strafbarkeit ausgedehnt, indem nicht nur eine unbefugte Luftverunreinigung bestraft wird, die das Leben oder die Gesundheit eines andern oder fremde Sachen von bedeutendem Wert gefährdet, sondern auch eine solche, die Bestandteile des Naturhaushalts von erheblicher ökologischer Bedeutung oder ein landwirtschaftlich, forstwirtschaftlich oder gärtnerisch genutztes Grundstück erheblich beeinträchtigt. Der Fall der Freisetzung ionisierender Strahlen wird dem der Luftverunreinigung gleichgestellt.

Auch die Ahndung der unbefugten Verursachung von Lärm oder Erschütterung soll verschärft werden. Das geltende Recht sieht in § 117 OWiG bei unzulässiger Lärmerregung, die geeignet ist, die Allgemeinheit oder die Nachbarschaft erheblich zu belästigen oder die Gesundheit eines anderen zu schädigen, eine Bußgeld-

[40] Für die Konzentration aller umweltschützenden Straftaten im StGB und ihre Einstellung im 27. Abschnitt über gemeingefährliche Straftaten *Rüdiger* (Note 1), S. 146 ff., 178 ff.

drohung vor. Die unbefugte Verursachung von Lärm durch Betriebsstätten oder Maschinen soll jetzt strafbar sein, wenn Gefahren für die Gesundheit eines anderen verursacht werden.

Im Bereich der Abfallbeseitigung wird ebenso wie im geltenden Recht schon die Beseitigung umweltgefährdender Abfälle außerhalb der dafür zugelassenen Anlagen oder unter wesentlicher Abweichung von einem vorgeschriebenen Verfahren unter Strafdrohung gestellt. Als umweltgefährdende Abfälle nennt der Entwurf neben den Giften auch Abfälle, die Erreger von gemeingefährlichen oder übertragbaren Krankheiten bei Menschen oder Tieren enthalten oder hervorrufen können, die explosionsgefährlich, selbstentzündlich oder nicht nur unerheblich radioaktiv sind oder die nach Art, Beschaffenheit oder Menge geeignet sind, nachhaltig ein Gewässer, die Luft oder den Boden physikalisch, chemisch oder biologisch zu verunreinigen oder sonst in dieser Weise nachteilig zu verändern.

Sachlich übereinstimmend mit der Regelung im geltenden Recht werden in einem besonderen Tatbestand über Umweltgefährdung durch Anlagen das genehmigungslose Betreiben von Anlagen, der unerlaubte Umgang mit Kernbrennstoffen und die Vornahme verbotener Handlungen in Wasserschutz- oder Immissionsschutzgebieten bestraft.

Die bisher schon bekannten Straferschwerungsgründe für den Fall, daß durch Umweltschutzdelikte Menschen oder fremde Sachgüter gefährdet werden, werden dahin ausgedehnt, daß auch die Beeinträchtigung forstwirtschaftlich oder gärtnerisch genutzter Böden eine erhöhte Bestrafung nach sich zieht.

Der Entwurf greift schließlich auch den Gedanken eines im Bereich des Umweltschutzes von verwaltungsrechtlichen Verboten oder Geboten unabhängigen Tatbestandes auf. In Anlehnung an § 327 E 62 wird die vorsätzliche Freisetzung von Strahlen, Giften oder anderen Stoffen, die die Gesundheit von Menschen zu zerstören geeignet sind, bestraft, wenn dadurch mindestens fahrlässig ein anderer in die Gefahr des Todes oder einer schweren Körperverletzung gebracht wird.

III.

1. Die bisherige Darstellung des geltenden Rechtes und seiner Reform zeigt die Grundsätze zur Ausgestaltung von Tatbeständen

im Bereich strafrechtlichen Umweltschutzes, die für die deutsche Rechtsentwicklung kennzeichnend sind.

Ganz allgemein ist festzuhalten, daß die besonderen Probleme der strafrechtlichen Sanktionierung von Umweltverschmutzungen mit dem vorhandenen Instrumentarium der Kriminalpolitik und der Strafrechtsdogmatik angegangen werden. Ausnahmeregelungen wie Kausalitätsvermutungen[41] oder Verkürzungen der subjektiven Tatseite und der Schuld i. S. einer strict liability sind dem geltenden Recht fremd; sie sind auch nicht Gegenstand von Reformvorschlägen.

Die strafbare oder bußgeldbewehrte Handlung wird grundsätzlich durch verwaltungsakzessorische Tatbestandsfassungen beschrieben. Die Vorentscheidungen einer Verwaltungsbehörde, die Ausmaß und Bedingungen umweltbelastenden Verhaltens festlegt, ist Anknüpfungspunkt für die Sanktionierung. Die gesetzestechnische Bezugnahme auf die verwaltungsrechtlichen Einzelregelungen erfolgt nicht durch eine Blankettnorm, sondern durch eine eigene Beschreibung verbotener Verhaltensweisen, die nur in einzelnen Fällen durch eine blankettähnliche Rückverweisungsklausel ersetzt wird[42]. Den verwaltungsakzessorischen Charakter erhält die Tatbestandsfassung durch die Merkmale: „Unbefugt, ohne Genehmigung, entgegen einer vollziehbaren Anordnung u. a.". Dieses Verfahren erscheint unter den Anforderungen der Tatbestandsbestimmtheit und einer generalpräventiven Wirkung der Strafnorm die angemessene Lösung.

2. Bedenken gegen diese Konzeption können sich deswegen ergeben, weil damit der Umfang strafrechtlichen Umweltschutzes von Entscheidungen dezentralisierter Verwaltungsbehörden abhängig gemacht wird, deren Entscheidungsmaßstäbe den Umweltschutz möglicherweise nicht gebührend berücksichtigen und die „nicht selten zur Verbesserung der Finanzlage oder zur Beschaffung von Arbeitsplätzen Industrieunternehmungen ansiedeln, denen sie großzügige Zugeständnisse auf Kosten des Umweltschutzes machen"[43].

Eine Lösung dieses Konfliktes ist entweder durch Schaffung nichtakzessorischer Straftatbestände oder durch Übertragung der verwaltungsrechtlichen Vorentscheidung auf verwaltungsunab-

[41] Vgl. Art. 5 des japanischen Gesetzes vom 25. Dezember 1970.
[42] Vgl. dazu *Rüdiger* (Note 1), S. 125 ff.
[43] AE, S. 51.

hängige Entscheidungsträger möglich. Den letzteren Weg wählt der Alternativentwurf, der mit einem neuartigen und folgerichtigen Vorschlag eines Prüfstellenkonzepts die Umweltschutzdelikte aus der Abhängigkeit der allgemeinen Verwaltung löst[44].

Die Entscheidungen über Gewässer- und Luftverunreinigungen sowie Lärmbelästigungen sollen neu einzurichtenden Prüfstellen anvertraut werden, die durch generelle Verwaltungsvorschriften oder durch Anordnungen im Einzelfall die Grenzen der Umweltbelastungen bestimmen[45]. Die Vorschriften der Gewässer-, Luftverunreinigung oder Lärmbelästigung (§§ 152—154 AE) knüpfen als akzessorische abstrakte Gefährdungsdelikte an einen Verstoß gegen die Anordnung der Prüfstelle an. Innerhalb der Reformdiskussion stellt die Konzeption des Alternativentwurfs eine neue und zukunftsweisende Lösung zur Bekämpfung der Umweltkriminalität dar. Bedenken dagegen ergeben sich vor allem aber deswegen, weil eine völlige Neugestaltung des verwaltungsrechtlichen Umweltschutzes gegenwärtig nicht verwirklicht werden kann[46].

3. Während die Prüfstellenkonzeption auf dem Grundsatz der Vorentscheidung einer Behörde beruht, stehen daneben Vorschläge, die sich um eine nichtakzessorische Tatbestandsbeschreibung bemühen. Die Bedeutung eines vom Verwaltungsrecht losgelösten Tatbestandes wird nicht zuletzt darin gesehen, daß „auch die Verwaltungsbehörde in Pflicht genommen würde, daß der Hinweis, die genannten Gefahrenquellen müßten aus Gründen der wirtschaftlichen Notwendigkeit hingenommen werden, künftig den Verursachern von Umweltverschmutzungen sowie der zuständigen Verwaltungsbehörde, die solche Verschmutzungen dulden möchte, abgeschnitten wäre“[47].

Ein Weg könnte in der Normierung absoluter Verunreinigungsverbote bestehen, die etwa die Zuführung bestimmter schäd-

[44] AE, S. 49 ff.; dazu *Baumann*, ZfW 1973, S. 70 ff.; Umwelt 1972, S. 42 ff.; *Backes*, JZ 1973, S. 340 f.; *Buckenberger* (Note 1), S. 166 ff., 173 ff.; *Rüdiger* (Note 1), S. 159 f.

[45] Darüber hinaus sind Prüfstellen für Arzneimittel, Chemikalien und andere gesundheitsschädliche Gegenstände vorgeschlagen, §§ 155 ff. AE.

[46] Der Gedanke wird auch im Entwurf des Justizministeriums nicht weiter verfolgt, kritisch *Buckenberger* (Note 1), S. 174 ff.; *Rüdiger* (Note 1), S. 170 ff.; vgl. aber *Tiedemann*, GA 1977, S. 85.

[47] *Jahn* (Note 1), S. 199 f.

licher Stoffe in Gewässer grundsätzlich verbieten[48]. Die Vorbehalte gegen diese Lösung beruhen einmal darauf, daß eine Aufzählung bestimmter Stoffe angesichts der Vielzahl von gefährlichen organischen und anorganischen Substanzen willkürlich bleiben müßte[49]. Auch bei Beachtung aller produktionstechnischen und abwassertechnischen Maßnahmen bleiben Schadstoffreste, die allenfalls durch Festlegung von Grenzwerten auf ein Mindestmaß beschränkt werden können.

Im Entwurf des Justizministeriums wird mit dem Tatbestand der vorsätzlichen Gefährdung durch Giftstoffe nunmehr der Gedanke einer von verwaltungsrechtlichen Vorentscheidungen unabhängigen Strafnorm aufgegriffen. Mit der Beschränkung auf vorsätzliche Handlungen und mit dem Erfordernis einer konkreten Gefährdung bleibt der Entwurf hinter Vorschlägen zurück, die für vergleichbare Tatbestände gemacht wurden[50].

4. Die Entwicklung der Straftatbestände auf dem Gebiet des Gewässerschutzes und der Abfallbeseitigung zeigt, daß eine Deliktsbeschreibung, die auf den Eintritt eines Erfolges auch in der Form der konkreten Gefährdung von Leib oder Leben abstellt, nur einen Ausschnitt strafwürdiger Umweltdelikte erfassen würde. Die Ablagerung gefährlicher Abfälle, die erst nach längeren Zeiträumen die menschliche Gesundheit oder die Wasserversorgung beeinträchtigen kann, ist mit dem Merkmal einer konkreten Gefährdung nicht zu erfassen. Bei sukzessiven und kumulativen

[48] Vgl. etwa § 152 Abs. 1 Satz 2 AE bezüglich Rohöle u. a.; auch *Rüdiger* (Note 1), S. 221.

[49] *Buckenberger* (Note 1), S. 188.

[50] § 151 AE. Mit der Formel: „ohne daß im Zeitpunkt der Handlung eine Schädigung anderer an Leib oder Leben auszuschließen ist", werden über den Eintritt einer Verletzung oder konkreten Gefährdung hinaus alle Fälle erfaßt, in denen es zweifelhaft bleibt, ob eine Rechtsgutsverletzung eintreten kann. Zu dieser als Risikodelikt neuen Typs bezeichneten Tatbestandsfassung: *A. Kaufmann*, Tatbestandsmäßigkeit und Verursachung im Contergan-Verfahren, JZ 1971, S. 569 ff., 576; *Horn*, Konkrete Gefährdungsdelikte, Köln 1973, S. 213 ff.; *Buckenberger* (Note 1), S. 185 ff., 282 f.; § 151 A Abs. 3 AE sieht auch eine Bestrafung bei fahrlässiger Begehung vor.

Nicht aufgegriffen sind im Entwurf auch Forderungen, einen Tatbestand der „Umweltschädigungen im Amt" zu schaffen. So *Backes*, ZRP 1975, S. 230 f., *Buckenberger* (Note 1), S. 181, 283; ablehnend *Laufhütte* (Note 1), S. 24.

Umwelteinwirkungen ergeben sich beim Nachweis der Kausalität und der subjektiven Tatseite unüberwindbare Schwierigkeiten[51].

Der Gesetzgeber hat deshalb in der Form von abstrakten Gefährdungsdelikten zahlreiche Handlungen, die generell gefährlich erscheinen und die zu Umweltbeeinträchtigungen führen können, unter Strafe gestellt[52]. Als Rechtsgüter werden zum Teil ausschließlich Leben und Gesundheit[53], zunehmend aber auch die biologischen Gemeinschaftswerte Wasser, Luft und Boden als selbständig geschützt angesehen[54]. Auch wenn es richtig ist, in einem doppelten Rechtsgutsbezug schon die natürlichen Lebensgrundlagen des Menschen als schutzwürdig anzuerkennen, entbindet die Vorverlagerung des Rechtsgüterschutzes auf überindividuelle Rechtsgüter nicht von der Entscheidung, welche Handlungen als strafwürdig anzusehen sind, da zweifelhaft erscheint, ob Wasser, Luft und Boden in gleicher Weise einen strafrechtlichen Rundumschutz genießen sollen. Dies wird deutlich, wenn im Entwurf des Justizministeriums im Bereich der Luftverunreinigung und der Lärmverursachung an dem Erfordernis festgehalten wird, daß die Handlung zu einer konkreten Gefährdung oder Beeinträchtigung bestimmter Rechtsgüter (Leben, Gesundheit, Sachen von bedeutendem Wert, Bestandteile des Naturhaushalts von erheblicher ökologischer Bedeutung oder Nutzungen von Grundstücken) geführt haben muß. Eine so umfassende Pönalisierung wie im Bereich des Gewässerschutzes wird nicht für möglich gehalten, so daß die Mehrzahl der unbefugten Emissionen im Bereich des Ordnungswidrigkeitenrechtes verbleibt[55].

IV.

Die straf- und bußgeldrechtliche Verantwortlichkeit für Umweltschutzdelikte bestimmt sich im deutschen Recht nach allgemeinen Grundsätzen; es gibt keine besonderen Vorschriften, die

[51] AE, S. 53; *Backes*, JZ 1973, S. 337, 339; *Buckenberger* (Note 1), S. 147 f.; *Rüdiger* (Note 1), S. 106 ff.

[52] Daß die Handlung auch im konkreten Einzelfall geeignet sein muß, einen schädlichen Erfolg herbeizuführen, ist nicht erforderlich. Vgl. dazu *Schönke-Schröder-Cramer*, StGB, 19. Aufl. 1978, Rdn. 3 c vor § 306; *Schünemann*, Moderne Tendenzen in der Dogmatik der Fahrlässigkeits- und Gefährdungsdelikte, JA 1975, S. 113 ff., 213 f.

[53] Personengefährdungsdelikte des AE; *Backes*, JZ 1973, S. 340.

[54] *Noll*, Umweltschutz, S. 394; *Rüdiger* (Note 1), S. 80 ff. mit weiteren Nachweisen; *Tiedemann*, JA 1977, S. 84.

[55] Weitergehend auch insoweit AE §§ 153, 154; *Rüdiger* (Note 1), S. 220, 224.

weitergehende Zurechnungsprinzipien enthalten oder die eine mit Betriebsorganisation und Verantwortungsdelegation verbundene Beweisschwierigkeit eigens zu erfassen suchen[56].

1. Die bei Umweltschutzdelikten häufige Situation, daß der Normadressat seine Aufgaben nicht selbst wahrnimmt oder daß der Betriebsinhaber eine juristische Person ist[57], erfassen §§ 14 StGB, 9 OWiG, die den Adressatenkreis auf Personen ausdehnen, die für den eigentlichen Normadressaten handeln. Der Strafausdehnungsgrund bezieht nicht nur Organe juristischer Personen und vertretungsberechtigte Gesellschafter von Personengesellschaften mit ein, sondern auch Personen, die beauftragt sind, den Betrieb ganz oder zum Teil zu leiten oder die ausdrücklich beauftragt sind, in eigener Verantwortung Pflichten zu erfüllen, die den Inhaber des Betriebes treffen.

Zu dem letztgenannten Personenkreis sind die Betriebsbeauftragten für Umweltschutz zu rechnen, deren Bestellung bei bestimmten Betrieben grundsätzlich vorgeschrieben ist oder die doch im Einzelfall durch entsprechende Auflagen angeordnet werden kann[58]. Die als Kooperationsmodell konzipierte Institution soll als eigenständiges Instrument der Sicherstellung des Gesetzesvollzugs dienen und auf die Planung umweltrelevanter Betriebsvorgänge einwirken[59].

Aus seiner Stellung folgt aber auch eine straf- und bußgeldrechtliche Verantwortlichkeit für die im Betrieb begangenen Umweltschutzdelikte[60].

Die Möglichkeit der Delegation umweltstrafrechtlicher Pflichten befreit den Betriebsinhaber oder das ursprünglich haftende

[56] Die Gefahr der Verlagerung strafrechtlicher Verantwortlichkeit auf den kleinen Angestellten sieht *Kaiser*, Kriminologie (Note 8), S. 285.

[57] Betreiber einer Anlage ist das Unternehmen, ihm werden Auflagen gemacht und Genehmigungen erteilt. *Göhler*, OWiG § 9 Anm. 1, § 30 Anm. C, b.

[58] §§ 53 ff. BImSchG, §§ 11 a ff. AbfG, §§ 4 Abs. 2 Nr. 2, 21 a ff. WHG.

[59] Umweltbericht 76, S. 56; eingehend *Rehbinder, Burgbacher, Knieper*, Ein Betriebsbeauftragter für Umweltschutz, Berlin, 1972; *Buckenberger* (Note 1), S. 292 ff.

[60] *Backes*, JZ 1973, S. 342; *Buckenberger* (Note 1), S. 294. Dies gilt jedenfalls für Delikte, die durch fehlende Überwachung ermöglicht wurden. Im übrigen ist die Verantwortlichkeit insoweit beschränkt, als der Betriebsbeauftragte nicht von sich aus berechtigt ist, die erforderlichen Maßnahmen zu treffen. *Schönke-Schröder-Lenckner*, § 14 Rdn. 38; *Lackner*, StGB, 11. Aufl. 1977, § 14 Rdn. 2 b.

Organ einer juristischen Person nicht von eigener strafrechtlicher Verantwortlichkeit. Wer die Tat vorsätzlich geschehen läßt oder wem unsorgfältige Auswahl oder Überwachung des Vertreters vorgeworfen werden kann, ist selbst wegen vorsätzlicher oder fahrlässiger Tatbegehung strafbar[61]. Subsidiär erfaßt § 130 OWiG Verletzungen der Aufsichtspflicht, die nicht zugleich einen Schuldvorwurf hinsichtlich der vom Vertretenen begangenen Tat begründen[62].

Damit erscheint das System strafrechtlicher Verantwortlichkeit auch im Rahmen betrieblicher Organisation ausreichend gewährleistet, ohne daß es einer besonderen Regelung bedürfte, die eine Haftung des Betriebsinhabers oder der die Unternehmungspolitik bestimmenden Organe besonders regelt[63].

2. Das geltende Recht kennt keine Strafbarkeit von juristischen Personen oder Personenvereinigungen. Auch strafähnliche Sanktionen wie Untersagung bestimmter Tätigkeiten oder Betriebsschließungen sind weder im Straf- noch im Ordnungswidrigkeitenrecht vorgesehen[64]. Als Sanktionen, die darauf abzielen, einen Vermögensvorteil abzuschöpfen, den eine juristische Person oder eine Personenvereinigung durch das Handeln eines seiner Organe oder Vertreter erlangt hat, sieht das Gesetz den Verfall (§§ 73 ff. StGB)[65] und die Festsetzung einer Geldbuße (§ 30 OWiG) vor. Voraussetzung für einen Verfall ist nach § 73 Abs. 3 StGB, daß der Täter eine rechtswidrige Tat begangen und für einen andern gehandelt hat, ohne daß ein besonderes Organschaftsver-

[61] *Schönke-Schröder-Lenckner*, § 14 Rdn. 7.

[62] *Schönke-Schröder-Lenckner*, § 14 Rdn. 7, *Göhler*, § 130 Anm. 9. Der Betriebsbeauftragte kann in der Regel nicht Täter einer Verletzung der Aufsichtspflicht nach § 130 Abs. 2 Nr. 3 OWiG sein; a. A. *Buckenberger* (Note 1), S. 295. Er ist nicht beauftragt, den Betrieb oder das Unternehmen ganz oder zum Teil zu leiten. Das ist etwas anderes als die eigenverantwortliche Überwachungspflicht nach § 14 Abs. 2 Nr. 2 StGB, § 9 Abs. 2 Nr. 2 OWiG. Vgl. *Schönke-Schröder-Lenckner*, § 14 Rdn. 32, *Göhler*, § 130 Anm. 4; § 9 Anm. 6 A, b.

[63] Vgl. aber *Rüdiger* (Note 1), S. 200, 226; *Noll*, Umweltschutz, S. 405; *Kunz* (Note 1), S. 73 f.; zutreffend *Göhler*, Die strafrechtliche Verantwortung des Betriebsinhabers für die in seinem Betrieb begangenen Zuwiderhandlungen, Festschrift für Dreher, Berlin, 1977, S. 611 ff.

[64] *Göhler*, vor § 30 Anm. 1.

[65] Siehe dazu unten V, 1; diese Maßnahme ist auch gegen eine juristische Person zulässig und kommt auch bei Fahrlässigkeitstaten in Betracht. *Schönke-Schröder-Eser*, § 73, Rdn. 4, 35

hältnis oder ein besonderes Vertretungsverhältnis erforderlich wäre[66].

Im Gegensatz dazu besteht eine Bußgeldhaftung der juristischen Person nach § 30 OWiG nur, wenn ein vertretungsberechtigtes Organ oder ein vertretungsberechtigter Gesellschafter eine Straftat oder eine Ordnungswidrigkeit begangen hat[67].

Sowohl Verfall wie Verhängung einer Geldbuße gegen Drittempfänger setzen zwar die Feststellung voraus, daß jemand eine Tat begangen hat, nicht aber die Verurteilung eines bestimmten Täters. Auch wenn der Täter nicht ermittelt werden kann, ist eine selbständige Verfallanordnung nach § 76 a StGB möglich[68]. Ebenso kann eine Geldbuße gegen die juristische Person verhängt werden, wenn sich nicht aufklären läßt, welches von mehreren Organen gehandelt hat oder wer eine Aufsichtspflichtverletzung nach § 130 OWiG begangen hat[69].

V.

1. In den Grundtatbeständen der §§ 38 WHG, 16 AbfG und 63 BImSchG sind bei vorsätzlicher Tatbegehung Strafdrohungen bis zu 2 Jahren Freiheitsstrafe oder Geldstrafe vorgesehen. Bei fahrlässiger Tatbegehung ermäßigt sich die Höchststrafe auf Freiheitsstrafe bis zu einem Jahr[70]. Die Höhe der Geldstrafe bemißt sich nach den allgemeinen Bestimmungen des § 40 StGB. Danach sind Höchststrafen bis zu 360 Tagessätzen, bei Gesamtstrafenbildung (§ 54 StGB) bis zu 720 Tagessätzen möglich. Bei einem Höchsttagessatz von 10 000 DM betragen die höchsten Geldstrafenendbeträge 3,6 bzw. 7,2 Millionen DM. Die Höhe eines Tagessatzes

[66] *Schönke-Schröder-Eser*, § 73, Rdn. 36; *Dreher*, StGB 37. Aufl. 1977, § 73, Rdn. 13.

[67] Kritisch zu dieser Beschränkung *Tiedemann*, Welche strafrechtlichen Mittel empfehlen sich für eine wirksame Bekämpfung der Wirtschaftskriminalität?, Gutachten für den 49. Deutschen Juristentag, München, 1972, S. 57 f.; *Backes*, JZ 1973, S. 342; *R. Schmitt*, Wie weit reicht § 30 des Ordnungswidrigkeitengesetzes?, Festschrift für Lange, Berlin, 1976, S. 877 ff., 880 f.

[68] *Schönke-Schröder-Eser*, § 76 a, Rdn. 5.

[69] *Göhler*, § 30 Anm. 8 A. Zutreffend weist *R. Schmitt* (Note 67), S. 884 f., darauf hin, daß die anonyme Verbandssanktion praktisch bedeutungslos ist.

[70] Der Entwurf des Justizministeriums sieht für Grundtatbestände eine Freiheitsstrafe bis zu 5 Jahren oder Geldstrafe, bei fahrlässigem Handeln eine Freiheitsstrafe bis zu 2 Jahren oder Geldstrafe vor.

bestimmt das Gesetz unter Berücksichtigung der persönlichen und wirtschaftlichen Verhältnisse des Täters (§ 40 Abs. 2 StGB), ohne daß ein mit der Straftat erlangter Vermögensvorteil berücksichtigt werden könnte. Die Entziehung eines durch die Tat erlangten Vermögensvorteils kann im Wege des Verfalls (§§ 73 ff. StGB) als einer quasi kondiktionellen Ausgleichsmaßnahme erreicht werden[71]. Grundsätzlich kann ein Vermögensvorteil auch in der Ersparung von Aufwendungen bestehen, für die im Wege des Wertersatzverfalls (§ 74 a StGB) ein Geldbetrag festgesetzt werden kann. Damit können im Bereich von Umweltschutzdelikten die Aufwendungen, die der Täter deswegen erspart, weil er Abfall nicht ordnungsgemäß abgelagert oder Auflagen zur Reinhaltung von Luft und Wasser nicht erfüllt, als aus der Tat erlangter Vermögensvorteil angesehen werden[72].

In den qualifizierten Fällen der konkreten Gefährdung (§§ 39 WHG, 16 Abs. 2 AbfG, 64 BImSchG) steigt bei vorsätzlicher Tat die Höchststrafe auf 5 Jahre Freiheitsstrafe, in besonders schweren Fällen auf bis zu 10 Jahren Freiheitsstrafe an, wobei die Strafuntergrenze auf mindestens 6 Monate angehoben wird. Bei fahrlässiger Tatbegehung ermäßigt sich die Höchststrafe auf 3 (§ 39 Abs. 3 WHG) bzw. 2 Jahre Freiheitsstrafe[73].

2. Die Bußgeldtatbestände (§§ 14 WHG, 18 AbfG, 62 BImSchG) sehen bei vorsätzlichen Zuwiderhandlungen eine Geldbuße bis zu 100 000 DM vor; bei fahrlässigen Zuwiderhandlungen beträgt das Höchstmaß 50 000 DM. Eine besondere Vorteilsabschöpfung kennt das Ordnungswidrigkeitenrecht nicht. Nach § 17 Abs. 4 OWiG soll die Geldbuße diese Funktion mit übernehmen; die verhängte Geldbuße soll den wirtschaftlichen Vorteil, den der Täter aus der Ordnungswidrigkeit gezogen hat, übersteigen[74].

Insgesamt erscheinen die angedrohten Strafen und Bußgelder zur Sanktionierung von Umweltverstößen ausreichend. Eine Not-

[71] *Schönke-Schröder-Eser*, Rdn. 19 vor § 73.

[72] *Dreher*, § 73, Rdn. 7.

[73] Auch insoweit harmonisiert der Entwurf des Bundesjustizministeriums die Strafdrohungen dahin, daß bei Qualifizierungen die Freiheitsstrafe von 3 Monaten bis zu 5 Jahren, in besonders schweren Fällen auf 6 Monate bis 10 Jahre festgesetzt wird.

[74] Allerdings liegen die tatsächlich verhängten Geldbußen in einem unteren Bereich. Nach den von *Mayntz* u. a. (Note 14) untersuchten Material lagen die Bußgelder nach dem BImSchG durchschnittlich unter 1000 DM,

wendigkeit, erhöhte Strafdrohungen für den Fall vorzusehen, daß die Tat beim Betrieb eines Gewerbes oder im Rahmen öffentlicher Verwaltung begangen wurde, besteht nicht.

3. Eine selbständige Sanktion, die die Wiedergutmachung eines angerichteten Schadens zum Gegenstand hat, gibt es nicht. Nur im Zusammenhang mit einer Strafaussetzung zur Bewährung (§§ 56, 56 b Abs. 2 Ziff. 1 StGB) oder bei einem vorläufigen Absehen von einer Anklage bei geringer Schuld (§ 153 a StPO) kann die Wiedergutmachung des durch die Tat verursachten Schadens zur Auflage gemacht werden. Wird die Auflage nicht erfüllt, so wird eine Strafaussetzung widerrufen bzw. Anklage erhoben. Im Ordnungswidrigkeitenrecht wird es für zulässig gehalten, die Einstellung eines Verfahrens (§ 47 OWiG) von der Beseitigung eines rechtswidrigen Zustandes oder der Erfüllung von Schadensersatzansprüchen eines Verletzten abhängig zu machen[75].

4. Auch eine strafrechtliche Sanktion, die eine Stillegung eines Betriebes oder einer Anlage zum Gegenstand hätte, gibt es nicht. Die Verwaltungsbehörde kann aufgrund spezieller Ermächtigung (z. B. § 20 BImSchG) oder aus allgemeinen polizeilichen Gründen den Betrieb einer Anlage oder eine unzulässige Einleitung in ein Gewässer untersagen oder andere Maßnahmen treffen, um Umweltverstößen zu begegnen. Zur Durchsetzung der Anordnungen stehen die Verwaltungszwangsmittel zur Verfügung. Auf dem Gebiete des Umweltschutzes wird vor allem von der Form des Zwangsgeldes Gebrauch gemacht. Die Vollstreckung einzelner Anordnungen der Verwaltung erfolgt nach den Verwaltungsvollstreckungsgesetzen der Länder.

Als strafrechtliche Maßnahme kann im Bereich des Umweltschutzes das Berufsverbot nach § 70 StGB bedeutsam werden.

VI.

1. Führt ein Umweltschutzdelikt zu einer Verletzung der Rechtsgüter Leib oder Leben oder besteht es in einer vorsätzlichen Sachbeschädigung, so können sich der Verletzte bzw. sein Angehöriger an einem gerichtlichen Verfahren in der Form der Nebenklage (§ 395 StPO) an der Seite des Staatsanwalts beteiligen und durch eigene Anträge und Rechtsmittel den Gang des

im Höchstdurchschnitt unter 5000 DM. Vergleichbare Feststellungen lassen sich für Bußgelder nach dem WHG treffen.

[75] *Göhler*, § 47 Anm. 5 A, b.

Verfahrens beeinflussen[76]. Unabhängig davon kann ein Verletzter oder sein Erbe einen aus der Straftat erwachsenen vermögensrechtlichen Anspruch im Strafverfahren geltend machen (§ 403 ff. StPO)[77]. Dieses Adhäsionsverfahren zur Entschädigung des Verletzten ist in der Praxis weitgehend verkümmert[78]. Das Gericht kann von der Entscheidung über den Antrag absehen, wenn sich der Antrag zur Erledigung im Strafverfahren nicht eignet, insbesondere, wenn durch seine Prüfung eine Verfahrensverzögerung eintreten würde (§ 405 Satz 2 StPO).

Ein staatsanwaltschaftliches Ermittlungsverfahren kann der durch ein Umweltschutzdelikt Betroffene ebenso wie jeder Unbeteiligte durch eine Strafanzeige in Gang setzen. Eine Entscheidung der Staatsanwaltschaft, keine Anklage zu erheben, ist mit einer Dienstaufsichtsbeschwerde durch jedermann anfechtbar, während das Klageerzwingungsverfahren vor dem Oberlandesgericht nach § 172 StPO nur dem offensteht, der durch die Straftat verletzt ist. Das setzt voraus, daß die Straftat zu einer unmittelbaren Rechtsgutbeeinträchtigung führt[79], mindestens in der Form einer konkreten Gefährdung, während bei der Verletzung überindividueller Rechtsgüter und bei abstrakten Gefährdungsdelikten die Verletzteneigenschaft zu verneinen ist[80]. Damit bleibt die Mehrzahl strafrechtlicher Umweltverstöße außerhalb des Klageerzwingungsverfahrens, das im Recht der Ordnungswidrigkeiten ohnehin nicht vorgesehen ist (§ 46 Abs. 3 Satz 3 OWiG). Die Vorschläge, im Bereich des Umweltschutzes die Möglichkeit des Klageerzwingungsverfahrens zumindest für die Organisationen zu eröffnen, die Umweltschutzaufgaben satzungsgemäß wahrnehmen, sind bisher nicht weiter verfolgt worden. Es ist nicht anzunehmen, daß ein Vollzugsdefizit im Bereich der Strafverfolgung damit wirksam angegangen werden kann. Hier erscheint die allgemeine Dienstauf-

[76] Ausreichend ist, daß eine Verurteilung wegen eines Nebenklagedeliktes rechtlich möglich erscheint, Idealkonkurrenz oder Gesetzeskonkurrenz mit anderen Delikten schließen eine Nebenklage nicht aus. *Kleinknecht*, StPO, 33. Aufl., München, 1977, § 396, Rdn. 5.

[77] Bei Verfahren vor den Amtsgerichten ist die Streitwertgrenze nach § 23 Nr. 1 GVG zu beachten (3000,— DM).

[78] Vgl. *Löwe-Rosenberg-Wendisch*, StPO, 23. Aufl., Berlin, 1978, Rdn. 8 ff. vor § 403.

[79] *Löwe-Rosenberg-Meyer-Goßner*, § 172, Rdn. 45 ff.

[80] Vgl. OLG Köln, NJW 1972, S. 1338 zu §§ 38, 39 WHG; *Löwe-Rosenberg-Meyer-Goßner*, § 172, Rdn. 70.

sichtsbeschwerde als ausreichende Kontrollmöglichkeit, die auch gegen verzögerte Sachbehandlung und vorschnelle Opportunitätsentscheidungen nach §§ 153 f. StPO eingesetzt werden kann, die einem Klageerzwingungsverfahren ohnehin entzogen sind[81].

2. Eine spezielle gesetzliche Regelung über eine Entschädigung von Opfern aus Straftaten im Bereich des Umweltschutzes aus öffentlichen Mitteln gibt es nicht. Nur im begrenzten Rahmen können solche Entschädigungsansprüche nach dem Gesetz über die Entschädigung für Opfer von Gewalttaten (OEG) erwachsen[82], das, mit anderer Zielrichtung konzipiert, als Nebenprodukt in Ausnahmefällen eine Anspruchsgrundlage enthalten könnte. Als Entschädigungsvoraussetzung nennt § 1 des Gesetzes einen vorsätzlichen tätlichen Angriff, dem das vorsätzliche Beibringen von Gift und die wenigstens fahrlässige Herbeiführung einer Gefahr für Leib oder Leben eines anderen durch ein vorsätzlich begangenes Verbrechen mit gemeingefährlichen Mitteln gleichgestellt werden. Hier könnte eine vorsätzliche Wasserverunreinigung durch Gift oder die Lagerung von giftigen Abfällen, bei denen der Täter damit rechnet und sich damit abfindet, daß eine Gesundheitsbeschädigung eines andern damit verbunden sein kann, einen Erstattungsanspruch begründen, wenn ein entsprechender Erfolg eintritt[83].

Von Bedeutung kann auch die dritte Alternative der Begehung mit gemeingefährlichen Mitteln sein, bei der es ausreicht, wenn die Gefahr fahrlässig (§ 18 StGB) verursacht ist. Wird bei

[81] Hinzuweisen ist auf das nach wie vor lebhafte Interesse an der Frage, ob das verwaltungsrechtliche Vollzugsdefizit im Umweltrecht mit der Einführung einer Verbandsklage abgebaut werden kann. Dazu neuerdings *Weyreuther*, Verwaltungskontrolle durch Verbände?, Düsseldorf 1975; *Rehbinder*, ZRP 1976, S. 157 ff.; *Redeker*, ZRP 1976, S. 163 ff.; ferner: Contra und pro Verbandsklage. Anhörungen des Arbeitskreises für Umweltrecht, Berlin, 1976.

[82] Gesetz vom 11. Mai 1976, BGBl. I, S. 1181. Entschädigt werden gesundheitliche Schädigungen nach den Grundsätzen des Bundesversorgungsgesetzes. Auch Hinterbliebene eines Geschädigten können Ansprüche geltend machen. Vgl. auch die besonderen Haftungsvorschriften (§§ 25 ff.) des Gesetzes über die friedliche Verwendung der Kernenergie und den Schutz gegen ihre Gefahren vom 23. Dezember 1959 (BGBl. I, S. 814) in der Fassung der Bekanntmachung vom 31. Oktober 1976 (BGBl. I, S. 3653).

[83] Ein bedingt vorsätzliches Handeln wäre ausreichend; vgl. *Schoreit-Düsseldorf*, Gesetz über Entschädigung für Opfer von Gewalttaten, Berlin, 1977, § 1, Rdn. 74. Zum Giftbeibringen auch bei äußerlicher Einwirkung BGH, NJW 1976, S. 1851.

der Tathandlung nicht auf die Begehungsweisen des 27. Abschnitts des StGB abgestellt, sondern auf die Nichtkontrollierbarkeit der vorsätzlich freigesetzten gefährlichen Kräfte[84], so dürfte unter dem Gesichtspunkt einer Entschädigung die Frage, ob die Straftaten der Umweltkriminalität in den Abschnitt über gemeingefährliche Straftaten oder in einen besonderen 29. Abschnitt eingestellt werden, von untergeordneter Bedeutung sein.

VII.

Im Gegensatz zu der intensiven kriminalpolitischen Diskussion über die Neukonzeption von Umweltschutzdelikten sind empirische Untersuchungen über ihre Erscheinungsform und die Auswertungen statistischer Unterlagen nur in geringem Umfang vorhanden[85].

Dies ist nicht zuletzt darauf zurückzuführen, daß eine gesonderte Erfassung von Umweltschutzdelikten[86] in der polizeilichen Kriminalstatistik erst seit 1973, nach Deliktsarten getrennt erst seit 1974 erfolgt. Ordnungswidrigkeiten bleiben auch heute noch außerhalb einer zentralen statistischen Erfassung.

Im Jahre 1976 sind 3 395 Umweltschutzdelikte bekannt geworden[87]. Die ganz überwiegende Mehrzahl davon sind Delikte gegen das Wasserhaushaltsgesetz (3 073), während Delikte gegen das Abfallbeseitigungsgesetz (135) und das Bundes-Immissionsschutzgesetz (77) deutlich zurücktreten. Der Tatort der Delikte liegt zu zwei Dritteln in Gemeinden unter 20 000 Einwohnern, während auf Großstädte über 20 000 Einwohner nur etwa 15 % der Delikte entfallen. Mit einer Aufklärungsquote von 74,4 % liegen Umweltschutzdelikte über dem Durchschnitt der Gesamtaufklärungsquote.

[84] Vgl. *Schönke-Schröder-Eser*, § 211, Rdn. 29; *Schoreit-Düsseldorf* (Note 83), § 1, Abs. 2, Rdn. 166 ff.

[85] Auf dem Gebiet der Statistik hat das Umweltbundesamt eine Initiative ergriffen. Eine Arbeit von *Storm*, Umweltschutzdelikte 1976, ist 1978 in den Materialien des Umweltbundesamtes, Erich Schmidt-Verlag, Berlin, erschienen. Die nachfolgenden Zahlen sind dieser Untersuchung entnommen. Eine regelmäßige Auswertung des zukünftig anfallenden statistischen Materials ist beabsichtigt.

[86] Vergehen nach §§ 38, 39 WHG, 16 AbfG, 63, 64 BImSchG.

[87] Zu beachten sind die geänderten Tatbestandserfassungen der §§ 38 WGH und 16 AbfG. Die Zahlen der Vorjahre 1975: 3445; 1974: 2800; 1973: 2321.

Abgeurteilt wurden 1975 insgesamt 1 011 Personen, von denen 691 auch verurteilt wurden[88].

Auch hier liegen Verurteilungen nach dem WHG (673 Personen) eindeutig an der Spitze, während die Verurteilungen nach dem AbfG (11 Personen) und dem BImSchG (7 Personen) deutlich zurücktreten. Im Durchschnitt endete etwa ein Drittel der Verfahren ohne Sanktion. Mit 22,7 % überwiegen die Einstellungen gegenüber den Freisprüchen (8,8 %) deutlich.

Die schon bisher immer vermutete große Zahl nicht bekannt gewordener Umweltverstöße wird durch die Untersuchung von *Mayntz*[89] bestätigt. Im Bereich des Immissionsschutzes schätzen die befragten Verwaltungsbehörden, daß etwa 10 % der Anlagen ohne die erforderliche Genehmigung betrieben und 20 % der Anlagen die Immissionsgrenzwerte gelegentlich, 5 % der Anlagen sie anhaltend überschreiten. Im Bereich des Gewässerschutzes liegen die geschätzten Normverletzungen noch höher. Die mit der Überwachung befaßten Wasserwirtschaftsämter schätzen, daß etwa ein Viertel aller Einleitungen ungenehmigt vorgenommen wird, während bei mehr als 40 % aller Einleitungen die festgelegten Grenzwerte überschritten werden.

Zusammenfassung

In der Bundesrepublik Deutschland sind zur Sicherung der elementaren Lebensgrundlagen zahlreiche Gesetze ergangen, die auf die Verhinderung von Umweltschäden abzielen. Zur Durchsetzung umweltschützender Normen werden strafrechtliche Sanktionen für unverzichtbar gehalten.

Kennzeichnend für das deutsche Recht ist die Trennung von Straftaten und Ordnungswidrigkeiten. Die Abgrenzung erfolgt nach quantitativen Kriterien, indem weniger schwere Beeinträchtigungen rechtlich geschützter Interessen nicht mit Kriminalstrafe, sondern mit Geldbußen des Ordnungswidrigkeitenrechtes belegt werden. Sowohl Strafe wie Geldbuße werden zur Bekämpfung von Umweltschutzdelikten eingesetzt.

[88] Vergleiche mit den in der Kriminalstatistik ausgeworfenen bekanntgewordenen Fällen sind im Hinblick auf unterschiedliche Erfassungsprinzipien kaum möglich. Vgl. dazu *Göppinger*, Kriminologie, 3. Aufl., München, 1976, S. 84 f.

[89] *Mayntz*, u. a. (Note 14).

Gegenwärtig sind strafrechtliche Umweltschutzdelikte in einer Vielzahl von Nebengesetzen vorgesehen, die auch das verwaltungsrechtliche Instrumentarium zur Regelung von Umweltbelastungen enthalten. Die wichtigsten Gesetze sind das Wasserhaushalts-, das Abfallbeseitigungs- und das Bundesimmissionsschutzgesetz. Um den kriminellen Charakter von Umweltschädigungen zu verdeutlichen, sieht eine Reform die Übernahme von Tatbeständen, die für den Umweltschutz von zentraler Bedeutung sind, in das Strafgesetzbuch vor.

Umweltschutzdelikte sind verwaltungsakzessorisch ausgestaltet. Eine behördliche Erlaubnis oder eine sonstige Befugnis zur Umweltbelastung lassen die Strafbarkeit entfallen, sofern sich der Täter im Rahmen des genehmigten und durch Auflagen genauer beschriebenen Rahmens hält. Im Zuge der Reform wird erwogen, einen verwaltungsunabhängigen Tatbestand zu fassen, der das vorsätzliche Freisetzen von Strahlen oder Gift bestraft, sofern dadurch ein anderer in die Gefahr des Todes oder einer schweren Körperverletzung gebracht wird.

Bei der tatbestandlichen Ausformung von Umweltschutzdelikten hat sich die ausschließliche Form des konkreten Gefährdungsdeliktes nicht bewährt. Der oft unmögliche Nachweis einer konkreten Gefährdung schränkt die Anwendbarkeit des Tatbestandes unangemessen ein. Auf die Schaffung abstrakter Gefährdungsdelikte, die etwa das Ablagern von gefährlichen Abfällen oder das genehmigungslose Betreiben von Anlagen ohne Rücksicht auf nachweisbare Folgen bestrafen, kann nicht verzichtet werden. Es ist im Einzelfall jeweils im Hinblick auf die Tathandlung zu prüfen, ob der Verstoß gegen ein Verbot für sich allein oder nur bei Beeinträchtigung oder Gefährdung von bestimmten Rechtsgütern als Straftat normiert werden soll.

Die straf- und bußgeldrechtliche Verantwortlichkeit bestimmt sich im deutschen Recht nach allgemeinen Vorschriften. Es gibt weder im Bereich der Kausalität noch im Bereich der subjektiven Verantwortlichkeit weiterreichende Zurechnungsgrundsätze. Durchweg wird sowohl die vorsätzliche als auch die fahrlässige Tatbegehung sanktioniert. Eine Ausnahme macht der im Rahmen der Reform vorgesehene Tatbestand des Giftfreisetzens.

Die für Umweltschutzdelikte angedrohten Strafen entsprechen denen vergleichbarer Delikte. Sowohl bei vorsätzlicher wie fahrlässiger Tatbegehung sind Geldstrafe und Freiheitsstrafe bis zu 5 bzw. 2 Jahren angedroht. In besonders schweren Fällen steigt die Obergrenze der Freiheitsstrafe auf 10 Jahre an.

Eine Strafbarkeit juristischer Personen kennt das deutsche Recht nicht. Gegen juristische Personen können Geldbußen nach dem Ordnungswidrigkeitengesetz verhängt werden, wenn ein Organ eine Straftat oder Ordnungswidrigkeit begangen hat, durch die eine die juristische Person treffende Pflicht verletzt oder die juristische Person bereichert wurde. Eine Verfallserklärung, durch die ein durch die Straftat erlangter Vermögensvorteil eingezogen wird, kann anstelle einer Geldbuße ausgesprochen werden.

Auch die Stellung des Verletzten bestimmt sich bei Umweltschutzdelikten nach allgemeinen Grundsätzen. Eine Verfahrensbeteiligung als Nebenkläger ist bei Verletzungen von Leib und Leben sowie bei vorsätzlichen Sachbeschädigungen möglich.

Summary

The Federal Republic of Germany has passed numerous laws to protect the underlying principles of human life which are designed to prevent harm to the environment. In order to enforce these protective measures, it was felt indispensable to introduce criminal sanctions.

The main feature of the German environmental law is that it distinguishes penal offences from minor breaches of regulations. The distinction is based on quantitative criteria: wrongs of a less serious character perpetrated against legally-protected interests are not subject to criminal penalties but to fines imposed by regulations. Both penalties and fines are means to combat harms inflicted to the environment.

Environmental offences were also dealt with in many other recent laws which set up administrative bodies to examine problems concerning the environment. The most important statutes are the Water Resource Act („Wasserhaushaltsgesetz“), the Waste Removal Act („Abfallbeseitigungsgesetz“) and the Federal Emission Protection Act ("Bundesimmissionsschutzgesetz“). In order to emphasize the criminal character of environmental offences, a reform committee has suggested that those activities which greatly impair the protection of the environment be regarded as punishable offences under the Criminal Code.

There is an administrative side to environmental offences. A person who acts strictly in accordance with an official permission or other authorization will not be held criminally liable if he causes harm to the environment. The present reform provides for offences independant from administrative decisions: the discharge of noxious substances or poisons will be punished when it endangers the life or causes severe bodily injuries to another.

To base criminal liability exclusively on the principle of actual endangerment to the environment („konkrete Gefährdungsdelikte") has proved unsuitable in environmental matters. The often impossible proof of concrete dangers means that the offender will in many cases not come within the terms of the statute. One must look at the offence abstractly („abstrakte Gefährdungsdelikte"), so as to make punishable for example the mere deposit of dangerous wastes or the unauthorized operation of plants. The constitutive elements of each crime must be independantly looked at in order to determine whether the infringement should be qualified as a criminal offence because it merely contravenes a provision of law or because it actually harms or endangers specific goods.

Liability to criminal sanctions or to fines is governed according to German law by general provisions. There is neither in the area of causality nor in the area of subjective liability far-reaching principles of responsibility. Both the intentional and negligent commission of crimes has been consistently sanctioned. The present reform will provide for one exception in case of discharge of poisonous substances.

The penalties for environmental offences correspond to those imposed in comparable cases. For crimes committed intentionally as well as negligently the law provides for fines and terms of imprisonment up to 5 and 2 years respectively. The upper limit of the term of imprisonment can be raised to 10 years in particularly severe cases.

The German law knows of no liability to punishment of the legal person. Fines against those persons can be imposed according to regulations when the body has committed an offence or a breach of regulation which violated one of the duties of the legal person or when it enriched that legal person. Instead of imposing a fine an order of foreclosure can be passed so as to seize the pecuniary advantages gained through the commission of the criminal act.

The position of the injured person in cases of environmental offences is also governed by general principles. The participation to an action as co-plaintiff is possible in cases of crimes against the person as well as in intentional damages to property.

Résumé

Dans la République Fédérale d'Allemagne, de nombreuses lois ont été édictées pour protéger les bases élémentaires de la vie qui ont pour but d'empêcher les atteintes portées à l'environnement. On considère des sanctions de droit pénal indispensables à l'application de normes pour la protection de l'environnement. La distinction entre délit pénal et infraction au règlement est caractéristique du droit allemand. La délimitation se fait d'après des critères quantitatifs et l'on inflige pour les atteintes de moindre importance portées à des intérêts protégés par le droit non pas une peine criminelle mais des amendes selon le droit des infractions. On emploie aussi bien la peine que l'amende pour combattre les délits de pollution.

Actuellement, les délits de pollution dans l'ordre du droit pénal sont recensés dans un grand nombre de lois annexes qui contiennent également les instruments du droit administratif pour régler les atteintes portées à l'environnement. Les lois les plus importantes sont les lois de protection des eaux, de l'élimination des déchets et de l'intervention de la Fédération. Pour souligner le caractère criminel de la pollution, une réforme veut englober dans le code pénal l'énoncé des faits qui sont d'une importance essentielle pour la protection de l'environnement.

Les délits de pollution sont accessoirement cernés par le droit administratif. Une permission administrative ou toute autre compétence enlèvent le caractère répréhensible de l'atteinte portée à l'environnement dans la mesure où celui qui la commet se tient aux limites du cadre permis et décrit de manière précise par les modalités. Dans le contexte de la réforme on songe à rédiger un énoncé des faits indépendant de l'administration qui punisse la production volontaire de rayons ou de poison si elle met un tiers en danger de mort ou de dommage corporel.

Pour l'élaboration de l'énoncé des faits en ce qui concerne les délits de pollution, la seule forme du délit concret de mise en danger n'a pas fait ses preuves. La fréquente impossibilité de prouver une mise en danger concrète limite de façon inappropriée l'applicabilité de l'énoncé des faits. On ne peut renoncer à créer des abstractions de délits de mise en danger qui, par exemple, punisssent le fait d'entreposer des déchets dangereux ou de faire fonctionner sans autorisation des installations, en ne tenant pas compte des suites vérifiables. Dans chaque cas particulier, il faut examiner l'acte commis pour savoir si l'on doit cataloguer comme délit pénal l'infraction à une interdiction prise à part ou seulement lors d'une lésion ou d'une mise en danger de certains biens juridiques.

La responsabilité pénale et celle des amendes administratives se fixent en droit allemand d'après des prescriptions générales. Il n'existe ni dans le domaine de la causalité ni dans celui de la responsabilité subjective des principes de responsabilité allant plus loin. On sanctionne généralement aussi bien le fait de commettre un acte prémédité qu'une négligence. L'énoncé des fait concernant la production de poison, prévu dans le cadre de la réforme constitue une exception.

Les peines prévues pour les délits de pollution correspondent à celles de délits comparables. Que ce soit pour un acte prémédité ou une négligence, les amendes et les peines d'emprisonnement prévues vont jusqu'à cinq ans ou deux ans. Dans des cas particulièrment graves, la limite supérieure de la peine d'emprisonnement s'élève à dix ans.

Le droit allemand ne connait pas la possibilité d'infliger une peine à des personnes juridiques. On peut infliger des amendes à des personnes juridiques, selon la loi sur les infractions au règlement, si un organe a commis un délit pénal ou une infraction au règlement par laquelle une obligation concernant la personne juridique a été violée ou par laquelle la personne juridique s'est enrichie.

A la place d'une amende, on peut prononcer une déclaration de confiscation par laquelle on retire l'avantage pécuniaire acquis par le délit pénal.

Pour les délits de pollution, on fixe également la situation de celui qui est lésé d'après les principes généraux. Il est possible de prendre part à la procédure en tant que partie civile dans les cas de dommages corporels ou de dommages matériels prémédités.

Resumen

En la República Federal alemana están en vigor numerosas leyes que tieneden a la protección de las elementales bases de la vida. Para la observación de las normas destinadas a la protección del medio ambiente se cree imprescindible el establecimiento de sanciones penales.

Nota caraterística del Derecho alemán es la de establecer una separación entre delitos y meras infracciones administrativas. Este deslinde se realiza a través de criterios cuantitativos ya que las lesiones de escasa entidad a los bienes jurídicamente protegidos no deben ser sancionadas con penas criminales, debiendo reservarse para ellas las multas administrativas. Lo mismo la pena como estas multas pueden ser utilizadas en la lucha contra la criminalidad relativa al medio ambiente.

En la actualidad, los delitos contra el medio ambiente se encuentran previstos en gran cantidad de leyes especiales, las cuales contienen también las normas administrativas que reglamentan las actividades que pudieran resultar peligrosas para el medio ambiente. Las leyes más importantes en este sentido son: la referente al agua potable, la referente a la recogida y destrucción de basuras y la Ley Federal para la protección de la sociedad contra la contaminación. Para esclarecer el caracter criminal de los atentados al medio ambiente se está realizando una reforma que prevé la incorporación de tipos que tienen una especial significación en orden a la protección del medio ambiente, en la Parte Especial del Código Penal.

Los delitos contra el medio ambiente son accesorios respecto de las licencias administrativas. Una licencia administrativa o cualquier otra autorización para una actividad molesta hace desaparecer la antijuridicidad del acto con tal que el autor se mueva dentro del marco de la autorización. En la reforma se está formulando un tipo independiente de consideraciones administrativas: cualquier propagación dolosa de radiaciones o tóxicos será castigada en todos aquellos supuestos en que a través de ella se ponga en peligro la vida de las personas o pueda producir en ellas cualquier tipo de lesión corporal grave.

Respecto a la tipificación de los delitos contra el medio ambiente se han experimentado hasta ahora con caracter exclusivo los tipos de delitos de peligro concreto. Estos se han presentado quizás como poco adecuados ante unos frecuentemente impsosibles medios probatorios del efectivo peligro, lo que, en definitiva, viene a restringir mucho su aplicación. A la creación de tipos de peligro abstracto — punición de actividades peligrosas con las basuras o realización de actividades prohibidas — no se puede prescindir. En el caso concreto hay que examinar si la acción se convierte en delictiva por el simple hecho de atentar a normas prohibitivas o por suponer una lesión o puesta en peligro de determinados bienes jurídicamente protegidos.

Las responsabilidades penal y administrativa se exigen en el Derecho alemán con arreglo a la normativa general. No existe, ni en la esfera de la causalidad ni en la referente a la culpabilidad, ninguna extensión de las reglas de la responsabilidad. De esta forma se sanciona tanto la responsabilidad por dolo come la responsabilidad por culpa. Una excepción en el ámbito de la reforma es el tipo que se prevé para el escape de sustancias tóxicas.

Las penas con las que están conminados los delitos contra el medio ambiente se corresponden a las de delitos semejantes. Tanto la comisión dolosa como la culposa de estos delitos es castigada con multa y pena de privación de libertad de hasta cinco y dos años respectivamente. En otros supuestos de mayor gravedad, la pena puede verse aumentada y llegar hasta los diez años de privación de libertad.

La responsabilidad penal de las personas jurídicas es desconocida en el Derecho Penal alemán. Contra una persona jurídica sólo puede decretarse una multa administrativa cuando uno de sus órganos realice un delito o una infracción administrativa a través de los cuales se lesione un deber de la persona jurídica o se enriquezca ésta. Se puede imponer el comiso de los beneficios obtenidos por la conducta ilícita en lugar de la multa administrativa.

También la posición procesal del lesionado se determina con arreglo a las normas generales. Puede participar en el proceso cuando se le hayan causado lesiones corporales, así como en el caso de que se le hayan producido dolosamente daños materiales.

Die strafrechtliche Verantwortlichkeit juristischer Personen

Von Ministerialrat Dr. Erich *Göhler*, Bonn

A. Die geschichtliche Entwicklung zu dem jetzigen Rechtssystem in der Bundesrepublik Deutschland

I.

In Deutschland war vom beginnenden Mittelalter bis etwa zum 19. Jahrhundert eine Kollektivbestrafung von Körperschaften und kirchlichen Vereinigungen anerkannt. Der Staat und die kirchliche Obrigkeit hatten damals die „Bestrafung" ganzer Gemeinden, Städte und Orden als für die Verfolgung ihrer Zwecke unentbehrlich angesehen. Allerdings war zu dieser Zeit die Rechtsform der juristischen Person noch unbekannt. Das politische Bedürfnis für die Möglichkeit von Verbandsstrafen war später geschwunden, nachdem die genannten Körperschaften ihre frühere Machtstellung verloren hatten.

Zu Beginn des 19. Jahrhunderts setzte sich die Auffassung durch, daß nur eine natürliche Person strafrechtlich verantwortlich gemacht werden könnte. In einzelnen deutschen Strafgesetzen der Länder wurde die strafrechtliche Ahndung von Verbänden ausdrücklich ausgeschlossen, so in dem bayerischen Strafgesetzbuch von 1813, dem hannoverschen von 1840 und dem hessischen von 1841. Der Grundsatz, daß eine juristische Person nicht bestraft werden könnte, hatte sich — ebenso wie in anderen kontinentaleuropäischen Ländern — dann so gefestigt, daß der Gesetzgeber des Reichsstrafgesetzes von 1871 eine besondere Vorschrift des Inhalts, daß eine Gesellschaft nicht bestraft werden könne, für entbehrlich hielt.

II.

In der späteren Zeit wurden strafähnliche Maßnahmen gegen juristische Personen und Personenvereinigungen in einzelnen, wenigen Regelungen außerhalb des Strafgesetzbuches zugelassen. So erklärte der frühere § 393 der Reichsabgabenordnung von 1919 die Festsetzung einer Geldstrafe gegen Personenverbände für zulässig, wenn in deren Betrieben Steuervergehen begangen wurden, sofern nach den in Betracht kommenden Tatbeständen des Steuerstrafrechts das Verschulden einer natürlichen Person nicht festgestellt zu werden brauchte. Die Anwendung dieser Sanktion gegen Personenverbände war danach nur bei solchen Tatbeständen möglich, die mit dem Schuldstrafrecht nicht im Einklang waren. Außerdem war in § 416 Abs. 1, 3 und § 417 der Reichsabgabenordnung von 1919 eine Haftung der juristischen Personen für die gegen ihre Organe und Bevollmächtigten festgesetzten Geldstrafen vorgesehen.

Wichtiger als diese — inzwischen beseitigten — gesetzlichen Einzelregelungen ist jedoch für die Entwicklung zum heutigen Rechtssystem der Sanktionen gegen juristische Personen und Personenvereinigungen die Gerichtspraxis gewesen. Sie hatte sich auf den Standpunkt gestellt, daß die in einer Verordnung gegen den Mißbrauch wirtschaftlicher Machtstellung aus dem Jahre 1923 vorgesehene „Ordnungsstrafvorschrift" auch gegen juristische Personen anwendbar sei, mit der Begründung, daß es mit dem Rechtsgedanken des „Ordnungsstrafrechts", nämlich durch einen verschärften Verwaltungsbefehl die Beachtung der vorgeschriebenen Verbote und Gebote durchzusetzen, durchaus vereinbar sei, auch gegen juristische Personen eine „Ordnungsstrafe" festzusetzen. Der Gesetzgeber nahm dann diese Gerichtspraxis in den späteren Jahren zum Anlaß, in einzelnen Regelungen auf dem Gebiete des Preisrechts und der Bewirtschaftung ausdrücklich „Ordnungsstrafen" gegen juristische Personen anzudrohen.

III.

Entscheidend für das heutige Rechtssystem der Sanktionen gegen juristische Personen ist dann in Fortsetzung dieses Gedankens die grundlegende Unterscheidung zwischen Straftaten und bloßen Ordnungswidrigkeiten gewesen, die der Gesetzgeber der Bundesrepublik Deutschland seit dem Jahre 1949 durchgeführt hat. Dabei ist an Stelle der früheren „Ordnungsstrafe" die „Geldbuße" als eine ethisch wertneutrale Sanktion bei bloßen Ordnungsverstößen getreten.

Zum Verständnis der weiteren Entwicklung und der jetzigen Regelung des Sanktionsrechts gegen juristische Personen ist es deshalb unerläßlich, auf die Unterscheidung zwischen Straftaten und Ordnungswidrigkeiten kurz einzugehen.

1. Die Trennung des Ordnungswidrigkeitenrechts aus dem Kriminalstrafrecht geht auf Bestrebungen zurück, die sich bis in

das Mittelalter zurückverfolgen lassen. Das Ziel dieser Bestrebungen war es, solche Zuwiderhandlungen aus dem Strafrecht herauszulösen, die nicht den Makel einer Kriminalstrafe verdienten und die früher zum Teil dem Polizeiunrecht und zum Teil dem Verwaltungsunrecht zugeordnet waren. Zu einer ersten gesetzlichen Regelung dieser Materie ist es Anfang dieses Jahrhunderts auf dem Gebiete des Wirtschaftsstrafrechts gekommen, und zwar mit Hilfe der oben bereits erwähnten „Ordnungsstrafe", die später bei Zuwiderhandlungen gegen wirtschaftsrechtliche Vorschriften in größerem Umfange angedroht wurde.

2. Bei den Reformbestrebungen zur Erneuerung des Strafgesetzbuches, die zu Beginn dieses Jahrhunderts eingesetzt hatten, setzte sich immer stärker der Gedanke durch, daß es sachgerecht sei, das Polizei- oder Verwaltungsunrecht (insbesondere die früheren Übertretungstatbestände) aus dem Strafgesetzbuch herauszulösen und es einem besonderen Rechtszweig zuzuweisen.

3. Zunächst war bei diesem Trennungsversuch angenommen worden, daß die Ordnungswidrigkeiten als Rechtsverletzungen minderer Art von den Straftaten auch wesensgemäß verschieden seien. Es wurde vorwiegend die Auffassung vertreten, daß das Wesen der Ordnungswidrigkeit nur in einem bloßen Ungehorsam gegenüber Verwaltungsbehörden und Verwaltungsvorschriften (insbesondere auf dem Gebiete der Wirtschaft) liege, der nur einen „Verwaltungsschaden" auslöse, aber kein Rechtsgut beeinträchtige. Diese Auffassung ist neuerdings jedoch überwiegend aufgegeben. Nach der neueren Auffassung erfaßt auch das Ordnungswidrigkeitenrecht vielfach Fälle, in denen der Rechtsgüterschutz beeinträchtigt ist. Straftaten und Ordnungswidrigkeiten unterscheiden sich jedoch dadurch, daß der Gesetzgeber bei weniger gewichtigen Unrechtstatbeständen, die nicht zum Kernbereich des Strafrechts gehören, auf das Reaktionsmittel der „Strafe" bewußt verzichtet und sie damit anders als Straftaten einstuft.

Die Straftaten sind mit einer kriminellen Strafe (grundsätzlich auch mit Freiheitsentziehung) bedroht, die Ordnungswidrigkeiten nur mit einer Geldbuße. Ihre Festsetzung belastet den Betroffenen nicht mit einem sittlichen Makel und macht ihn nicht zum „Vorbestraften". Der Geldbuße fehlt also das sittliche Unwerturteil, wie es der Kriminalstrafe eigentümlich ist.

Straftaten und Ordnungswidrigkeiten ist jedoch gemeinsam, daß in beiden Fällen ein tatbestandsmäßig bestimmtes rechtswidriges Verhalten im Interesse des Rechtsgüterschutzes mit einer staatlichen Sanktion bedroht ist. Deshalb rechnen beide Gruppen von Rechtsverletzungen im herkömmlichen Sinne zum Strafrecht: Als Ordnungswidrigkeiten werden seit dem Jahre 1949 nur solche Verhaltensweisen eingestuft, die früher mit einer Strafe (Übertretungsstrafe oder Vergehensstrafe) bedroht waren oder bedroht worden wären. Dieser historische Zusammenhang in der deutschen Gesetzgebung zeigt also, daß das Ordnungswidrigkeitenrecht nur eine besondere Gruppe von Rechtsverletzungen innerhalb des Sachgebietes Strafrecht erfaßt.

Straftaten und Ordnungswidrigkeiten sind deshalb begrifflich voneinander getrennt, weil es unangemessen erscheint, Verhaltensweisen, die sittlich nicht verwerflich sind, deren Bekämpfung jedoch im Interesse der öffentlichen Ordnung notwendig ist (z. B. ein Parkverstoß oder zu schnelles Fahren ohne weitere Folgen), wie die gemeinen Kriminaldelikte (z. B. Mord, Raub, Diebstahl, Betrug u. a.) mit einer Kriminalstrafe zu bedrohen. Bei einer Unterscheidung zwischen kriminellen Delikten und bloßen Ordnungsverstößen wird der Kreis der Kriminaldelikte auf die sittlich verwerflichen Delikte beschränkt und damit die Wirkung der kriminellen Strafe verstärkt, während bei bloßen Ordnungsverstößen auf den Makel des Vorbestraftseins und die Sanktion einer Freiheitsentziehung verzichtet wird.

4. Der Prozeß zur Aussonderung des Ordnungsunrechts aus dem Kriminalstrafrecht ist im Rahmen der Erneuerung des Strafgesetzbuches mit dem Einführungsgesetz zum Strafgesetzbuch aus dem Jahre 1974, das am 1. Januar 1975 in Kraft getreten ist, zum Abschluß gebracht worden. Seit diesem Zeitpunkt gibt es in der Bundesrepublik Deutschland keine Übertretungstatbestände mehr und ebensowenig solche Vergehenstatbestände, die lediglich mit Geldstrafe bedroht sind. Welche Verhaltensweisen als Ordnungswidrigkeiten bewertet und dementsprechend nur mit Geldbuße bedroht werden, veranschaulichen folgende Beispiele: Einfache Zuwiderhandlungen gegen Verkehrsregeln im Straßenverkehr, im Luftverkehr oder auf Gewässern, soweit nicht allgemeine Straftatbestände (fahrlässige Tötung, fahrlässige Körperverletzung, Verkehrsgefährdung) eingreifen; Zuwiderhandlungen gegen bestimmte Arbeitsschutzvorschriften; einfache Verletzungen von

Vorschriften, die der Reinhaltung der Gewässer dienen; Zuwiderhandlungen gegen das Verbot wettbewerbsbeschränkender und diskriminierender Tätigkeit; einfache Zuwiderhandlungen gegen lebensmittelrechtliche Vorschriften; Zuwiderhandlungen gegen Überwachungsmaßnahmen der Verwaltungsbehörden (Melde-, Auskunfts-, Buchführungspflichten u. ä.); leichtfertige Steuerverkürzung.

IV.

Mit der Einführung einer besonderen Sanktion bei bloßen „Ordnungsvorschriften" in Form der Geldbuße wurden zunächst in zahlreichen einzelnen Gesetzen außerhalb des Strafgesetzbuches auch Geldbußen gegen juristische Personen und Personenvereinigungen angedroht. Sie wurden in diesen einzelnen Gesetzen insbesondere dann aufgenommen, wenn als Normadressat der in diesen Gesetzen vorgesehenen Gebote und Verbote auch juristische Personen und Personenvereinigungen in Betracht kamen.

Die Geldbußen wurden gegen juristische Personen zunächst nur für den Fall vorgesehen, daß deren Organe in den Betrieben ihre Aufsichtspflicht verletzt und dadurch eine Straftat oder Ordnungswidrigkeit ermöglicht hatten, weil sich gerade in diesen Fällen in der Praxis ein starkes Bedürfnis für die Festsetzung von Sanktionen gegen juristische Personen gezeigt hatte. Später hatte man es als sachgerecht angesehen, solche Sanktionen auch für den Fall vorzusehen, daß die Organe der juristischen Person selbst eine Straftat begangen hatten.

Unter dem Eindruck dieser neueren Entwicklung zur Aussonderung des Ordnungsunrechts aus dem Kriminalunrecht hat die Große Strafrechtskommission, die in den Jahren 1954 bis 1959 die Vorarbeiten für die Strafrechtsreform geleistet hat, die Verhängung einer Kriminalstrafe gegen juristische Personen einstimmig abgelehnt. Ebenso hatten sich zuvor die Teilnehmer des 40. Deutschen Juristentages im Jahre 1953 gegen eine Kriminalstrafe gegen juristische Personen ausgesprochen. Auch bei den Gesetzesberatungen des neuen Allgemeinen Teils des Strafgesetzbuches, der am 1. Januar 1975 in Kraft getreten ist, ist der Vorschlag, gegen juristische Personen und Personenvereinigungen eine Kriminalstrafe anzudrohen, abgelehnt worden. Maßgebend dafür ist insbesondere die Erwägung gewesen, daß die Zwecke, die mit einer Sanktion gegen juristische Personen verfolgt werden sollten (so insbesondere: die Abschöpfung rechtswidrig erzielter Gewinne;

die Schaffung eines angemessenen Ausgleichs zwischen der Bedeutung der Tat und der Höhe der Sanktion; die Abschreckung, künftig Rechtsverletzungen zu begehen), auch mit Hilfe der Geldbuße erreicht werden könnten. Die Verhängung einer Kriminalstrafe gegen juristische Personen sei, so wurde geltend gemacht, mit dem Schuldstrafrecht, das eine sozialethische Vorwerfbarkeit voraussetze, nicht vereinbar, da der juristischen Person ein sozialethischer Vorwurf nicht gemacht werden könne. Für die Abrügung von Verhaltensweisen, die keinen sozialethischen Vorwurf voraussetzten, sei aber das Ordnungswidrigkeitenrecht geschaffen. Der Abscheidungsprozeß des Ordnungswidrigkeitenrechts aus dem Kriminalstrafrecht würde seinen Sinn verlieren, wenn man bei bestimmten Strafen nicht das Schuldprinzip gelten lassen, sondern den Zweckgedanken im Sinne einer Maßnahme der „défense sociale“ in den Vordergrund stellen würde.

Die zahlreichen Sondervorschriften über Geldbußen gegen juristische Personen, die im Laufe der Zeit in sehr vielen Gesetzen aufgenommen worden waren, sind dann im Jahre 1968 im Rahmen des Gesetzes über Ordnungswidrigkeiten, das — vergleichbar dem Allgemeinen Teil des Strafgesetzbuches — allgemeine Vorschriften für das Ordnungswidrigkeitenrecht enthält, durch eine umfassende Regelung ersetzt worden, die ganz allgemein bestimmt, unter welchen Voraussetzungen gegen juristische Personen auf Grund von Straftaten oder Ordnungswidrigkeiten ihrer Organe Geldbußen festgesetzt werden können. Diese Regelung ist am 1. Oktober 1968 in Kraft getreten.

Im Rahmen der Gesetzesberatungen des neuen Allgemeinen Teils des Strafgesetzbuches war zunächst ins Auge gefaßt worden, dort folgende deklaratorische Bestimmung aufzunehmen:

„*Geldbuße gegen juristische Personen*
und Personenvereinigungen

Als weitere Folgen der Tat sind gegen juristische Personen und Personenvereinigungen Geldbußen nach dem Recht der Ordnungswidrigkeiten zulässig.“

Im weiteren Verlauf der Beratungen haben jedoch die gesetzgebenden Körperschaften eine solche klarstellende Vorschrift für entbehrlich angesehen.

B. Das gesetzliche Sanktionssystem gegen juristische Personen in der Bundesrepublik Deutschland

I.

1. Nach der *allgemeinen gesetzlichen Regelung* in der Bundesrepublik Deutschland, die jetzt in § 30 des Gesetzes über Ordnungswidrigkeiten getroffen ist, kann gegen eine juristische Person oder Personenvereinigung (nicht rechtsfähiger Verein, Personenhandelsgesellschaften) eine Geldbuße festgesetzt werden, wenn deren Organ (in dieser seiner Eigenschaft) eine Straftat oder Ordnungswidrigkeit begangen hat, durch die

1. Pflichten, welche die juristische Person oder die Personenvereinigung treffen, verletzt worden sind, oder
2. die juristische Person oder Personenvereinigung bereichert worden ist.

2. Das *Höchstmaß der Geldbuße* beträgt bei einer vorsätzlichen Straftat bis zu hunderttausend Deutsche Mark, bei einer fahrlässigen Straftat bis zu fünfzigtausend Deutsche Mark. Im Falle einer Ordnungswidrigkeit richtet sich das Höchstmaß der angedrohten Geldbuße nach dem für die Ordnungswidrigkeit geltenden Höchstmaß der Geldbuße. Die Geldbuße soll den wirtschaftlichen Vorteil, den die juristische Person oder Personenvereinigung aus der Tat gezogen hat, übersteigen. Reicht das angedrohte Höchstmaß dazu nicht aus, so kann es überschritten werden.

3. Der *Zweck der Geldbuße* gegen juristische Personen ist es — ausweislich der Motive des Gesetzgebers —, „einen Ausgleich dafür zu ermöglichen, daß der juristischen Person, die nur durch ihre Organe zu handeln imstande ist, zwar die Vorteile dieser in ihrem Interesse vorgenommenen Betätigung zufließen, daß sie aber beim Fehlen einer Sanktionsmöglichkeit nicht den Nachteilen ausgesetzt wäre, die als Folge der Nichtbeachtung der Rechtsordnung im Rahmen der für sie vorgenommenen Betätigung eintreten könnten. Die juristische Person wäre dann gegenüber der natürlichen Person besser gestellt. So kann z. B. gegen einen Einzelunternehmer, der unter Verletzung der ihm obliegenden Pflichten als Unternehmer eine Straftat oder Ordnungswidrigkeit selbst begeht, die Strafe oder Geldbuße unter Berücksichtigung des wirtschaftlichen Wertes seines Unternehmens und der für das Unternehmen erzielten oder beabsichtigten Vorteile festgesetzt werden,

während bei einer entsprechenden Pflichtverletzung durch das Organ einer juristischen Person die Strafe oder Geldbuße nur unter Berücksichtigung seiner persönlichen wirtschaftlichen Verhältnisse festgesetzt werden kann. Die hiernach zulässige Strafe oder Geldbuße würde vielfach in keinem angemessenen Verhältnis zur Tragweite der Tat stehen und weder geeignet sein, die der juristischen Person zugeflossenen Gewinne abzuschöpfen, noch die Erzielung solcher Gewinne zu bekämpfen".

4. In engem Zusammenhang mit dieser Regelung über die Zulässigkeit der Geldbuße gegen juristische Personen stehen die sogenannten Vorschriften über *„Handeln für einen anderen"*. Sie sind sowohl in dem Allgemeinen Teil des Strafgesetzbuches (§ 14) als auch im Gesetz über Ordnungswidrigkeiten (§ 9) eingestellt.

Diese Vorschriften erweitern bei solchen Tatbeständen des Strafrechts und des Ordnungswidrigkeitenrechts, die nur für einen bestimmten Personenkreis gelten (z. B. Arbeitgeber, Unternehmer, Bauherren, Betreiber von Anlagen, Einführer, Ausführer), den Kreis der Normadressaten auf Organe, gesetzliche Vertreter und Beauftragte, die für den eigentlichen Normadressaten handeln. Auf diese Weise wird eine kriminalpolitisch unerwünschte Lücke vermieden, die ohne die vorgesehene Erweiterung des Kreises der Normadressaten entstehen würde: Weder der Normadressat noch der Handelnde könnte sonst zur Verantwortung gezogen werden; der eine nicht, weil er nicht gehandelt hat, der andere nicht, weil er nicht der Normadressat wäre. Ist z. B. eine juristische Person als Inhaberin eines Unternehmens oder als Arbeitgeber Normadressat, so sind deren Organe strafrechtlich oder bußgeldrechtlich verantwortlich, ebenso auch die Personen, die beauftragt sind, das Unternehmen ganz oder zum Teil zu leiten, oder die ausdrücklich beauftragt sind, in eigener Verantwortung Pflichten zu erfüllen, welche die juristische Person als Inhaberin des Unternehmens treffen.

5. Ergänzt werden diese Regelungen, die allgemein bei Straftaten und Ordnungswidrigkeiten gelten, schließlich durch einen Bußgeldtatbestand über die *Verletzung der Aufsichtspflicht in Betrieben oder Unternehmen* (§ 130 des Gesetzes über Ordnungswidrigkeiten). Danach handelt ordnungswidrig und kann mit einer Geldbuße belegt werden, wer als Inhaber eines Betriebes oder Unternehmens vorsätzlich oder fahrlässig die Aufsichtsmaßnahmen unterläßt, die erforderlich sind, um in dem Betrieb oder Un-

ternehmen Zuwiderhandlungen gegen betriebsbezogene Pflichten zu verhindern, die mit Strafe oder Geldbuße bedroht sind, vorausgesetzt, daß eine solche Zuwiderhandlung begangen wird, die durch gehörige Aufsicht hätte verhindert werden können. Dabei sind wieder dem Inhaber des Betriebes oder Unternehmens bei juristischen Personen deren Organe und sonst die für den Betrieb oder das Unternehmen ganz oder zum Teil verantwortlich handelnden Personen gleichgestellt. Die Verletzung dieser Aufsichtspflicht, die auch schon in einem Organisationsmangel bestehen kann, ist eine Ordnungswidrigkeit, die es nach § 30 des Gesetzes über Ordnungswidrigkeiten wiederum ermöglicht, gegen die juristische Person eine Geldbuße festzusetzen.

6. Damit besteht in der Bundesrepublik Deutschland ein sehr umfassendes System, um gegen Zuwiderhandlungen in Betrieben und Unternehmen wirksam vorgehen zu können, obwohl die hier in Betracht kommenden Tatbestände vielfach zunächst nur für einen bestimmten Personenkreis gelten, als Normadressaten auch juristische Personen oder Personenvereinigungen in Betracht kommen und in der arbeitsteiligen Wirtschaft eine Verlagerung der Verantwortung auf eine Vielzahl von Personen anzutreffen ist.

Verletzt zum Beispiel in einem Betrieb, dessen Inhaberin eine Aktiengesellschaft ist, ein mittlerer Angestellter in seinem Verantwortungsbereich eine Arbeitsschutzvorschrift, deren Verletzung mit Strafe oder Geldbuße bedroht ist, so kann er auf Grund der Vorschriften über Handeln für einen anderen zur Verantwortung gezogen werden, auch wenn an sich der Normadressat die juristische Person ist, und zwar in ihrer Eigenschaft als Inhaberin des Betriebes. Trifft ein Organ der juristischen Person dabei der Vorwurf, seine Aufsichtspflicht verletzt zu haben, so ist es daneben nach § 130 des Gesetzes über Ordnungswidrigkeiten verantwortlich und kann mit Geldbuße belegt werden. Bei der Verletzung der Aufsichtspflicht des Organs, die eine Ordnungswidrigkeit ist, handelt es sich um eine Verletzung von Pflichten, die an sich die juristische Person als Inhaberin des Betriebes treffen, so daß die Aufsichtspflichtverletzung eine ausreichende Grundlage ist, um gegen die juristische Person eine Geldbuße festsetzen zu können. Eine Geldbuße kann aber auch gegen die juristische Person festgesetzt werden, wenn deren Organ in seiner Person eine Arbeitsschutzvorschrift verletzt hat, die mit Strafe oder Geldbuße bedroht ist. In diesem Falle kann das Organ selbst wegen der Pflichtverletzung zur Verantwortung gezogen werden und daneben auch die juristische Person.

7. Die Festsetzung einer Geldbuße gegen juristische Personen ist nach unserem Recht verfassungsrechtlich unbedenklich, obwohl der Grundsatz „nulla poena sine culpa" nach unserer Verfassung Verfassungsrang hat und obwohl er auch für strafähnliche Sanktionen gilt (Bundesverfassungsgericht, Band 20, Seite 333). Bei juristischen Personen kommt es aber, da sie überhaupt nur durch ihre Organe handeln können, auf deren Verschulden an, das der juristischen Person (ähnlich wie nach zivilrechtlichen Grundsätzen) als eigenes zugerechnet werden kann.

In dem Schrifttum werden allerdings von einer Mindermeinung gegen eine solche Konstruktion, bei der das Verschulden einer natürlichen Person der juristischen Person zugerechnet wird, „im strafrechtlichen Bereich", zu dem auch das Ordnungswidrigkeitenrecht gerechnet wird (vgl. oben unter A III.), dogmatische Bedenken erhoben. De lege ferenda spricht sich diese Meinung für bloße Maßnahmen gegen Verbände aus (vgl. insbesondere Rudolf *Schmitt*, Strafrechtliche Maßnahmen gegen Verbände, 1958; vgl. insgesamt zum neueren Schrifttum über Sanktionen gegen juristische Personen: *Göhler*, Kommentar zum Ordnungswidrigkeitengesetz, 5. Aufl. 1977, Anm. 5 vor § 30).

8. Die Geldbuße gegen juristische Personen ist als Nebenfolge der Tat einer natürlichen Person (Organ der juristischen Person) konstruiert. Über sie wird grundsätzlich in dem Verfahren (Strafverfahren oder Bußgeldverfahren) gegen das Organ entschieden, in welchem die juristische Person zu beteiligen ist. Auf diese Weise wird eine doppelte Sanktion in den Fällen vermieden, in denen das Organ als Täter an dem Kapital der juristischen Person beteiligt ist. Außerdem ist es prozeßwirtschaftlich erwünscht, daß in einem einheitlichen Verfahren dieselbe Tat untersucht wird, die zu einer Sanktion gegen das Organ und außerdem zu einer Geldbuße gegen die juristische Person führen kann.

Die Beteiligung der juristischen Person in dem Verfahren ist gesetzlich geregelt (§ 88 des Gesetzes über Ordnungswidrigkeiten; § 444 der Strafprozeßordnung). Es ist aber auch möglich, gegen die juristische Person ein selbständiges Verfahren durchzuführen, wenn die Tat des Organs nicht verfolgt werden kann oder von deren Verfolgung abgesehen wird.

9. Als weitere Nebenfolge gegen eine juristische Person kommt die Einziehung von Sachen und Rechten, die ihr gehören und die von ihren Organen für sie bei einer Pflichtverletzung benutzt worden sind, in Betracht; ferner der Verfall von Vermögensvorteilen, welche die juristische Person für die Straftat oder aus ihr erlangt hat und schließlich die Abführung des Mehrerlöses bei Preisverstößen. Doch schließt die Festsetzung einer Geldbuße gegen die juristische Person als die weitergehende Maßnahme die zusätzliche Anordnung des Verfalls und die Abführung des Mehrerlöses gegen sie aus.

II.

Das bei uns geltende System läßt sich in eines der drei Systeme, die der Herr Generalberichterstatter Professor Jean *Constant* aufgezeigt hat, nicht ohne weiteres einordnen.

1. Versteht man unter einer „Strafsanktion" nur die Kriminalstrafe und rechnet man dementsprechend die Geldbuße nach dem Ordnungswidrigkeitenrecht nicht dazu, so würde unser System dem von dem Herrn Generalberichterstatter so genannten ersten System („Societas delinquere non potest") entsprechen.

2. Sieht man dagegen die Geldbuße nach dem Ordnungswidrigkeitenrecht auch als eine „Strafsanktion" im weiteren Sinne an, wofür der historische Gesamtzusammenhang, nämlich die Entwicklung des Ordnungswidrigkeitenrechts als jüngerer Rechtszweig aus dem Strafrecht, angeführt werden kann (vgl. oben unter A III.), so würde unser System dem von dem Herrn Generalberichterstatter so genannten dritten System entsprechen, das die strafrechtliche Verantwortlichkeit der juristischen Person kennt.

3. Eine gewisse Verwandtschaft hat jedoch unser System auch mit dem von dem Herrn Generalberichterstatter so bezeichneten zweiten System: Es ist zwar richtig, daß unser System kein kasuistisches ist, das nur auf einzelnen Gebieten oder bei bestimmten Delikten eine „strafrechtliche" Verantwortlichkeit von juristischen Personen begründet; vielmehr handelt es sich um ein allgemeines Regelungssystem. Andererseits ist es jedoch seiner Art nach so aufgebaut, daß es auf Grund der generalisierenden Abgrenzungskriterien in der Regel nur bei bestimmten Typen von Verstößen eingreift, die insbesondere im Wirtschaftsleben anzutreffen sind: Es setzt voraus, daß in einem Betrieb oder Unternehmen Pflichten verletzt werden, die an sich die juristische Person treffen. Normadressaten sind dann auch die für die juristische

Person handelnden Personen, die durch die Ausdehnung des Normadressatenkreises selbst verantwortlich gemacht werden. Ihre Pflichtverletzung kann aber auch eine Geldbuße gegen die juristische Person auslösen, vorausgesetzt, daß deren Organe gehandelt oder wenigstens ihre Aufsichtspflicht verletzt haben. Daneben ist allerdings eine Geldbuße gegen juristische Personen bei einer Straftat oder Ordnungswidrigkeit ihrer Organe auch dann erlaubt, wenn die juristische Person dadurch bereichert worden ist oder werden sollte. Dies kommt jedoch in der Regel nur bei solchen Zuwiderhandlungen der Organe in Betracht, die sie in einer wirtschaftlichen Betätigung für die juristische Person vorgenommen haben. Dabei können freilich auch Tatbestände des allgemeinen Strafrechts die Grundlage für eine Ahndung der juristischen Person sein (so z. B. Bestechung von Amtsträgern; Verbreitung pornographischer Schriften; fahrlässige Körperverletzung). Doch scheiden solche Tatbestände aus, die besondere, höchstpersönliche Merkmale in der Person des Täters voraussetzen, die auf die juristische Person nicht übertragbar sind (z. B. Verletzung der Unterhaltspflicht; Sexualdelikte).

*C. Beantwortung der einzelnen Fragen des Generalberichterstatters**

Obwohl sich das System der Bundesrepublik Deutschland nicht ohne weiteres in eines der vom Herrn Generalberichterstatter aufgezeigten Systeme einordnen läßt (vgl. unter B II.), soll der Versuch gemacht werden, der Vollständigkeit halber die unter Buchstaben A bis C vom Herrn Generalberichterstatter aufgeworfenen Fragen unter Hinweis auf die vorangegangene nähere Darstellung zu beantworten:

Zu Buchstabe A:

Frage 1:

Es besteht bei uns eine generelle gesetzliche Regelung, die eine Kriminalstrafe ausschließt, aber unter allgemeinen Voraussetzungen eine Geldbuße zuläßt (vgl. unter A IV., B I.).

Unter juristischen Personen sind nach der gesetzlichen Regelung alle sozialen Organisationen zu verstehen, denen die Rechtsordnung eine eigene Rechtspersönlichkeit zuerkennt (Aktiengesell-

* Vgl. Anhang, S. 123 ff.

schaften, Gesellschaften mit beschränkter Haftung, Genossenschaften, eingetragene Vereine). Den juristischen Personen sind die Personenhandelsgesellschaften (offene Handelsgesellschaft, Kommanditgesellschaft) gleichgestellt.

Frage 2:

Soweit die juristische Person Normadressat einer Straf- oder Bußgeldvorschrift ist, gilt diese Vorschrift auch für Personen, die für sie verantwortlich handeln (vgl. näher unter B I. 4.).

Frage 3:

Der Personenkreis der natürlichen Personen, die für die juristische Person verantwortlich handeln, ist allgemein in § 14 des Strafgesetzbuches und § 9 des Gesetzes über Ordnungswidrigkeiten begrenzt (vgl. unter B I. 4.).

Ob die Organe der juristischen Person im Bereich ihrer Zuständigkeit gehandelt haben müssen, ist gesetzlich nicht genau bestimmt. Es wird angenommen, daß es ausreicht, wenn die Handlung noch im Geschäfts- und Wirkungskreis der juristischen Person liegt. Bei den übrigen Personen (keine Organe) ist ein Handeln innerhalb des ihnen übertragenen Verantwortungsbereichs notwendig.

Frage 4:

Eine zivilrechtliche Haftung der juristischen Personen für die Geldstrafe ihrer Vertreter ist weder allgemein, noch ausnahmsweise vorgesehen.

Frage 5:

Umfassende Reformvorschläge sind bei uns in jüngster Zeit verwirklicht worden (vgl. unter A IV., B I.).

Zu Buchstabe B:

Frage 1:

Die bußgeldrechtliche Verantwortlichkeit der juristischen Person besteht zwar auf Grund der allgemeinen Regelung nicht bei bestimmten Delikten. Doch kommen auf Grund der generalisierenden Abgrenzungskriterien in der Regel nur Zuwiderhandlungen im wirtschaftlichen Bereich in Betracht (vgl. näher unter B II. 3.). Es ist gleichgültig, ob es sich um Begehungs- oder Unterlassungsdelikte oder um Vorsatz- oder Fahrlässigkeitsdelikte handelt.

Frage 2:

Bei Delikten, die höchstpersönliche Merkmale in der Person des Täters voraussetzen, greift die Verantwortlichkeit der juristischen Personen nicht ein (vgl. unter B II. 3.).

Frage 3:

Es besteht eine Kumulierung der Verantwortlichkeit (vgl. insbesondere unter B I. 6.). Über sie wird grundsätzlich in einem einheitlichen Verfahren entschieden (vgl. B I. 8.).

Frage 4:

Der § 30 des Gesetzes über Ordnungswidrigkeiten, der eine Geldbuße gegen juristische Personen erlaubt (vgl. oben unter B I. 1.), macht keinen Unterschied zwischen den juristischen Personen des Privatrechts und des öffentlichen Rechts. In der Rechtsprechung wird die Zulässigkeit der Geldbuße gegen juristische Personen des öffentlichen Rechts bejaht.

Frage 5:

Eine Entschädigung der Mitglieder der juristischen Person, die an der Tat nicht teilgenommen haben, ist nicht vorgesehen. Das Gesetz geht davon aus, daß die Kapitaleigner der juristischen Person auch sonst wirtschaftliche Nachteile durch Handlungen der Organe hinnehmen müssen.

Frage 6:

Über den Zweck der Geldbuße gegen juristische Personen sind unter A IV. und B I. 3. Einzelheiten angegeben. Bei der Geldbuße steht der Gedanke der sozialen Verteidigung im Vordergrund.

Die Sanktionen, die neben der Geldbuße gegen juristische Personen in Betracht kommen, sind unter B I. 9. abschließend aufgeführt.

Die Einziehung kann sich auf die Gegenstände erstrecken, die zur Begehung der Tat gebraucht oder bestimmt worden sind und die durch die Tat hervorgebracht worden sind. Auf Grund von Sondervorschriften ist auch die Einziehung solcher Sachen zulässig, auf die sich die Tat bezieht (z. B. die unerlaubt eingeführten Gegenstände). Bei den Einziehungsvoraussetzungen werden die Handlungen der Organe, die sie in dieser Eigenschaft für die juristische Person hinsichtlich deren Gegenstände vorgenommen haben, der juristischen Person zugerechnet.

Eine Entschädigung der unbeteiligten Mitglieder oder der Kapitaleigner der juristischen Person oder sonstiger Personen ist nicht vorgesehen (vgl. Frage B 5.).

Frage 7:

Das Gesetz über Ordnungswidrigkeiten und die Strafprozeßordnung enthalten Vorschriften über die Beteiligung der juristischen Person im Straf- oder Bußgeldverfahren (vgl. unter B I. 8.).

Wegen der einheitlichen Verfolgung der Tat des Organs mit der Entscheidung über die Geldbuße gegen die juristische Person erübrigen sich besondere Vorschriften über die Zuständigkeit der entscheidenden Stelle. Zuständig ist bei einem selbständigen Verfahren gegen die juristische Person die Stelle, die bei der Verfolgung einer natürlichen Person zuständig wäre; in diesem Falle richtet sich aber die örtliche Zuständigkeit auch nach dem Sitz der juristischen Person.

Die Geldbuße gegen die juristische Person, die von ihr mit selbständigen Rechtsmitteln angefochten werden kann, wird nicht in ein Strafregister eingetragen. Für den gnadenweisen Erlaß der Geldbuße gelten die allgemeinen Regeln entsprechend.

Zu Buchstabe C:

Frage 1:

Vgl. die Beantwortung der Frage 1 Buchstabe A.

Frage 2:

Wegen der allgemeinen Voraussetzungen für eine Geldbuße gegen juristische Personen vgl. unter B I. 1. Notwendig ist danach, daß das Organ in dieser seiner Eigenschaft, also in Wahrnehmung der Angelegenheiten der juristischen Person gehandelt hat. Bei einem Handeln in eigenem Interesse wird diese Voraussetzung in der Regel fehlen.

Frage 3:

Die Geldbuße gegen die juristische Person ist nur bei Handlungen ihrer Organe zulässig, nicht aber bei Handlungen sonstiger Vertreter oder Angestellter. Auch die Handlung eines Prokuristen reicht — im Gegensatz zu früheren gesetzlichen Einzelregelungen — nicht dafür aus, um gegen die juristische Person eine Geldbuße festsetzen zu können (kritisch hierzu zum Teil die Äußerungen im

Schrifttum; vgl. insoweit *Göhler*, Komm. zum Ordnungswidrigkeitengesetz, 5. Aufl., Anm. 2 A zu § 30). Doch kommt in diesem Falle aus dem Gesichtspunkt der Aufsichtspflichtverletzung eines Organs eine Geldbuße gegen die juristische Person in Betracht (vgl. näher unter B I. 5.).

Zusammenfassung

Das Sanktionssystem gegen juristische Personen ist in der Bundesrepublik Deutschland unter Berücksichtigung lange zurückreichender Reformüberlegungen neuerdings gesetzlich in allgemeinen Vorschriften geregelt.

Diese Vorschriften beruhen auf der Erwägung,

— daß eine strafrechtliche Lücke bestehen würde, wenn gegen die juristische Person bei Zuwiderhandlungen der für sie handelnden Organe keine Sanktion festgesetzt werden könnte,

— daß aber das Kriminalstrafrecht — im Sinne eines Schuldstrafrechts — nicht das geeignete und dogmatisch nicht passende Mittel ist, um die rechtspolitischen Zielvorstellungen zur Bekämpfung von Zuwiderhandlungen in den Unternehmen der juristischen Person zu verwirklichen,

— daß es bei den Sanktionen gegen juristische Personen vorwiegend um solche geht, die von Zweckmäßigkeitserwägungen bestimmt sein müssen, die der Durchsetzung der Rechtsordnung und der Abschreckung (Verteidigung der Rechtsordnung) dienen,

— daß die inzwischen in der Bundesrepublik Deutschland eingeführte Unterscheidung zwischen dem herkömmlichen Kriminalstrafrecht und dem bloßen Ordnungswidrigkeitenrecht, das die Festsetzung wertneutraler Geldbußen (ohne den Makel der Strafe) erlaubt, einen brauchbaren Weg darstellt, um auch gegen die juristische Person Sanktionen zu eröffnen.

Auf Grund der neueren Vorschriften kann gegen eine juristische Person zwar keine Strafe, wohl aber eine Geldbuße festgesetzt werden, und zwar unter den allgemeinen Voraussetzungen, daß eines ihrer Organe eine Straftat oder eine Ordnungswidrigkeit begeht, durch die erstens Pflichten verletzt werden, welche die juristische Person treffen, oder zweitens die juristische Person bereichert worden ist oder werden sollte.

Die Geldbuße dient der wirksamen Durchsetzung der Rechtsordnung (Abschreckung vor weiteren Rechtsverletzungen), der Abschöpfung rechtswidrig erzielter Gewinne sowie der Schaffung eines angemessenen Ausgleichs zwischen der Bedeutung der Tat und der Höhe der Sanktion, die unzureichend wäre, wenn sie nur nach den persönlichen Verhältnissen des Täters bemessen werden könnte.

Dieses System steht in einem engen Zusammenhang mit weiteren allgemeinen Vorschriften, die bei Zuwiderhandlungen in Geschäftsbetrieben eingreifen.

In diesen Vorschriften ist sowohl für das Strafrecht als auch für das Ordnungswidrigkeitenrecht ganz allgemein die Frage geregelt, welche (natürliche) Person bei Zuwiderhandlungen in Geschäftsbetrieben als Normadressat verantwortlich ist, wenn es sich um die Verletzung von Pflichten handelt, die an sich den Inhaber des Betriebes (der auch eine juristische Person sein kann) treffen. Dabei ist die Verantwortlichkeit auf den gesetzlichen Vertreter oder die Organe einer juristischen Person, den Leiter des Betriebes oder des Teils eines Betriebes, aber auch auf sonstige näher bestimmte Beauftragte erweitert.

Außerdem gibt es eine allgemeine Vorschrift, wonach gegen den Inhaber des Betriebes und gegen die für ihn verantwortlich handelnden Organe unter dem Gesichtspunkt der Aufsichtspflichtverletzung eine Geldbuße festgesetzt werden kann. Soweit Organe einer juristischen Person ihre Aufsichtspflicht verletzen, kann daneben auch gegen die juristische Person eine Geldbuße festgesetzt werden.

Die Geldbuße gegen die juristische Person wird *neben* der Sanktion gegen ihre Organe ausgesprochen, deren Verantwortlichkeit also unberührt bleibt. Das Verfahren zur Festsetzung gegen die Geldbuße gegen juristische Personen ist näher geregelt. Wird von der Verfolgung der natürlichen Person nach Ermessensgrundsätzen abgesehen, so kann gegen die juristische Person auch selbständig eine Geldbuße festgesetzt werden.

Daneben gibt es die Möglichkeit, gegen die juristische Person die Einziehung von Gegenständen oder den Verfall von Vermögensvorteilen sowie (bei bestimmten Preisverstößen) die Abführung eines erzielten Mehrerlöses anzuordnen. Die Einziehung und die Abführung des Mehrerlöses sind bei Straftaten und Ordnungswidrigkeiten zulässig; die Anordnung des Verfalls kommt nur bei Straftaten in Betracht.

In dem geschilderten Sanktionssystem sind den juristischen Personen bestimmte Personenvereinigungen gleichgestellt.

Summary

In the Federal Republic of Germany the system of sanctions to be imposed on legal persons has now been laid down by law in general provisions, taking account of reform considerations which date a long time back.

These provisions are based on the consideration

— that there would be a gap in penal law if no sanctions could be imposed on a legal person where the organs acting on its behalf commit an offence,

— that, however, criminal law — which is based on the concept of guilt — is not the proper and dogmatically suitable means to realize the aims of legal policy to suppress offences in the enterprises of the legal persons,

— that the sanctions to be imposed on legal persons must primarily be governed by considerations of expediency, serve to enforce the law and deter (defence of the legal system),

— that the differentiation — meanwhile introduced in the Federal Republic of Germany — between traditional criminal law and the mere law on regulatory offences, which permits the imposition of non-criminal fines (without any criminal taint), constitutes a practicable way of providing sanctions also for legal persons.

In pursuance of the more recent provisions a legal person cannot be punished, it is true, but can be imposed a non-criminal fine, namely on the general condition that one of its organs has committed a criminal offence or a regulatory offence by which (1) duties were violated which were incumbent on the legal person, or (2) the legal person was enriched or was intended to be enriched.

The non-criminal fine serves to effectively enforce the law (deterrence from further violations of the law), to take away profits gained illegally, and to establish a fair proportion between the severity of the offence and the amount of the sanction; the latter would be insufficient if it could be assessed only on the basis of the offender's personal circumstances.

This system is closely connected with further general provisions which apply in respect of offences committed in operating units.

These provisions quite generally regulate the question — both in respect of criminal law and the law on regulatory offences — which (natural) person is held responsible by the legal provisions in cases where offences are committed in operating units by a violation of duties which are actually incumbent on the proprietor of the operating unit (who may also be a legal person). In this respect responsibility is extended to the statutory agent or the organs of a legal person, to the head of the operating unit or of a part thereof, but also to other specified persons commissioned to manage the unit.

In addition there is a general provision according to which a non-criminal fine can be imposed on the proprietor of the operating unit and on the organs responsibly acting on his behalf under the aspect that supervisory duties have been violated. Where organs of a legal person violate their supervisory duty a non-criminal fine may additionally be imposed also on the legal person.

The non-criminal fine will be imposed on the legal person *in addition to* the sanction imposed on its organs; the latter's responsibility will consequently remain unaffected. The procedure for imposing a non-criminal fine on legal persons has been laid down in detail. Where prosecution of the natural person is abstained from for reasons of discretion a non-criminal fine can independently be imposed on the legal person.

Apart from that there is the possibility of ordering that property of the legal person be confiscated or benefits be forfeited or (where price control regulations have been infringed) excessive proceeds be surrendered. Confiscation and the surrender of excessive proceeds are admissible in the case of criminal and regulatory offences; forfeiture can be ordered only in the case of criminal offences.

In the above described system of sanctions certain associations of persons are deemed equivalent to legal persons.

Résumé

Le système de sanctions envers les personnes morales a récemment fait l'objet en République fédérale d'Allemagne d'une réglementation légale d'ordre général tenant compte de considérations de réforme qui remontent à une lointaine époque.

Ces dispositions sont motivées par la considération

— qu'il se présenterait des lacunes en matière de droit pénal si l'on ne pouvait pas imposer des sanctions aux personnes morales en cas d'infractions commises par les organes agissant pour leur compte;

— que le droit pénal en matière criminelle au sens du droit pénal se rattachant à la culpabilité n'est ni le moyen approprié ni dogmatiquement adéquat pour réaliser les objectifs politico-juridiques visant à la répression d'infractions commises dans les entreprises de la personne morale considérée;

— que lorsqu'on parle de sanctions prononcées à l'encontre de personnes morales il faut entendre notamment par là des sanctions qui doivent être motivées par des considérations d'opportunité, ayant pour but l'application de l'ordre juridique ainsi que la dissuasion (la défense de l'ordre juridique);

— que la distinction introduite entretemps en République fédérale d'Allemagne entre le droit pénal traditionnel en matière criminelle et le droit en matière d'infractions d'ordre administratif permettant l'infliction d'amendes administratives relevant d'une échelle de valeurs neutres (non chargées de l'opprobre d'une peine criminelle) constitue un moyen adéquat pour introduire des sanctions frappant également les personnes morales.

Bien qu'il ne soit pas possible, en vertu des dispositions récentes, d'infliger des peines aux personnes morales, on peut néanmoins imposer des amendes administratives lorsque sont remplies les conditions générales à cet effet, c'est-à-dire en cas de perpétration par un de leurs organes d'un délit ou d'une infraction administrative constituant premièrement, une violation des obligations incombant à la personne morale ou deuxièmement, un enrichissement accompli ou projeté de la personne morale.

L'infliction de l'amende administrative a pour but la mise en application efficace de l'ordre juridique (dissuasion pour éviter d'autres violations du droit), le recouvrement de profits illicites ainsi que l'établissement d'une correlation équitable entre la gravité de l'infraction commise et le taux de la sanction infligée, qui serait insuffisant s'il n'était fonction que de la situation personnelle de l'auteur de l'infraction.

Ce système est étroitement lié aux autres dispositions générales applicables en cas d'infractions commises dans les entreprises.

Dans ces dispositions est réglée la question de savoir — tant dans le domaine du droit pénal que dans celui du droit relatif aux infractions administratives — quelle est la personne (physique) à considérer comme responsable en tant que destinataire de règles juridiques en cas d'infractions commises dans les entreprises commerciales, lorsque l'on se trouve en présence d'une violation des devoirs incombant en principe au propriétaire de l'entreprise (qui peut aussi être une personne morale). En l'occurrence, la responsabilité est étendue au représentant légal ou aux organes d'une personne morale, au directeur de l'entreprise respective ou d'une partie de celle-ci ou bien à d'autres mandataires, spécifiés de plus près.

Il existe en outre une disposition générale selon laquelle une amende administrative motivée par la violation du devoir de surveillance peut être infligée au propriétaire d'une entreprise commerciale ou aux organes responsables agissant pour celui-ci. Dans la mesure où les organes d'une personne morale ont enfreint à leur devoir de surveillance, une amende administrative pourra aussi être infligée à la personne morale même.

L'amende administrative vis-à-vis de la personne morale est prononcée *en sus* de la sanction infligée à ses organes dont la responsabilité n'est pas retenue. La procédure applicable pour fixer l'amende administrative à infliger aux personnes morales est spécifiée en détail. Si l'on renonce à la poursuite pénale de personnes physiques en se basant sur des pouvoirs discrétionnaires, une amende pourra être infligée indépendamment de cela à une personne morale.

En outre, il est possible d'ordonner vis-à-vis de personnes morales la confiscation d'objets ou de la déchéance d'avantage matériels, ou bien (en cas d'infractions à la réglementation des prix) le recouvrement du surplus acquis. Le recouvrement et la remise du surplus sont autorisés aussi en cas d'actes délictueux que d'infractions administratives; l'ordre de confiscation n'entre en ligne de compte qu'en cas d'actes délictueux.

Dans le système de sanctions que nous venons d'exposer, certaines associations de personnes sont assimilées aux personnes morales.

Resumen

El sistema de sanciones contra las personas jurídicas ha sido objeto de una nueva regulación a nivel de Parte General en la República Federal alemana teniendo en cuenta consideraciones de reforma que hunden sus raices en el pasado.

Estas normas se basan en las siguientes consideraciones:

— que existiría una laguna jurídico-penal si no se hubiera concretado ninguna sanción contra las personas jurídicas para aquellos supuestos de infracciones de los órganos que las rigen.

— que el Derecho Penal (en el sentido de Derecho de castigo al culpable) no es el medio apropiado ni dogmáticamente conveniente para realizar determinados fines de política criminal en relación con la persecución de trasgresiones en las empresas de la persona jurídica.

— que en el caso de sanciones contra las personas jurídicas deben prevalecer consideraciones de utilidad que tienden al fortalecimiento del orden jurídico y a la intimidación (defensa del orden jurídico).

— que la diferenciación recientemente introducida en la República Federal alemana entre lo que es propiamente Derecho Penal y lo que es simple normativa sobre infracciones administrativas, — que permite la concrección de multas de valor neutro por no llevar consigo la marca de la pena —, representa un camino utilizable para la posibilidad de llevar a cabo sanciones contra las personas jurídicas.

Basándose en estas nuevas normas, no se puede decretar ninguna pena contra — una persona jurídica, pero desde luego, sí que se le puede imponer una multa bajo los presupuestos generales de que uno de sus órganos cometa un hecho delictivo o una infracción mediante la cual, bien en primer lugar se falte a — los deberes concernientes a la persona jurídica, bien en segundo lugar se haya enriquecido o haya intentado enriquecerse ésta.

La multa sirve, en primer lugar, al efectivo cumplimiento del orden jurídico (prevención general); en segundo término, tiende a retraer las ganancias obtenidas de forma ilícita, así como a la consecución de un equilibrio apropiado entre el significado del hecho y la gravedad de la sanción, cuyo logro no sería tan fácil si se midiera atendiendo solamente a las circunstancias personales del autor.

Esta sistema está en relación muy estrecha con otras normas generales que vienen en aplicación en los casos de infracciones cometidas por empresas comerciales.

En estas normas se regula de una manera muy general, tanto para el Derecho Penal como para las infracciones administrativas, le cuestión sobre qué persona física puede ser responsable como destinatario de la norma cuando se trata de conculcación de deberes que propiamente tienen que ver con el propietario de la empresa (que también puede ser una persona jurídica). En este caso, la responsabilidad se amplía al representante legal o a los órganos de la persona jurídica, al jefe de la empresa o parte de la empresa, e incluso a determinados encargados de la gestión de la misma.

Además, hay una norma general según la cual se puede decretar una multa contra el propietario de la empresa y contra los órganos responsables a sus órdenes bajo el punto de vista de infracción del deber de inspección o vigilancia. En tanto en cuanto los órganos de una persona jurídica infrinjan este deber, también se puede decretar una multa contra la misma persona jurídica.

La multa contra la persona jurídica se decreta *junto* a la sanción contra los órganos de la misma que, por tanto, tienen plena responsabilidad. El procedimiento para la imposición de la multa contra la persona jurídica es objeto de detallada regulación. Si se prescinde de la persecución de la persona física según principios de enjuiciamiento o criterio, entonces independientemente se puede decretar una multa contra la persona jurídica.

Junto a ésto, también cabe la posibilidad de ordenar contra la persona jurídica el comiso de los objetos o la pérdida de las ventajas fiscales obtenidas por el hecho delictivo, así como (en determinadas contravenciones de precios), el pago del plus de ganancia obtenida. El comíso y el pago del plus de ganancia se admiten en los casos de hechos delictivos y de simples infracciones administrativas; la pérdida de las ventajas fiscales obtenidas por el hecho delictivo sólo se prevé para tales hechos.

En el sistema de sanciones descrito, se equiparan las personas jurídicas a determinadas asociaciones de personas.

*Anhang: Fragen des Generalberichterstatters**

Allgemeines

Es bestehen drei Systeme der nicht individuellen strafrechtlichen Verantwortlichkeit.

Das erste — welches herkömmlicherweise bis in die letzten Jahre in den meisten kontinental-europäischen Ländern anerkannt wurde — befolgt streng den Grundsatz „Societas delinquere non potest" (Die Gesellschaft kann nicht straffällig werden). Nach diesem System kann nur eine lebende natürliche Person mit einer Strafsanktion belegt werden.

Das zweite, welches grundsätzlich dem herkömmlichen Grundsatz treu bleibt, sieht jedoch die strafrechtliche Verantwortlichkeit juristischer Personen bei Zuwiderhandlungen gegen gewisse Sondervorschriften vor, z. B. auf dem Gebiet der Wirtschafts-, Finanz-, Sozial-, Steuer-, Zollgesetzgebung usw.

Das dritte, das seit langem in den Ländern des anglo-amerikanischen Rechtskreises gilt, kennt die strafrechtliche Verantwortlichkeit der juristischen Personen.

Die nationalen Berichterstatter werden gebeten, nicht nur das von der Gesetzgebung ihres Landes vorgesehene System, sondern auch die Praxis der höheren und unteren Gerichte sowie die Auffassung der Lehre darzulegen.

Sie werden gebeten, sich so weit wie möglich an das nachstehend aufgeführte Schema zu halten, da die Aufgabe des Generalberichterstatters darin besteht, das Funktionieren der verschiedenen Systeme, die in den nationalen Berichten zu analysieren sind, miteinander zu vergleichen und zu erkunden, in welchem Maße diese Systeme es ermöglichen, einen wirksamen Schutz der Gesellschaft gegen die strafbaren Handlungen juristischer Personen zu gewährleisten.

* Generalberichterstatter ist Professor Dr. Jean *Constant*, Saint-Nicolas-lez-Liège (Belgien).

A. ERSTES SYSTEM: Strenge Anwendung des Grundsatzes „Societas delinquere non potest".

Frage 1. — Stützt sich dieser Grundsatz auf Gesetzesvorschriften oder wird er nur in der Rechtsprechung angewandt?

Welche Argumente werden ggfs. vom Gesetzgeber oder von der Lehre vorgebracht, um die Nicht-Verantwortlichkeit der juristischen Personen zu rechtfertigen?

Werden diese Argumente im allgemeinen von der Lehre gestützt oder wird häufig gegen sie Kritik erhoben?

Welches ist das Anwendungsgebiet des Grundsatzes „Societas delinquere non potest"?

Was versteht man unter „juristische Person"? Handelt es sich um irgendeine Gruppierung, die die Möglichkeit gemeinschaftlicher Äußerung hat, auch wenn sie keine Rechtspersönlichkeit besitzt (Gewerkschaft, Berufsverband, Jägerverband, Verein ehemaliger Kriegsteilnehmer, Literarischer Kreis usw.) oder nur um Verbände mit wirtschaftlichem, gewerblichem oder finanziellem Zweck, die Rechtspersönlichkeit besitzt?

Frage 2. — Bejaht die Rechtsprechung, da die Verpflichtung, Gesetze und Vorschriften zu beachten, offensichtlich juristische wie auch natürliche Personen trifft, daß die natürlichen Personen, durch die die juristische Person gehandelt hat, rechtlich gesehen die Urheber der begangenen strafbaren Handlung sind und daher strafrechtlich verantwortlich sind?

Welche natürlichen Personen sind strafrechtlich für die strafbaren Handlungen bzw. Unterlassungen verantwortlich, die von der juristischen Person begangen worden sind?

Frage 3. — Bezeichnet das Gesetz allgemein oder nur in gewissen Fällen die natürlichen Personen, die für das Handeln der juristischen Personen verantwortlich sind: Mitglieder des leitenden Personals, Verwaltungsratsmitglieder, Geschäftsführer oder einfache Angestellte?

Wie werden, wenn das Gesetz schweigt, die Probleme gelöst, die sich bei der Feststellung der natürlichen Person ergeben, die für die juristische Person gehandelt hat?

Welche Kriterien berücksichtigt der Richter (Statut der juristischen Person usw.), um die strafrechtlich verantwortliche natürliche Person festzustellen? Muß insbesondere diese natürliche Person im Rahmen der satzungsmäßigen Vorschriften und innerhalb der Grenzen ihres Zuständigkeitsbereichs gehandelt haben, um die Verantwortlichkeit der juristischen Person zu begründen?

Frage 4. — Sieht das Strafgesetz allgemein oder ausnahmsweise in gewissen Vorschriften hinsichtlich der Zuwiderhandlungen gegen Wirtschafts-, Sozial-, Finanzgesetze usw. vor, daß die juristische Person *zivilrechtlich* für die Geldstrafen haftet, die gegen ihre Vertreter (Verwaltungsratsmitglieder, Angestellte usw.) ausgesprochen werden, bei denen festgestellt worden ist, daß sie für ihre Deliktshandlungen strafrechtlich verantwortlich sind?

Frage 5. — Haben die Notwendigkeiten einer Bestrafung und die ständig wachsende Rolle, die die juristischen Personen (Handelsgesellschaften, Holdings, Multinationale Gesellschaften usw.) in der Entwicklung der Wirtschaft der Industrieländer spielen, den Gesetzgeber nicht dazu veranlaßt, Reformvorschläge auszuarbeiten, um allgemein oder wenigstens auf gewissen Gebieten die strafrechtliche Verantwortlichkeit der juristischen Personen zu begründen?

B. ZWEITES SYSTEM: Zulässigkeit einer gewissen Abweichung von dem Grundsatz „Societas delinquere non potest".

Frage 1. — Auf welchen Gebieten sieht der Gesetzgeber die strafrechtliche Verantwortlichkeit der juristischen Person vor?

Handelt es sich nur um rein materielle Zuwiderhandlungen gegen Vorschriften, die bisweilen Übertretungsdelikte genannt werden, oder betreffen diese Abweichungen auch vorsätzliche Straftaten (z. B. Angriffe auf die innere oder äußere Sicherheit des Staates, auf das Eigentum, die körperliche Unversehrtheit, die Familienordnung, die öffentliche Moral, die Ehre usw.), gleichviel ob es sich um Begehung oder Unterlassung von strafbaren Handlungen oder um Fahrlässigkeitsdelikte handelt?

Frage 2. — Bejaht man die strafrechtliche Verantwortlichkeit der juristischen Person (z. B. als Mittäter oder Gehilfe) in den Fällen, in denen die Handlung notwendigerweise von einer natürlichen Person begangen sein muß (Bigamie, Notzucht, Verletzung der Unterhaltspflicht usw.).

Frage 3. — Schließt die strafrechtliche Verantwortlichkeit der juristischen Person die strafrechtliche Verantwortlichkeit der natürlichen Person, durch die die juristische Person gehandelt hat, aus, oder besteht vielmehr eine Kumulierung der beiden Verantwortlichkeiten, wobei sich die Strafverfolgung zugleich gegen die juristische und die natürliche Person richten kann, die materiell die strafbare Handlung begangen hat?

Frage 4. — Macht das Gesetz, wenn es die strafrechtliche Verantwortlichkeit der juristischen Person vorsieht, einen Unterschied zwischen den juristischen Personen des öffentlichen Rechts und den juristischen Personen des Privatrechts oder gilt es ohne Unterschied für beide, insbesondere für die verstaatlichten Gesellschaften?

Frage 5. — Sieht das Gesetz vor, daß diejenigen Mitglieder der juristischen Person, die an der strafbaren Handlung nicht teilgenommen haben oder sich dieser widersetzt haben, ggfs. Ersatz für den Schaden erhalten, der ihnen durch die gegen die juristische Person verhängte Sanktion entstanden ist (Geldstrafen, Einziehung, vorläufige Einstellung der Tätigkeit, Auflösung, usw.)?

Frage 6. — Welche Arten von Sanktionen werden gegen die juristische Person verhängt? Werden diese Sanktionen mit dem Zwecke der Abschreckung, Einschüchterung, Vergeltung, Wiedergutmachung oder Resozialisierung verhängt?

Fallen darunter sowohl die eigentlichen Strafen als auch die Maßnahmen zur sozialen Verteidigung?

Fallen darunter z. B.:

a) die richterliche Verwarnung ggfs. verbunden mit einer Bewährungsfrist;

b) die richterlichen Auflagen ggfs. verbunden mit einer Erzwingungsstrafe oder der Verpflichtung zur Sicherheitsleistung;

c) die Geldstrafe;

d) die Einziehung (allgemein oder teilweise, worauf kann sie sich beziehen?);

e) das Verbot, gewisse Rechte auszuüben;

f) die Entziehung bestimmter Vergünstigungen (Subventionen, Erteilung von Ausfuhrlizenzen usw.) oder gewisser Befugnisse (Teilnahme an öffentlichen Ausschreibungen und Verträgen mit öffentlichen Körperschaften);

g) die Veröffentlichung und der Anschlag von Verurteilungen;

h) die vorläufige Stellung unter Treuhandschaft oder Zwangsverwaltung (Modalitäten der Durchführung dieser Treuhandschaft, etwaige Bestellung eines Bevollmächtigten durch den Richter, der der Staatsanwaltschaft Rechenschaft zu geben hat; was geschieht, wenn die juristische Person den auferlegten Bedingungen nicht nachkommt?);

i) die vorübergehende Schließung des Unternehmens oder die vorübergehende Einstellung der Tätigkeiten des Unternehmens;

j) die Auflösung.

Sieht das Gesetz in diesen Fällen eine Entschädigung — z. B. durch Entnahme vom Gesellschaftsvermögen — zugunsten derjeniger Gesellschafter vor, die nachweisen können, daß sie an der der Sanktion zugrunde liegenden strafbaren Handlung nicht teilgenommen haben?

Hat man in der Praxis die schädlichen Folgen beseitigen können, die bestimmte Sanktionen für die Personen haben können, die mit der strafbaren Handlung nichts zu tun haben: Schädigung der Aktionäre oder der schuldlosen Verwaltungsratsmitglieder, Entlassung von Angestellten, Rückwirkungen auf andere Unternehmungen (Zulieferanten usw.)?

Frage 7. — Hat die Bejahung der strafrechtlichen Verantwortlichkeit der juristischen Personen nicht eine Änderung bestimmter Vorschriften der Strafprozeßordnung zur Folge (Vorschriften über die Erhebung der öffentlichen Anklage, Vorschriften über die Vertretung der verfolgten juristischen Person vor Gericht — was geschieht, wenn es sich um eine Gesellschaft handelt, die nach Begehung der Straftat in Konkurs geraten oder aufgelöst worden ist? — Festlegung der örtlichen Zuständigkeit, Unmöglichkeit der Durchführung von Untersuchungshaft und etwaiger Ersatzmaßnahmen: vorläufige freiheitsentziehende Maßnahmen, Ausübung des Gnadenrechts, Strafregister usw.)?

C. DRITTES SYSTEM: *Bejahung der strafrechtlichen Verantwortlichkeit der juristischen Personen.*

Frage 1. — Wird die strafrechtliche Verantwortlichkeit der juristischen Personen vom Gesetz ausdrücklich bejaht oder ergibt sie sich aus der Rechtsprechung?

Frage 2. — Ist die juristische Person nicht nur dann strafrechtlich verantwortlich, wenn die Straftat aus freiem Willen ihrer Organe im Interesse der Gesamtheit ihrer Mitglieder begangen worden ist, sondern auch dann, wenn die Straftat nicht im Gesamtinteresse begangen worden ist oder trifft im letzteren Fall die strafrechtliche Verantwortlichkeit nur diejenigen Mitglieder der juristischen Person, durch deren Willen und in deren Interesse die strafbare Handlung begangen worden ist?

Was geschieht, wenn die Tat auf Fahrlässigkeit beruht?

Frage 3. — Welches sind die natürlichen Personen, für deren Handlungen die juristische Person haftet? Sind es ohne Unterschied alle Vertreter und Angestellten, die in normaler Ausübung ihrer Dienstgeschäfte für Akte tätig werden, die von der juristischen Person genehmigt sind (gemäß der allgemeinen Regel: „Respondeat superior") oder sind es nur diejenigen, die als Verkörperung der juristischen Person angesehen werden können (Organe), deren Verhalten infolgedessen dem Verhalten dieser letzteren gleichgestellt ist (Theorie des „alter ego")?

Frage 4. — Verweis auf die Fragen unter Buchstabe B.

Schließlich werden die nationalen Berichterstatter gebeten, entsprechend die Fragen unter B zu beantworten, z. B. das Problem der Sanktionen sowohl in den Fällen, in denen die strafrechtliche Verantwortlichkeit der juristischen Personen allgemein entweder durch den Gesetzgeber oder durch die Rechtsprechung bejaht wird oder in denen die strafrechtliche Verantwortlichkeit der juristischen Personen vom Gesetzgeber auf bestimmten begrenzten Gebieten vorgesehen ist.

Die vergleichende Methode in der Kriminologie

Von Professor Dr. Günther *Kaiser*, Freiburg i. Br.

1. *Bedeutung der komparativen Methode*

Fruchtbarkeit und Bedeutung vergleichender Untersuchung werden in der Gegenwart hoch eingeschätzt. Dies gilt neben der Rechtsvergleichung auch für die Kriminologie. Dennoch läßt sich nicht verkennen, daß es sich hierbei um kein neues und für unsere Zeit eigentümliches Forschungsmittel handelt. Vielmehr kann die komparative Analyse schon auf eine *traditionsreiche, wenn auch wechselvolle Geschichte* zurückblicken. Nur über den Ursprung der Vergleichung besteht Uneinigkeit.

1.1 Beispiel der Rechtsvergleichung

An der Rechtsvergleichung läßt sich dies wie folgt zeigen: Führt man die Rechtsvergleichung auf den geistigen Vorgang der Gegenüberstellung einander ähnlicher Gegenstände zurück, so reichen die Anfänge der Rechtsvergleichung sicherlich weit zurück. Sieht man dagegen in der Vergleichung einen Denkprozeß der systematischen Gegenüberstellung, so läßt sich mit ziemlicher Sicherheit sagen, daß die Geburtsstunde der Rechtsvergleichung erst am Beginn dieses Jahrhunderts liegt[1]. In der ersten Hälfte des 19. Jahrhunderts hingegen wurde die Rechtsvergleichung oft mit der Kenntnis ausländischer Rechte verwechselt; in der zweiten Hälfte desselben Jahrhunderts beschränkte sie sich auf ein bloßes Nebeneinanderstellen der Rechtsordnungen, um erst danach zunehmend zu einer systematischen Vergleichung vorzudringen[2].

Der erste wirkliche Mittler zwischen deutschem und ausländischem Recht war Carl-Joseph-Anton *Mittermaier* (1787—1867). Er richtete die Rechtsvergleichung auf die praktischen Bedürfnisse aus, indem er sie zu einem Mittel der Gesetzgebungspolitik machte[3]. *Mittermaier* verstand es, das ausländische Recht für die Bedürfnisse der deutschen Gesetzgebung nutzbar zu machen; entscheidende Reformen und die Modernisierung des Strafprozesses in Deutschland gehen denn auch zu einem wesentlichen Teil auf die strafrechtsvergleichende Tätigkeit *Mittermaiers* zurück[4].

1.2 Traditionell vorherrschende Methode der Geisteswissenschaften

Selbstverständlich ist die vergleichende Methode nicht etwa auf die Rechtswissenschaften beschränkt geblieben. Man denke nur an das alte Beispiel des geschichtlichen Vergleichs in den historischen Wissenschaften.

[1] *Constantinesco, L.:* Rechtsvergleichung, Band I. Einführung in die Rechtsvergleichung, Köln, Berlin, Bonn, München 1971, 69 f.

[2] *Constantinesco, L.:* a. a. O. (FN 1), 72 f.

[3] Vgl. z. B. *Mittermaier, C. J.:* Die Mündlichkeit, das Anklageprinzip, die Öffentlichkeit und das Geschworenengericht in ihrer Durchführung in den verschiedenen Gesetzgebungen mit Rücksicht auf die Erfahrungen der verschiedenen Länder, Stuttgart, Tübingen 1845.

[4] *Jescheck, H.-H.:* Entwicklung, Aufgaben und Methoden der Strafrechtsvergleichung, Tübingen 1955, 10 ff.; *ders.:* Rechtsvergleichung als Grundlage der Strafprozeßreform, ZStW 86 (1974), 766 f.; *Constantinesco, L.:* a. a. O. (FN 1), 113 f.

Schon *Dilthey* verstand bekanntlich die vergleichende Methode als eine Vorgehensweise, die in den Geisteswissenschaften vorherrscht. Obschon ein solcher Forschungsweg auch in den Naturwissenschaften anzutreffen sei, trete sie dort hinter Induktion, Experiment und mathematischer Theorie zurück[5]. *Dilthey* sah in der vergleichenden Untersuchung z. B. auf dem Gebiete des Rechts einen methodischen Fortschritt von herausragender Bedeutung. Denn sie ermögliche, sich vom abstrakten, konstruktiven Denken abzuwenden und zu Wahrheiten von größerer Allgemeinheit aufzusteigen[6].

Nach dieser Begeisterung, die der komparativen Methode im vorigen Jahrhundert entgegengebracht wurde, sank allerdings ihre Bedeutung im Laufe der folgenden Zeit. Trotz Entwicklung und Ausbau der Rechtsvergleichung neigte man — bezogen auf den gesamten geisteswissenschaftlichen Bereich — im Jahre 1957 gar dazu, die vergleichende Untersuchung „für tot zu erklären"[7]. Heute wiederum bringt man ihr wachsendes Interesse entgegen. Ja, man kann geradezu von einer *Renaissance der vergleichenden Methode* sprechen. Dies wird auch und besonders in der Kriminologie deutlich.

1.3 Ersatz für das Experiment

Dafür ist bedeutsam, daß neben dem Bewußtsein vom „Kleinerwerden" der Welt, der Lösungsnotwendigkeit ähnlicher Sozialprobleme und den Vereinheitlichungstendenzen in Gesellschaft, Wissenschaft und Recht die komparative Methode zu den Wegen menschlicher Erkenntnis zählt, die man wohl in jeder Wissenschaft beschreiten kann[8]. Was für die Naturwissenschaft das Experiment

[5] *Dilthey, W.:* Die Methoden der Natur- und Geisteswissenschaften (1895/1896), in: Gesammelte Schriften, V. Band, 2. Aufl., Stuttgart, Göttingen 1957, 262.

[6] *Rothacker, E.:* Die vergleichende Methode in den Geisteswissenschaften, Zvgl. Rwiss 60 (1957), 15.

[7] *Rothacker, E.:* a. a. O. (FN 6), 17.

[8] *Holt, R., Turner, J.* (Ed.): The Methodology of Comparative Research, New York 1970; *Vallier, J.* (Ed.): Comparative Methods in Sociology. Essays on Trends and Applications, Berkeley 1971; *Manaster, G., Havighurst, R.:* Cross-National Research. Social Psychological Methods and Problems, London 1972; *Jaide, W.:* Über Probleme und Möglichkeiten interkultureller Vergleiche bei Jugendlichen in der Bundesrepublik Deutschland und der DDR, Kölner Zeitschrift für Soziologie 27 (1975), 393—410; *Poortinga, Y. H.* (Ed.): Basic Problems in Cross-Cultural Psychology. Selected Papers from the Third International Conference of the Int. Ass. for Cross-Cultural Psychology, Amsterdam-Lisse 1977; *Zacher, H.:* Vorfragen zu den Methoden der Sozialrechtsvergleichung, in: Metho-

bedeutet, stellt für die anderen Disziplinen der Vergleich dar. In den Sozial- und Humanwissenschaften ist die Gegenüberstellung von Experiment und Kontrollsituation in aller Regel unmöglich, da die für das jeweils interessierende Problem relevanten Situationen sich nicht künstlich herbeiführen lassen[9]. Als Ersatz für das Experiment dient daher die vergleichende Analyse, die Suche nach Gleichförmigkeiten der verschiedenen Systeme, insbesondere die Herausarbeitung universeller Gemeinsamkeiten und individueller Unterschiede im jeweiligen Forschungsfeld[10].

1.4 Vergleichende Kriminologie

Zwar versteht sich die Kriminologie seit jeher als internationale Wissenschaft[11], so daß die Bezeichnung „vergleichende Kriminologie" fast als Pleonasmus anmutet[12]. Davon legt auch die Tatsache Zeugnis ab, daß die überwiegende Zahl kriminologischer Arbeiten, die vor dem Ersten Weltkrieg erschienen, vergleichender Natur waren[13]. Dazu gehören neben den frühen kriminalstatistischen Analysen aus der ersten Hälfte des 19. Jahrhunderts z. B. *Tardes* „Criminalité comparée"[14], *Lombrosos* internationaler und historischer Vergleich über Ursachen und Grundlagen des politischen Verbrechens und der Revolution[15] oder *Durkheims* vergleichende Abhandlung über den Selbstmord[16]. Dennoch taucht der Begriff der „vergleichenden Kriminologie" erst Mitte der 50er Jahre auf. Er wird auf einen der Wegbereiter kriminologischen Forschens, nämlich auf Sheldon *Glueck* zurückgeführt. Dieser

dische Probleme des Sozialrechtsvergleichs. Colloquium der Projektgruppe für internationales und vergleichendes Sozialrecht der MPG, hrsg. von *H. Zacher*, Schriftenreihe für internationales und vergleichendes Sozialrecht, Band I, Berlin 1977, 21 ff.; ferner *Kaiser, G.*: Strafrechtsvergleichung und vergleichende Kriminologie, in: Strafrecht und Strafrechtsvergleichung. Colloquium anläßlich des 60. Geburtstages von H.-H. Jescheck, hrsg. von *G. Kaiser* und *Th. Vogler*, Freiburg 1975, 79 mit weiteren Nachweisen.

[9] *Berstecher, D.*: Zur Theorie und Technik des internationalen Vergleichs, Stuttgart 1970, 30.

[10] *Kaiser, G.*: a. a. O. (FN 8), 79.

[11] *Kaiser, G.*: Kriminologie, 3. Aufl., Heidelberg, Karlsruhe 1976, 47.

[12] *Kaiser, G.*: a. a. O. (FN 11), 84.

[13] *Szabo, D.*: Comparative Criminology, Montreal 1973, 3.

[14] *Tarde, G.*: La criminalité comparée, Paris 1886.

[15] *Lombroso, C.*: Der politische Verbrecher und die Revolution, Hamburg 1891.

[16] *Durkheim, E.*: Le suicide, Paris 1898.

stellte 1955 auf dem „Ersten Kongreß der Vereinten Nationen über Verbrechensverhütung und die Behandlung von Verbrechen" in Genf die Forderung auf, „durch Zusammenarbeit zwischen den Forschern verschiedener Länder das höchst vielversprechende neue Feld der komparativen Kriminologie zu entwickeln"[17].

Glueck verstand unter vergleichender Kriminologie die Replikation von Forschungen, die dazu bestimmt sind, als kausale Kräfte wirksame *Universalien* aufzudecken, ungeachtet kultureller Unterschiede in den einzelnen Ländern[18]. Dabei begriff er die Vergleichung in der Kriminologie als die wissenschaftliche Methode, die dem Experiment etwa in den Naturwissenschaften gleichsteht. Fünf Jahre später nahm Hermann *Mannheim Gluecks* Forderung nach einer „vergleichenden Kriminologie" auf und gab seinem Lehrbuch diesen Namen[19].

Die ersten Ansätze komparativer Untersuchung beziehen sich nach Begriff und Selbstverständnis der Kriminologie erwartungsgemäß auf die vergleichende Analyse von Verbrechen und Verbrecher[20]. Erst neuerdings wird entsprechend dem Erkenntniswandel versucht, die Beziehungen zwischen der Verbrechenskontrolle und den Rechtsbrechern in einer komparativen Weise zu erfassen und zum Gegenstand der wissenschaftlichen Aussage zu machen. Ergiebiger und gültiger Vergleich erschöpft sich nicht mehr in der komparativen Darstellung von beispielsweise Verbrechens- und Gefangenenraten, sondern bezieht sich auch auf den Vergleich unterschiedlicher organisatorischer Strategien, Rechtsnormen in einem gegebenen sozio-kulturellen Zusammenhang durchzusetzen[21]. Aber auch diese fruchtbare *Erweiterung des kriminologischen Blickfeldes* — etwa vom Verbrecher zur Verbrechenskontrolle — darf nicht dazu verleiten, die grundlegende Frage nach Sinn und Wert der vergleichenden Methode in der Kriminologie außer acht zu lassen.

In dem 1976 erschienenen Werk „Criminology" begründet der Herausgeber des Buches, Dae *Chang*, sein Vorhaben, einen *interkulturellen Über-*

[17] *Glueck, Sh.:* Two International Criminological Congresses (1956), in: Ventures in Criminology. Selected Recent Papers, ed. by *Sh.* and *E. Glueck*, London 1964, 205.

[18] *Glueck, Sh.:* Wanted: A Comparative Criminology (1960), in: Ventures in Criminology, ed. by Sh. and E. Glueck, London 1964, 304.

[19] *Mannheim, H.:* Comparative Criminology, London 1965 (deutsch: Stuttgart 1974, XIII).

[20] Vgl. z. B. *Cavan, R., Cavan, J.:* Delinquency and Crime: Cross-Cultural Perspectives, Philadelphia, New York 1968.

[21] *Kaiser, G.:* a. a. O. (FN 8), 88.

blick (cross-cultural perspective) zu vermitteln, mit der Notwendigkeit, Regierungssysteme, das Recht, gerichtliche Verfahren, Strafen, sozioökonomische Strukturen, kurz die Kultur anderer Länder zu verstehen, um damit ein besseres Verständnis für das amerikanische Kriminalitätsproblem zu gewinnen[22].

Im Vorwort zu demselben Buch beschreibt *Zastrow* die Ziele des vergleichenden Ansatzes in der Kriminologie unter anderem mit dem Austausch von Verbrechens- und Kriminalitätsdaten, mit der Verstärkung der Verbrechensverhütung einerseits und der Rehabilitierung von Rechtsbrechern andererseits, ferner mit dem Versuch, die kriminologischen Konzepte international zu überprüfen und dadurch zu leistungskräftigeren Theorien zu gelangen und schließlich mit der wirksameren Bekämpfung bestimmter internationaler Verbrechen wie Drogenhandel und Luftpiraterie[23].

Von ähnlichen Zielvorstellungen lassen sich auch *Miyazawa* und *Schneider* in ihrem Beitrag zur vergleichenden Kriminologie am Beispiel Japans implizit leiten[24]. Obschon die Darstellung sich auf die Beschreibung der japanischen Situation hinsichtlich Verbrechen und Verbrechenskontrolle sowie auf die Erklärung einzelner Phänomene bezieht, bietet der Beitrag selbst noch keine komparative Analyse, sondern lediglich das Angebot zur vergleichenden Betrachtung. Diese steht jedoch noch aus und muß erst nachgeholt werden.

Gerade die letzten Beispiele zeigen, daß die Notwendigkeit erkannt worden ist, die zugrundeliegenden organisatorischen Strategien und Rechtsnormen in einem gegebenen kulturellen Zusammenhang zu sehen und zu vergleichen[25]. Lange Zeit war es üblich gewesen, z. B. Raub oder Diebstahl, aber auch polizeiliche Registrierung oder die Verurteilung, jeweils als feste Daten so zu nehmen, wie sie national verstanden und praktiziert wurden. Die jeweiligen Definitionen und Ergebnisse pflegte man herkömmlich im interkulturellen oder internationalen Vergleich als gleichartig und damit als vergleichbar darzustellen. Die neuere Betrachtungsweise versucht hingegen, die zu untersuchenden und zu vergleichenden Erscheinungen in ihren jeweiligen Sinn- und Bedeutungssystemen zu erfassen[26]. Daher trägt man trotz systemübergreifendem Untersuchungskonzept den jeweiligen Besonderheiten Rechnung. Beispielsweise wird auf Sprachbarrieren und Besonderheiten

[22] *Chang, D. H.* (Ed.): Criminology. A Cross-Cultural Perspective, New-Delhi u. a. 1976, XIII; generell *Ehrmann, H.*: Comparative Legal Cultures, Englewood Cliffs, London 1976.

[23] *Zastrow, Ch.*: in: Chang, D. H., a. a. O. (FN 22), VIII.

[24] *Miyazawa, K., Schneider, H. J.*: Vergleichende Kriminologie: Japan, in: HWKrim. Ergänzungsband, Berlin 1977, 1—46.

[25] *Kaiser, G.*: a. a. O. (FN 8), 87.

[26] *Kaiser, G.*: a. a. O. (FN 8), 88.

im kulturellen Normgefüge einerseits und kulturelle Gemeinsamkeiten andererseits verstärkt Rücksicht genommen.

1.5 Wechselseitige Ergänzung von vergleichender Kriminologie und Strafrechtsvergleichung

Aus alledem erwachsen neue Berührungspunkte, ja ein wechselseitig ergänzendes Verhältnis zur Strafrechtsvergleichung, wie dies ähnlich für Rechtssoziologie und Zivilrechtsvergleichung angenommen wird[27]. Freilich verfügt die Rechtsvergleichung über Leistungen und Selbstbewußtsein, die sich die komparative Kriminologie erst noch erringen muß. Dafür ist sicherlich belangvoll, daß die wissenschaftlichen Aufgaben der beiden Disziplinen verschieden liegen.

Rechtsvergleichung dient zunächst der Gewinnung neuer Erkenntnisse, die Ansatzpunkt und Material bilden für andere Ziele und Funktionen, die erreicht werden sollen[28], etwa für die Auslegung des Rechts, für die bessere Kenntnis des eigenen Rechts, für die internationale Zusammenarbeit durch Annäherung der Standpunkte und vor allem für die Förderung der Arbeit des Gesetzgebers durch Bereitstellung von „Lösungsvorrat" für die verschiedenen sozialen Probleme[29].

Während die Rechtsvergleichung es also mit der Gegenüberstellung juristischer Problemlösungen zu tun hat, erblickt die komparative Kriminologie ihre Aufgabe in Dauerbeobachtung, Analyse und Erklärung der Zusammenhänge von Verbrechen, Verbrecher und Verbrechenskontrolle. Dem ist auch die viktimologische Betrachtung zugeordnet sowie die empirische Abschätzung von Techniken und Konsequenzen rechtlicher Problembewältigung[30].

Die Probleme, mit denen sich kriminologische Forscher beschäftigen, sind international durchweg die gleichen. Schon daher liegt es nahe, sich von der Partialität der eigenen Gesellschaft zu lösen und sich den Untersuchungsergebnissen ausländischer Staa-

[27] *Drobnig, U.:* Rechtsvergleichung und Rechtssoziologie (1953), in: Rechtssoziologie und Rechtsvergleichung, hrsg. von *U. Drobnig* und *M. Rehbinder*, Berlin 1977, 26 ff.

[28] *Constantinesco, L.:* Rechtsvergleichung, Band II, Die rechtsvergleichende Methode, Köln, Berlin, Bonn, München 1972, 332.

[29] *Jescheck, H.-H.:* a. a. O. (FN 4), 765.

[30] Vgl. dazu *Kaufmann, H.:* Kriminologie I, Stuttgart 1971; *Eisenberg, U.:* Einführung in die Probleme der Kriminologie, München 1972; *Göppinger, H.:* Kriminologie, 3. Aufl., München 1976; *Kaiser, G.:* a. a. O. (FN 11); *Schneider, H.:* Kriminologie, 2. Aufl., Berlin 1977.

ten zuzuwenden. Damit verbindet sich die Erwartung, daß sich die Erkenntnis steigern läßt, wenn empirisches Wissen möglichst aus weiten Teilen der Welt für die eigene Forschung genützt wird.

2. *Möglichkeiten und Grenzen vergleichender Untersuchung in der Kriminologie*

Anhand einzelner Aspekte, Forschungsfelder und Anwendungsbeispiele kann man veranschaulichen, inwieweit die komparative Methode in der Forschungspraxis eine Rolle spielt, welche Untersuchungen in diesem Bereich durchgeführt wurden und welche Ergebnisse sie erbracht haben. Wie nach Geschichte und Erkenntniswandel der Kriminologie zu erwarten, wird die komparative Methode auf

- das Verbrechen durch vergleichende Dokumentenanalyse anhand der Kriminalstatistik,
- den Verbrecher durch vergleichende Persönlichkeitsforschung und
- die Verbrechenskontrolle durch vergleichende Sanktionsforschung und Systemanalyse

angewendet. Darüber hinaus zeigt der wachsende Gebrauch von Einstellungsuntersuchungen, Perzeptionsanalysen und Umfragen, etwa im Rahmen von Täter- und Opferbefragungen, die Verknüpfung und den inneren Zusammenhang zwischen den genannten drei Forschungsfeldern.

2.1 Vergleichende Verbrechensanalyse durch internationale Kriminalstatistik

2.11 Fragestellung

Fortschreitende Internationalisierung der Kriminologie und zwischenstaatliche Zusammenarbeit auf kriminalpolitischem Gebiet erfordern in verstärktem Maße, die gewonnenen Forschungsergebnisse auf internationaler Ebene zu vergleichen und damit auch notwendigerweise eine aussagekräftige internationale Kriminalstatistik aufzubauen[31]. Dieses *Erfordernis* hat nicht erst in neuerer Zeit Beachtung gefunden. Bereits in der Mitte des vorigen Jahrhunderts erörterte der Internationale Statistische Kongreß in Brüssel (1853) auf Initiative *Quetelets* die Möglichkeit einer inter-

[31] *Collmann, H.-J.*: Internationale Kriminalstatistik. Geschichtliche Entwicklung und gegenwärtiger Stand, Stuttgart 1973, 104; *Heinz, W.*: Kriminalstatistik. Entwicklung, Probleme und Perspektiven, Unveröff. Habil.-Schrift, Freiburg 1976.

nationalen Vergleichbarkeit der Kriminalstatistiken[32]. Von diesem Zeitpunkt an beschäftigte dieses Problem zahlreiche internationale Organisationen und Experten aller Wissenschaftszweige.

2.12 Bedeutsame Ansätze

Im folgenden soll *beispielhaft* auf die Arbeit der drei Organisationen eingegangen werden, die sich nach dem Zweiten Weltkrieg am intensivsten mit Problemen der internationalen Kriminalstatistik beschäftigt haben.

2.121 Kriminalstatistik der Interpol

Seit 1953 veröffentlicht die Internationale Polizeiliche Organisation (Interpol) alle zwei Jahre eine zur Zeit 78 Länder umfassende Statistik, deren Daten den nationalen Kriminalstatistiken entnommen sind. Diese Kriminalstatistik baut sowohl auf polizeilich registrierten Straftätern als auch auf Straftaten auf. Zur Zeit werden 6 Straftatengruppen berücksichtigt: vorsätzliche Tötungen, Straftaten gegen die Sittlichkeit, Diebstähle, Betrug, Falschgeld- und Rauschgiftdelikte[33].

Vom Aspekt einer internationalen Vergleichbarkeit der Daten lassen sich schwerwiegende *Bedenken* anführen: Zunächst einmal sammelt die Interpol lediglich die von den Mitgliedsländern bereitgestellten Daten und wertet sie aus; die Zuverlässigkeit der Daten bleibt für sie unüberprüfbar. Problematisch erscheinen auch die von der Interpol aufgestellten Deliktsgruppen, deren Definitionen viel zu weit gefaßt sind und deren Interpretation jedem Mitgliedsland frei überlassen wird. Dies führt zu beträchtlichen Unterschieden im Hinblick auf die Abgrenzung der strafrechtlichen Tatbestände und damit letztlich zu einer Unvergleichbarkeit der aufgeführten absoluten Zahlen. Zwar soll nach Äußerungen seitens der Interpol der direkte Vergleich der absoluten Zahlen derzeit weniger bezweckt werden, vielmehr sollen die „statistiques criminelles internationales" in erster Linie einen Einblick in den Stand und die Entwicklung der Kriminalität in den einzelnen Mitgliedsstaaten geben[34]. Damit wird jedoch die derzeit einzig existierende internationale Kriminalstatistik, die aus diesem Grunde auch mehr und mehr zu Vergleichen herangezogen wird[35], ihrer eigentlichen Aufgabe, vergleichbare Daten zu liefern, nicht gerecht. Sie erschöpft sich in einer komparativen Darstellung eines auf bestimmte Straftatengruppen beschränkten Beitrages aus den verschiedenen und verschiedenartigen nationalen Kriminalitätsstatistiken.

2.122 Bestrebungen der Vereinten Nationen

Kurz nach dem Ende des Zweiten Weltkriegs nahm auch die UNO das Problem der internationalen Kriminalstatistiken in Angriff. Bisher haben

[32] *Collmann, H.-J.:* a. a. O. (FN 31), 2.
[33] *Collmann, H.-J.:* a. a. O. (FN 31), 61 ff.
[34] *Collmann, H.-J.:* a. a. O. (FN 31), 64.
[35] *Vetere, E., Newman, G.:* International Crime Statistics: An Overview From a Comparative Perspective, Abstracts on Criminology and Penology 17 (1977), 255.

diese Arbeiten aber noch zu keinem praktischen Ergebnis geführt. Allerdings ist die erste und schwierigste Aufgabe für einen internationalen Kriminalitätsvergleich erfüllt, nämlich die Zusammenstellung der als vergleichbar klassifizierten Straftaten, wobei zunächst die Strafgesetzbücher von 62 Staaten darauf hin geprüft wurden, welche der Straftatbestände unter die drei zu erfassenden Deliktsgruppen, nämlich Tötungsdelikte, schwere Körperverletzungen, Raub und schwerer Diebstahl, fallen könnten[36]. Nach Abschluß der Vergleichsuntersuchungen erstellte das Generalsekretariat der UNO Meldelisten, in denen eine Aufstellung für die von jedem Land zu den drei Straftatengruppen zu liefernden Tatbestände gegeben wurde.

Aber weitere Fortschritte hat das Forschungsvorhaben nicht gemacht, so daß man heute davon sprechen kann, daß das *Experiment gescheitert* ist. Dieser Mißerfolg läßt sich teilweise auf die Kompetenzaufteilung und die mangelnde Zusammenarbeit zwischen dem „Statistical Office" und der „Social Defense Section" zurückführen[37]. Auch finanzielle Schwierigkeiten haben eine Rolle gespielt[38]. Letztlich ist aber die UNO an der praktischen Durchführung dieser schwierigen Aufgabe gescheitert.

2.123 Bemühungen des Europarats

Auch der Europarat hat sich mit der Frage der Vergleichbarkeit der europäischen Kriminalstatistiken beschäftigt[39]. Um Überschneidungen mit der Arbeit der Interpol zu vermeiden, sollen hier als Grundlage für eine zukünftige einheitliche europäische Kriminalstatistik die Gerichtsstatistiken der einzelnen Länder genommen werden.

Außer einer Fragebogenaktion über die zur Zeit in den Mitgliedsstaaten gebräuchlichen kriminalstatistischen Methoden, Definitionen, Termini und über die durchgeführten Maßnahmen zur Verbesserung der nationalen Kriminalstatistiken hat die Arbeit des Europarats jedoch *noch keine Ergebnisse* erbracht[40]. Auf seinem Zweiten kriminologischen Kolloquium 1976 sprach der Europarat die Empfehlung aus, daß die Bemühungen der Mitgliedstaaten auf dem Gebiet der Kriminalstatistik koordiniert werden sollten, um zu vergleichbaren Informationen über Verbrechen und die Behandlung von Rechtsbrechern zu kommen[41].

2.13 Emanzipation, Frauenkriminalität und Kriminalstatistik in internationaler Sicht

Lange Zeit wurde der international beobachtbare geringe Anteil des weiblichen Geschlechts an der Kriminalität biologisch begründet und deshalb zusätzlicher Erklärung kaum bedürftig hingenommen. Erst im Zuge erneuerter Emanzipationsbewegung und veränderter sozialer Stellung der Frau rückte die Frage nach den etwaigen Auswirkungen dieses Wandels auf

[36] *Collmann, H.-J.:* a. a. O. (FN 31), 67.
[37] So *Vetere, E., Newman, G.:* a. a. O. (FN 35), 255.
[38] *Collmann, H.-J.:* a. a. O. (FN 31), 71.
[39] *Collmann, H.-J.:* a. a. O. (FN 31), 71.
[40] *Collmann, H.-J.:* a. a. O. (FN 31), 71.
[41] *Vetere, E., Newman, G.:* a. a. O. (FN 35), 256.

die Kriminalitätsbelastung der Frau zunehmend in das Blickfeld kriminologischer Betrachtung. Inwieweit sich der Kriminalstatistik gar ein Indikator für die Emanzipation entnehmen läßt, ist mittlerweile zur Streitfrage geworden[42].

Fraglos lassen sich im interkulturellen Vergleich statistischer Daten Länder nachweisen, in denen die soziale und ökonomische Ungleichheit zwischen den Geschlechtern abgenommen und die Kriminalität der Frau zugenommen hat, während in anderen Ländern mit größeren sozialen Unterschieden zwischen Mann und Frau die Ungleichheiten zwischen der Kriminalitätsbelastung und zwischen den Geschlechtern am ausgeprägtesten sind[43]. Jedoch erscheint zweifelhaft, ob es zur Stützung dieser These ausreicht, nur solche Länder wie die Bundesrepublik Deutschland, England, Indien oder Japan auszuwählen, bei denen sich demgemäß ein Anstieg der Frauenkriminalität ergibt, aber andere Länder mit möglicherweise geringeren Ungleichheiten zwischen den Geschlechtern, die aber gleichwohl einen Anstieg an Frauenkriminalität aufweisen, zu ignorieren. Im übrigen wissen wir aus dem historischen Vergleich, daß im letzten Jahrhundert aus den verschiedensten Gründen in skandinavischen und anderen Staaten der Anteil des weiblichen Geschlechts an allen Straffälligen weit höher ausgewiesen wurde, als es heutzutage der Fall ist, obwohl fraglos die Emanzipation der Frau auch dort zugenommen hat. Im übrigen kann man Zweifel haben, ob die heutigen Schwerpunkte weiblicher Kriminalität, etwa beim Ladendiebstahl, als Anzeichen für gewachsene Emanzipation gedeutet werden können. Dafür ist bemerkenswert, daß gerade die über 50 Jahre alten Frauen hierbei verstärkt auffallen, ganz im Gegensatz zu den weit emanzipationsbewußteren jüngeren. Auch werden Frauen im Gegensatz zu Männern mehr im sozialen Nahfeld als im sozialen Fernraum auffällig. Dennoch ist richtig gesehen, daß die Sozialisation des weiblichen Geschlechts und die intensivere Kontrolle ihm gegenüber von Einfluß auf die Kriminalitätsbelastung sind, und daß ferner in Zeiten der Rollenunsicherheit wie in der Gegenwart auch die Delinquenzbelastung des weiblichen Geschlechts wächst. Jedoch ist ein solcher Zuwachs nur dann für die Fragestellung relevant, wenn er über die Zunahme des männlichen Geschlechts weit hinausgeht. Dies jedoch ist kaum der Fall. Denn Mädchen und Frauen stellen bei weitgehender Konstanz bis zu einem Lebensalter von 60 Jahren nur einen Teil von 11—16 % an allen registrierten Straftätern. Ein aussagekräftiger Beleg für die gewachsene Emanzipation dürfte sich daher der Kriminalstatistik kaum entnehmen lassen, vielleicht mit Ausnahme der Verkehrsdelinquenz und auch des Terrorismus[44].

[42] Bejahend *Adler, F.:* The Interaction between Women's Emancipation and Female Criminality: A Cross Cultural Perspective, Int. Journal of Criminology and Penology 5 (1977), 101 ff.; ablehnend *Norland, St., Shover, N.:* Gender Roles and Female Criminality. Some Critical Comments, Criminology 15 (1977), 87.

[43] *Adler, F.:* a. a. O. (FN 42), 103.

[44] *Bauer, G.:* Gewaltkriminalität, in: HWKrim. 1977, 80—121 (104).

2.14 Zusammenfassung und Kritik

Der Überblick zeigt, daß trotz verstärkter internationaler Bemühungen das Problem einer brauchbaren und theoretisch befriedigenden internationalen Kriminalstatistik noch nicht gelöst ist. Die nationalen Statistiken sind in ihrer Erhebungsmethode und Systematik so unterschiedlich, daß sich internationale Vergleiche nur unzureichend durchführen lassen. Das Ziel, die nationalen Kriminalstatistiken auf weltweiter Ebene nach einem internationalen Schema zu harmonisieren, erscheint nach den bisherigen Bemühungen kaum erreichbar. Vor allem stellt die verschiedenartige nationale Strafgesetzgebung eine nicht zu überwindende Schwierigkeit dar. In den einzelnen Ländern bestehen nach Definition und Abgrenzung der einzelnen Tatbestände beträchtliche Unterschiede, die Vergleiche der Straftatenziffern nur mit starken Vorbehalten ermöglichen[45]. Am Ende steht die delikate Frage, ob die registrierten Verbrechen die wirkliche Kriminalität oder mehr die strafrechtliche Sozialkontrolle indizieren. Damit hängt auch das Dunkelfeldproblem zusammen, das Vergleiche zusätzlich erschwert. Trotzdem erscheint angesichts des weltweiten Problems der Kriminalität eine Kriminalstatistik, die aussagekräftige Vergleichsanalysen erlaubt, unerläßlich.

Einen wichtigen Denkanstoß hat vor allem das Sellin-Wolfgang-Modell geliefert. Es hat eine neue kriminalstatistische Einheit entwickelt. Gezählt wird danach nicht mehr die „Tat" oder der „Täter", sondern der kriminelle Fall (event) in seiner Gesamtheit als kriminelles Ereignis[46]. Das hätte zwar den Vorteil, daß die Straftaten nicht mehr unter ihrer legalen Bezeichnung in die Kriminalstatistik übernommen, sondern nur bestimmte objektiv beobachtbare und beschreibbare Merkmale verwertet würden. Jedoch erschiene zweifelhaft, was dann genau gezählt würde und welche kriminologische Relevanz den registrierten Ereignissen zukäme. Im übrigen wäre erforderlich, daß Vergleiche sich nicht auf Daten über kriminelles Verhalten beschränkten, sondern die sozialen Systeme und Reaktionen in den Vergleich mit einbezögen[47]. Das würde sicherlich dazu führen, internationale Vergleichsstudien jeweils auf wenige Länder zu beschränken, da die erforderliche gründliche Analyse nicht anders zu bewerkstelligen wäre.

2.2 Vergleichende Verbrechensanalyse durch Schwereeinschätzung von Delikten

Um die Mängel und Schwierigkeiten des internationalen kriminalstatistischen Vergleichs auszuräumen und zugleich zu an

[45] *Collmann, H.-J.:* a. a. O. (FN 31), 104 f.
[46] *Collmann, H.-J.:* a. a. O. (FN 31), 96.
[47] *Vetere, E., Newman, G.:* a. a. O. (FN 35), 262.

Informationsgehalt überlegeneren Aussagen über die Kriminalitätsbewegung zu gelangen, wird versucht, anhand unterschiedlicher Einschätzungen der Deliktsschwere zum aussagekräftigen Vergleich vorzustoßen. Daher steht das Problem der Schwereeinschätzung im engen Zusammenhang mit dem Problem der Vergleichbarkeit verschiedener nationaler Kriminalstatistiken.

Freilich ist damit die Bedeutung der Schwereeinschätzung keineswegs erschöpft. Denn diese läßt außerdem erkennen, daß die Anzeigebereitschaft bezüglich einzelner Straftaten wächst, wenn diese vom Opfer oder Zeugen als schwer und verwerflich beurteilt werden, während als Bagatellen eingeschätzte Delikte seltener angezeigt zu werden pflegen[48].

2.21 Ansätze und Beispiele

Die zahlreichen europäischen und außereuropäischen Arbeiten zur Schwereeinschätzung zeigen, daß dieser Bereich mit zunehmendem Interesse untersucht wird[49]. Allerdings beschränken sich die bisher vorliegenden Arbeiten fast ausnahmslos auf einzelne nationale Erhebungen. Zwar werden interkulturelle Vergleiche angestrebt, doch bestehen auch hier noch erhebliche methodische Schwierigkeiten. Dies veranschaulicht kennzeichnend das folgende Beispiel:

2.211 International vergleichende Einschätzung von Gewalt

Lenke legte 1972 für eine Konferenz des Europarats einen Bericht unter anderem über die öffentliche Einschätzung von Gewalt vor. Sein Ziel war es, die Ergebnisse vorhandener Untersuchungen in den verschiedenen Ländern zu sammeln und zu vergleichen. Dabei beschränkte er sich auf ein Sample von fünf Ländern: Österreich, England, Frankreich, Italien und Schweden[50]. Bei seiner Untersuchung stieß er gleich zu Anfang auf die Schwierigkeit, daß in jedem Land unter „Gewalt" etwas anderes verstanden und mit etwas anderem assoziiert wurde. Während die Franzosen etwa an Studentenunruhen dachten, verstand man in Schweden unter dem Begriff „Gewalt" die Straßenkriminalität und in England wiederum die politische Gewalt in Nordirland[51]. *Lenke* verglich die von ihm vorgefundenen Untersuchungen in Bezug auf die Schwereeinschätzung der verschiedenen Gewaltdelikte, hinsichtlich des Vergleichs von Gewaltverbrechen zu anderen Sozialproblemen und in Bezug auf den Einfluß der öffentlichen Meinung auf Art und Höhe der Verurteilung. Er leitete daraus Untersuchungsergeb-

[48] *Villmow, B.:* Schwereeinschätzung von Delikten, Berlin 1977, 9 f.
[49] *Villmow, B.:* a. a. O. (FN 48), 28.
[50] *Lenke, L.:* Criminal Policy and Public Opinion Towards Crimes of Violence, in: Violence in Society. Council of Europe, Strasbourg 1974, 63.
[51] *Lenke, L.:* a. a. O. (FN 50), 80.

nisse ab, ohne dabei nochmals auf die von ihm anfangs erwähnten methodischen Schwierigkeiten einzugehen.

2.212 Sellin-Wolfgang-Kriminalitätsindex

Sellin und *Wolfgang* legten im Jahre 1964 eine Studie vor, deren Ziel es bekanntlich war, ein genaueres Instrument für die Messung der Kriminalität zu schaffen, als es die gegenwärtig vorhandenen Kriminalitätsstatistiken boten[52]. Mit Hilfe der Methode, Größenverhältnisse einzuschätzen, wurde eine Rangreihe erarbeitet, aus der dann später das Gewichtungssystem für den Kriminalitätsindex entwickelt werden konnte[53]. In einer Replikationsstudie faßte *Normandeau* die Ergebnisse der Untersuchungen in den USA, in Kanada, England, Zaire, Taiwan, Indonesien, Brasilien und Mexiko zusammen. Aus dieser Übersicht ergab sich, daß die Gesamtrangordnungen der Delikte in den einzelnen Ländern gut übereinstimmten[54].

Zweifel gegen diesen direkten Vergleich ohne eine gewisse Umrechnung der Daten haben *Pease, Ireson* und *Thorpe* angemeldet. Sie meinen, daß *Normandeau* zu Unrecht angenommen habe, daß alle nationalen Gruppen hinsichtlich der Schwere des Grunddelikts übereinstimmten, und daß deshalb die auf den Einschätzungen des Grunddelikts aufbauenden Berechnungen ein verfälschtes Bild lieferten. Außerdem vertreten sie die Ansicht, daß die Bandbreiten der Gewichtungen innerhalb der verschiedenen Befragtengruppen zu unterschiedlich seien, um die Gewichtungen bei einzelnen Delikten vergleichen zu können[55]. So bedeute ein Wert 6 innerhalb einer Bandbreite von 1—8 etwas ganz anderes als ein Wert 6 bei einer Bandbreite von 1—117.

Einen Überblick über die deutschen und ausländischen Forschungsarbeiten auf dem Gebiet der Schwereeinschätzung hat neuerdings *Villmow* vorgelegt[56]. Er gelangt zu dem Schluß, daß ein *Vergleich* der Ergebnisse und eine diesbezügliche Zusammenfassung aus methodischen Gründen *problematisch* sei, da die einzelnen Untersuchungen nicht nur aus verschiedenen Ländern, in denen zahlreiche Tatbestände unterschiedliche Bedeutung hätten bzw. verschiedene Handlungsbereiche erfaßten, stammen, sondern auch meist verschiedenartige Delikte eingestuft, nicht identische Stichproben befragt und häufig nicht vergleichbare Methoden verwandt wurden[57].

2.22 Zusammenfassung und Kritik

Der Forschungstrend hinsichtlich der Schwereeinschätzung geht dahin, mehr als bisher internationale und interkulturelle

[52] *Sellin, Th., Wolfgang, M. E.:* The Measurement of Delinquency, New York 1964.

[53] *Villmow, B.:* a. a. O. (FN 48), 30.

[54] *Kutchinski, M. B.:* Aspects sociologiques de la déviance et de la criminalité, in: La perception de la déviance et de la criminalité. Conseil de l'Europe, Strasbourg 1972, 81 f.

[55] *Pease, K., Ireson, J., Thorpe, J.:* Modified Crime Indices For Eight Countries, Journal of Criminal Law and Criminology 66 (1975), 210.

[56] *Villmow, B.:* a. a. O. (FN 48), 16 ff.

[57] *Villmow, B.:* a. a. O. (FN 48), 40 ff.

Untersuchungen durchzuführen. Dieses gesteigerte Interesse ist hauptsächlich auf die Notwendigkeit zurückzuführen, die Aussage der Kriminalstatistik zu verbessern, zu ergänzen und vergleichbar zu machen. Systematische Vergleiche und empirische Ergebnisse bezüglich der Vor- und Nachteile einzelner Verfahrensweisen fehlen jedoch nahezu vollständig[58].

2.3 Vergleichende Verbrechensanalyse durch Opferbefragung und Erforschung der Anzeigebereitschaft

Inwieweit die amtlich bekannt gewordenen Rechtsbrüche mit der wirklichen Kriminalität übereinstimmen, beschäftigt die Wissenschaft bekanntlich seit langer Zeit.

2.31 Fragestellung und Befunde

Betrachtungen und Spekulationen über Dunkelziffer und Dunkelfeld begegnen wir in der Fachliteratur bereits in der ersten Hälfte des 19. Jahrhunderts[59]. Trotzdem ging bis vor wenigen Jahren die Kriminologie lediglich von den amtlich ausgewiesenen Straftaten aus und begnügte sich hinsichtlich des Dunkelfeldes mit kriminalstatistischen Schätzungen. Die Analyse des Anzeigeverhaltens von Opfern und Zeugen trat demgegenüber zurück oder war als Forschungsproblem unbekannt. Erst die in den letzten Jahrzehnten wachsenden Zweifel an der Aussagekraft der Kriminalstatistik und die theoretischen Anstöße, wie sie beispielsweise durch den labeling approach ausgelöst wurden, ließen es als unbefriedigend erscheinen, ausschließlich die Daten offiziell registrierter Kriminalität der Analyse zugrundezulegen[60]. Begünstigt wurde diese Tendenz durch die von der empirischen Sozialforschung entwickelte Bevölkerungsbefragung. Diese erlaubte es, durch Täter-, Opfer- und Informantenbefragung zusätzliche Informationen zu gewinnen, die eine Kontrolle und Ergänzung offiziell ausgewiesener Kriminalitätsdaten ermöglichen. Erneut wurde man sich bewußt, daß und wie sehr Einstellung und Verhalten des Opfers das allgemeine Bild von dem Verbrecher und der Kriminalität mitgestalten. Denn das Verbrechensopfer trifft in seiner Rolle als Anzeigeerstatter die erste Auswahlentscheidung in dem Prozeß selektiver Strafverfolgung[61]. Die Erkenntnis dieser Beziehung zwischen Strafanzeige und Kriminalitätsstruktur haben Forschungen über Opferuntersuchungen und Anzeigebereitschaft begünstigt.

Daher wurden in den letzten Jahren zahlreiche deutsche und ausländische Opferuntersuchungen sowie Erhebungen zur An-

[58] *Villmow, B.:* a. a. O. (FN 48), 43 ff.

[59] *Kaiser, G.:* a. a. O. (FN 11), 172 ff.

[60] *Stephan, E.:* Die Stuttgarter Opferbefragung. Eine kriminologisch-viktimologische Analyse zur Erforschung des Dunkelfeldes unter besonderer Berücksichtigung der Einstellung der Bevölkerung zur Kriminalität, Wiesbaden 1976, 26.

[61] *Kaiser, G.:* a. a. O. (FN 11), 111.

zeigebereitschaft durchgeführt[62]. Zwar beschäftigten sich viele Untersuchungen mit dem gleichen Thema und kommen auch im wesentlichen zu gleichen Ergebnissen, z. B.

— daß private Anzeigeerstatter bei Massendelikten den Großteil aller Strafverfahren veranlassen, und daß Opfer und Anzeigeerstatter in 73—86 % der Fälle identisch sind[63] oder

— daß nur durchschnittlich die Hälfte aller erfragten strafrechtlich bedeutsamen Opfersituationen der Polizei mitgeteilt werden, die tatsächliche Anzeigebereitschaft und -praxis also von dem erfragten Anzeigeverhalten erheblich abweicht[64].

Unterschiedliche Befunde haben sich hingegen bei den Gründen für die Anzeige oder Nichtanzeige ergeben. So wird der geringe Schaden als Grund für die Nichtanzeige in europäischen Untersuchungen häufiger genannt als bei entsprechenden Erhebungen in den USA[65].

2.32 Zusammenfassung und Kritik

Vergleichend angelegte Untersuchungen nach einheitlichem Forschungsplan, welche die Untersuchungsergebnisse in verschiedenen Ländern oder Kulturkreisen gegenüberstellen und auswerten, sind aber noch selten, wenn man Sekundäranalysen aus-

[62] Vgl. etwa *Rennert, H.:* Untersuchungen zur Gefährdung der Jugend und zur Dunkelziffer bei sexuellen Straftaten, Psychiatrie, Neurologie und med. Psychologie 17 (1965), 361—367, sowie neuerdings den Überblick von *Schneider, H.:* Fortschritte der Viktimologie, Juristenzeitung 1977, 620 ff.

[63] Vgl. *Black, D.:* Production of Crime Rates, American Sociological Review 35 (1970), 763; *Hawkins, R. O.:* Who Called The Cops?: Decisions to Report Criminal Victimization, Law and Society Review 7 (1973), 432; *Skogan, W. G.:* The Victims of Crime: Some National Survey Findings, in: Criminal Behavior and Social System, ed. by *A. L. Guenther*, 2nd ed. Chicago 1976, 142; *Steffen, W.:* Analyse polizeilicher Ermittlungstätigkeit aus der Sicht des späteren Strafverfahrens, Wiesbaden 1976, 125 f.

[64] Vgl. *Ennis, Ph. H.:* Criminal Victimization in the United States. A Report of a National Survey, National Opinion Research Center, University of Chicago. A Report of a Research Study Submitted to the President's Commission on Law Enforcement and Administration of Justice, Washington D. C. 1967; *Schwind, H. D.* u. a.: Dunkelfeldforschung in Göttingen 1973/74. Eine Opferbefragung zur Aufhellung des Dunkelfeldes und zur Erforschung der Bestimmungsgrade für die Unterlassung von Strafanzeigen, Wiesbaden 1975; *Skogan, W. G.:* a. a. O. (FN 63); *Stephan, E.:* a. a. O. (FN 60); *Kürzinger, J.:* Private Strafanzeige und polizeiliche Reaktion, Berlin 1978.

[65] Vgl. *Schwind, H. D.:* a. a. O. (FN 64); *Skogan, W. G.:* a. a. O. (FN 64); *Stephan, E.:* a. a. O. (FN 60).

schließt[66]. Lediglich die Stuttgarter und Zürcher Opferbefragungen, die in Anlehnung an einen Fragebogen nordamerikanischer Forschung durchgeführt worden sind, lieferten bisher Vergleichsdaten zu Viktimisierung, Anzeigebereitschaft, Verbrechensfurcht und zum Kriminalitätsumfang in Großstädten der Bundesrepublik, der Schweiz und der USA[67].

Gleichwohl ergeben sich auch hier erhebliche Schwierigkeiten in der Aussagekraft und Interpretation der Befunde. Denn selbst dann, wenn die erfragten Opferbelastungen und Anzeigeraten ähnlich hoch ausfallen, bleibt noch offen, ob dem gleiche Perzeptionen der Befragten hinsichtlich des Schweregrades der Kriminalität entsprechen[68]. So scheint zwar in Stuttgart verglichen mit entsprechenden Großstädten der USA eine zahlenmäßig entsprechende Opferbelastung beim Raub vorzuliegen, jedoch der Qualität nach leichter und demnach verschieden. Die Bereitschaft der amerikanischen Opfer, derartige Deliktssituationen überhaupt als Raubtaten zu begreifen, dürfte — verglichen mit europäischen Populationen — erheblich geringer, hingegen die Bereitschaft der amerikanischen Polizei, die angezeigten Sachverhalte auch als Raub zu definieren, wesentlich größer sein. Eine Kontrolle anhand der Rechtspflegestatistik ist allerdings in den USA bislang noch nicht versucht worden[69]. Offenbar spielen bei derartigen Befragungen auch der Grad der Sensibilisierung und Toleranz für abweichendes Verhalten eine wichtige Rolle. Immerhin hat die Umfrageforschung im wesentlichen das Strukturbild der offiziell ausgewiesenen Kriminalität einschließlich Altersverteilung und Stadt-Land-Gefälle bestätigt.

2.4 Ursachenforschung durch Persönlichkeitsanalyse im Kontrollgruppenvergleich

Der Vergleich von Experimental- und Kontrollgruppen spielt in der kriminologischen Persönlichkeitsforschung eine wichtige Rolle. Dabei ist es von untergeordnetem Interesse, ob es im einzelnen um die Aufgabe der *Diagnose, Prognose oder Behandlung* geht. Denn in jedem Falle kann man unmöglich Merkmalsunterschiede von Kriminellen behaupten, wenn man nicht zugleich über

[66] Vgl. *Skogan, W. G.:* Sample Surveys of the Victims of Crime, Cambridge/Mass. 1976.
[67] Vgl. *Stephan, E.:* a. a. O. (FN 60), 318, 333, 477, 478.
[68] Dazu *Stephan, E.:* a. a. O. (FN 60), 348, 445 ff.
[69] *Kaiser, G.:* a. a. O. (FN 11), 264 f.

Nicht-Kriminelle Bescheid weiß[70]. Genausowenig kann man beim Institutions- oder Organisationsvergleich etwas über den Erfolg eines Behandlungsvollzugs aussagen, wenn man nicht den „Erfolg" eines nicht behandlungsorientierten Vollzugs vergleichend mit heranzieht. Das endgültige Ziel von Kontrollgruppen-Studien ist es also, sinnvolle Beziehungen zwischen Ursache und Wirkung zu entdecken[71].

Dies bedeutet, daß die beiden Gruppen in möglichst vielen Faktoren übereinstimmen müssen. So sollten z. B. in der Behandlungsforschung im Idealfall beim „Matching" zwei Gruppen entstehen, die, abgesehen von den Variablen „Behandlung" oder „keine Behandlung", vollkommen gleich sind in Bezug auf Alter, Geschlecht, soziale Herkunft und Schichtzugehörigkeit, Vorstrafenbelastung, bisherige Zeiten der Freiheitsentziehung usw. Das erfordert allerdings eine große Ausgangs-Stichprobe, aus der man wählen kann. Diese wird in den seltensten Fällen erreicht. Daher müssen sich die Forscher zumeist mit 3—4 übereinstimmenden Konstanten zufriedengeben. Deshalb sollte man besser von Vergleichsgruppe statt Kontrollgruppe sprechen[72].

2.41 Zwillingsforschung

Eine der ältesten Untersuchungsformen, die sich der Kontrollgruppe bedienen, bildet bekanntlich die Zwillingsforschung[73]. Insbesondere eineiige Zwillinge scheinen wegen desselben Erbgutes eine ideale Kontrollgruppe zur Entscheidung der Frage zu sein, ob kriminelles Verhalten auf unterschiedliche Erbanlage oder verschiedene Umwelteinflüsse zurückzuführen ist. Zahlreiche Forscher haben sich bislang mit der Kriminalität von Zwillingen befaßt und sind entsprechend ihrer theoretischen Ausgangsposition oder aufgrund methodischer Fehler zu teils widersprüchlichen Ergebnissen gelangt. Im ganzen jedoch ist die Konkordanz bei eineiigen Zwillingen tendenziell stets höher als bei zweieiigen Zwillingen[74]. Worauf jedoch die Übereinstimmung im Verhalten zurückzuführen ist, bleibt noch erklärungsbedürftig. Eine Rolle spielen kann die gleiche Sozialisation und die gleiche Behandlung im Umgang, die eineiige Zwillinge oft

[70] *Mannheim, H.:* a. a. O. (FN 19), 151.

[71] *Mannheim, H.:* a. a. O. (FN 19), 154.

[72] *Kaiser, G.:* Probleme interdisziplinärer empirischer Forschung in der Kriminologie, Monatsschrift für Kriminologie 50 (1967), 352—366 (364).

[73] Vgl. die „klassischen" Untersuchungen von *Lange, J.:* Verbrechen als Schicksal. Studien an kriminellen Zwillingen, Leipzig 1929; *Stumpfl, F.:* Erbanlage und Verbrechen, Berlin 1935; *Kranz, H.:* Lebensschicksale krimineller Zwillinge, Berlin 1936.

[74] *Kaiser, G.:* a. a. O. (FN 11), 21 mit Nachweisen; dazu kritisch *Leferenz, H.:* Kriminologie. Literaturbericht, ZStW 89 (1977), 960 ff.

wegen ihrer Ähnlichkeit erfahren. Es kann daher nicht ausgeschlossen werden, daß gleich verlaufende Lern- und Sozialisationsprozesse zur partiellen Übereinstimmung im Sozialverhalten beigetragen haben[75].

2.42 Vergleichende Längsschnittstudien

Internationale Bedeutung erlangt haben ferner die vergleichenden Längsschnittstudien der *Gluecks*. Bekanntlich haben die *Gluecks* in ihrer Untersuchung „Unraveling Juvenile Delinquency" 500 delinquente Jugendliche mit 500 nicht-delinquenten Jugendlichen aus Public-Schools in Boston verglichen[76]. Als man aber nach dem Paarvergleich bei der Zusammenstellung des Fall-Materials feststellte, daß aufgrund der Auswahlmethode die beiden Gruppen sich offensichtlich in gewissen Faktoren unterschieden, welche die Forscher konstant halten wollten, wurden bei der Auswahl entsprechende Änderungen durchgeführt[77]. Dadurch wird natürlich die Aussagekraft der Untersuchungsbefunde beeinträchtigt.

Dieser Einwand gilt sinngemäß gegen alle ähnlich gelagerten Vergleichsstudien[78]. Darüber hinaus bleibt bei ihnen offen, was die gefundenen Unterschiede indizieren. Sagen sie etwas über die unterschiedlichen Persönlichkeitsmerkmale oder die abweichenden Sozialisationsstile aus? Diese Frage bleibt entgegen dem Anspruch des ätiologischen Paradigmas letztlich ungeklärt[79].

2.43 Prognose und Behandlungsuntersuchungen

Prinzipiell dieselben Einwände lassen sich freilich auch gegen Prognose- und Behandlungsuntersuchungen erheben. Denn auch diese Forschung folgt weitgehend dem Kausalmodell. Doch auch dann, wenn die ätiologische Frage wegen der Komplexität der Randbedingungen nicht eindeutig beantwortet werden kann[80], können die Untersuchungen sinnvoll sein, wenn man die Merkmale als Indikatoren z. B. für Legalbewährung und Behandlungserfolg betrachtet. Diese Richtung scheint auch die „vergleichende Psychotherapie-Forschung" einzuschlagen, zumal eine eindeutig überlegene Behandlungsmethode nicht zu erkennen ist[81]. Allerdings ergeben sich selbst hier beim Vergleich die bekannten Matching-Probleme.

[75] *Kaiser, G.:* a. a. O. (FN 11), 21.

[76] *Glueck, Sh., Glueck, E.:* Unraveling Juvenile Delinquency, Cambridge/Mass. 1950.

[77] *Mannheim, H.:* a. a. O. (FN 19), 153.

[78] Z. B. gegenüber *Göppinger, H.:* Neuere Ergebnisse der kriminologischen Forschung in Tübingen, Kriminologische Gegenwartsfragen 9 (1970), 70 ff. und *West, D., Farrington, D.:* The Delinquent Way of Life. Third Report of the Cambridge Study in Delinquent Development, London 1977.

[79] Also die Frage, ob Mängel der Sozialisationsbiographie oder die Wirkungen der Prisonisierung für die kriminelle Entwicklung als ursächlich angesehen werden müssen.

[80] Vgl. *Kaiser, G.:* a. a. O. (FN 11), 134 f.

[81] Vgl. *DiLoreto, A.:* Comparative Psychotherapy, Chicago 1971; *Enke, H.:* Werte der Psychotherapie, Medizinische Psychologie 27 (1977), 85—100 (96) mit der Annahme, die wenigen validen Ergebnisse der vergleichenden

So wird z. B. in dem Projekt „Praxisbegleitende Erfolgskontrolle sozialtherapeutischer Behandlung in Berlin-Tegel“ die Experimentalgruppe von 600 Probanden, die an einem Behandlungsprogramm (soziales Training u. a.) teilgenommen haben, mit einer nichtbehandelten Kontrollgruppe des üblichen Regelvollzugs verglichen. Zwar sollte einerseits eine solche Kontrollgruppe in den wesentlichen Variablen mit der Experimentalgruppe parallelisiert sein[82], andererseits dürfte es aber kaum möglich sein, mehr als 3—5 Variablen konstant zu halten, da sonst der Ausfall an Probanden zu groß wäre. Dies würde aber wiederum die Aussagekraft der gefundenen Daten einschränken. Deshalb beschränkt man sich auf 4 Variablen, die als wesentlich angesehen werden, nämlich Alter und Geschlecht, Zahl der Vorstrafen und Deliktsstruktur; ferner Art und Dauer bisheriger Inhaftierung, Rückfallintervalle und Familienstand.

2.44 Zusammenfassung und Kritik

Die erwähnten Beispiele deuten an, mit welchen *methodischen Schwierigkeiten* Kontrollgruppenvergleiche und ein adäquates Matching behaftet sind. Schon *Durkheim* soll es für unmöglich gehalten haben, überzeugende Kontrollgruppen zu finden[83]. Ein wichtiger Einwand besteht vor allem darin, daß die Kontrollgruppenverfahren gewöhnlich statisch konzipiert sind, d. h. sie vergleichen den Menschen und seine Umwelt nur in Bezug auf wenige Punkte, ohne den fortwährenden Wandel zu berücksichtigen, den sie im Verlauf ihrer Entwicklung durchmachen[84]. Vom Methodischen her reduziert sich das Problem letztlich auf die Frage, ob es möglich ist, eine Kontrollgruppe und eine Experimentalgruppe auszuwählen, die in allen Punkten, außer denen, deren Einfluß untersucht werden soll, übereinstimmen. Wenn das aber wie überwiegend unmöglich ist, sondern die Gruppen nur in einigen wenigen Kriterien übereinstimmen, dann ist zweifelhaft, inwieweit die gewonnenen Ergebnisse verallgemeinert und Schlüsse daraus gezogen werden können. Auf diese Fragen ist bis heute noch keine befriedigende Antwort gefunden worden. Daher kann der Kontrollgruppenvergleich allein — solange die Anwendungsschwierigkeiten nicht überwunden sind — noch nicht überzeugen. Als Ergänzung zu und in Verbindung mit anderen Forschungswegen

Psychotherapieforschung zeigten immerhin, „daß die Unterschiede zwischen den einzelnen Psychotherapie-Konzeptionen geringer sind, als diese Konzeptionen stets selbst geglaubt haben“.

[82] *Kury, H.:* Praxisbegleitende Erfolgskontrolle sozialtherapeutischer Behandlung in Berlin-Tegel, Forschungsplan Freiburg i. Br. 1976, 21.

[83] Zit. nach *Mannheim, H.:* a. a. O. (FN 19), 157.

[84] *Mannheim, H.:* a. a. O. (FN 19), 157.

erweist er sich aber als ein nützliches und brauchbares Erkenntnismittel.

2.5 Vergleichende System-, Strategie- und Sanktionsforschung im Rahmen strafrechtlicher Sozialkontrolle

Durch den allgemeinen Erkenntniswandel in der Kriminologie, insbesondere aufgrund der Blickschärfung für Handlungsmuster und Reaktionen von Polizei und Justiz, ist auch die Analyse der Kontrollsysteme und der wechselseitigen Beziehungen zwischen Verbrechenskontrolle und Verbrechen in die vergleichende Betrachtung einbezogen worden[85]. Neigt die moderne Betrachtungsweise dazu, jedenfalls langfristige Präventionswirkungen nicht mehr von der einzelnen, nur punktuell verhängten Sanktion zu erwarten, sondern sie mit der Beschaffenheit des gesamten Präventionssystem zu verknüpfen, so wird die Notwendigkeit zur vergleichenden Systemanalyse noch unterstrichen. Da im übrigen die Bereitschaft zum Verbrechen vor allem durch die persönliche Wertorientierung (Sozialisation), die subjektive Einschätzung des Entdeckungs- und Strafrisikos sowie durch die unmittelbaren Bedingungen der potentiellen Deliktssituation bestimmt werden dürfte[86], liegt die Anwendung von Verfahrensweisen nahe, die den entsprechenden empirischen Zugriff ermöglichen. Zu denken ist hier in erster Linie an Einstellungsuntersuchungen, insbesondere zur verhaltenssteuernden Kraft des Rechts.

2.51 Vergleichende Einstellungsuntersuchungen zu Normen, Recht und Generalprävention

In der empirischen Forschung ist die Einstellungsmessung zu einem gängigen Verfahren geworden. So werden Einstellungen zur Kriminalität, zum Recht, zur Durchsetzung von Gesetzen, zur inneren Sicherheit, zur Polizei, zu Straftätern und zum Strafvollzug, nicht zuletzt zur Todesstrafe untersucht[87]. Einstellungen stellen hypothetische Konstrukte des Persönlichkeitssystems dar, die zur Erklärung des offenen Verhaltens einer Person herangezogen werden. Sie sind objektbezogen und werden durch Lernprozesse

[85] *Kaiser, G.:* a. a. O. (FN 11), 48.

[86] *Kaiser, G.:* a. a. O. (FN 11), 95.

[87] Vgl. Aufstellung bei *Stephan, E.:* a. a. O. (FN 60), 29—38; *Smaus, G.:* Alltagstheorien der Kriminalität in der deutschen Bevölkerung in bezug auf das Problem der Marginalisierung, KrimJ 9 (1977), 187—204.

erworben und damit durch solche wiederum verändert[88]. Auch wenn deterministische Beziehungen zwischen Einstellungen und Verhalten nicht angenommen werden können[89], so geht man doch davon aus, daß Einstellung, Handlungsbereitschaft und Verhalten in einem relevanten Zusammenhang stehen.

2.511 Vergleichende Befragung zu Norm und Recht allgemein

Bevölkerungsumfragen zum Recht und zu Rechtseinrichtungen haben im letzten Jahrzehnt in verschiedenen europäischen Ländern die unterschiedliche Einstellung zum Recht und dessen Funktion zu klären versucht. So wurden Umfragen in der Bundesrepublik, in Dänemark, Frankreich, Holland und Polen durchgeführt[90]. Die breit angelegte Umfrageforschung ergab, daß die Frage nach der Effektivität des Rechts in jene von außerrechtlichen Normensystemen eingebettet ist. Die methodische Bedeutung dieser Untersuchungen liegt darin, daß die Wirkungsweise von Recht und anderen Normensystemen außerdem im In- und Ausland miteinander verglichen wurden. Denn eine Untersuchung zur Effektivität eines Rechtssystems, das zu seiner Legitimation nur auf die eigene Existenz verweisen kann und nicht einmal das Vorhandensein konkurrierender der Befunde. So wird z. B. aus den unterschiedlichen Umfrageergebnissen Normensysteme, geschweige deren Berechtigung zur Kenntnis nimmt[91], erscheint unergiebig und sinnlos.

Gleichwohl ist ein solcher Forschungsansatz nicht von methodischen Schwierigkeiten frei. Diese äußern sich besonders in der Interpretation der Schluß gezogen, daß die deutsche Bevölkerung noch stark an die staatliche Obrigkeit gebunden sei im Vergleich zur Bevölkerung in Holland und Polen, daß im Vergleich zu Norwegen und Polen die Annahme von der abschreckenden Wirkung der Strafe in der Bundesrepublik die meisten Anhänger habe[92]. Da sich aber die Fragen in den drei nationalen Umfragen beträchtlich unterschieden haben und überdies die Perzeption dessen, was Strafe heißt und bedeutet in den fraglichen Staaten verschieden liegt, wie sich an der unterschiedlichen Strafzumessungspraxis erkennen läßt, erscheinen derartig punktuelle Vergleiche, die nicht die Komplexität des jeweiligen Systems mit berücksichtigen, zumindest problematisch. Ferner ist kritisch anzumerken, daß manchen der rechtssoziologischen Untersuchungen, die mit einer Relativierung des Rechts verbunden sind, nicht sel-

[88] *Frey, H.-P.:* Die Brauchbarkeit von Einstellungen als Prädiktor für Verhalten, Soziale Welt 23 (1972), 257—268.

[89] *Blath, R., Hahn, R., Berger, J.:* Die Struktur von Einstellungen zu Straftätern und Strafvollzug, KrimJ 8 (1976), 214.

[90] *Kaupen, W.:* Das Verhältnis der Bevölkerung zum Recht in einer demokratischen Gesellschaft, in: Der Prozeß der Kriminalisierung, hrsg. von *H. Steinert*, München 1973, 29.

[91] *Kaupen, W.:* Das Verhältnis der Bevölkerung zur Rechtspflege, in: Zur Effektivität des Rechts, hrsg. von *M. Rehbinder* und *H. Schelsky*, Düsseldorf 1972, 563.

[92] *Kaupen, W.:* a. a. O. (FN 90), 30, 41.

ten eine Geringschätzung und Unterbewertung des Rechts folgt und wohl auch beabsichtigt ist, obwohl keine zutreffenden Vorstellungen darüber bestehen, inwieweit in der modernen Gesellschaft schon fast alles rechtlich geregelt und abgesichert ist, und wie sehr wir bei den Handlungen des alltäglichen Lebens ganz unbewußt mit Rechtsnormen leben und auf deren Einhaltung vertrauen[93].

Ein Forschungsansatz, methodische Fehler zu vermeiden und dadurch die Aussagekraft der Untersuchung zu erhöhen, könnte darin bestehen, einheitlich geplante Vergleichsuntersuchungen nicht nur parallel durchzuführen, sondern sie gezielt aufeinander zu beziehen[94]. Danach würden verschiedene Rechtssysteme untersucht, indem komparativ ihr spezifischer Charakter, ihre Gemeinsamkeit mit anderen Normen, die in dem jeweiligen Sozialsystem Vorrang haben, beachtet werden[95].

2.512 Vergleichende Befragung speziell zum Steuerwiderstand

Einstellungsuntersuchungen zur Steuermentalität und zum Steuerwiderstand können aufschlußreiche Ergebnisse darüber bringen, welche Resonanz das Besteuerungssystem in der Bevölkerung findet, und eventuell auch Aufschluß über Hintergründe des Steuerwiderstandes aufzeigen[96]. Insofern entscheidet die Reaktion des Steuerpflichtigen über Erfolg und Mißerfolg eines Steuersystems. Darüber hinaus lassen sich im interkulturellen Vergleich der Steuermentalität der Völker charakteristische Unterschiede aufweisen, die nicht nur die spezifische Steuermoral, sondern auch den Erfolg bestimmter Steuern oder Besteuerungsverfahren klären können[97]. Empirische Untersuchungen über die Steuermoral der Deutschen sowie entsprechende Feldforschungen in Großbritannien, Frankreich, Italien und Spanien, weitgehend nach gleichem Interview-Schema und Fragebogen, sind denn auch zu vergleichbaren Ergebnissen gelangt. Ausgangspunkt war jedoch jeweils die herrschende Einstellung der Bürger zu ihrem Steuersystem, da man annimmt, daß die Steuermentalität auch die Durchsetzbarkeit der Besteuerung beeinflußt[98]. Die Überprüfung dieser Frage ergab ein deutliches Nord-Süd-Gefälle mit wachsender Distanz der Steuerbürger zu ihrem Steuersystem. Nur die Schweiz bildete eine Ausnahme. Ein weiterer Befund bestand darin, daß selbst gleichartige Steuergesetze in den verschiedenen Ländern zu ganz verschiedenen steuerlichen Belastungen führen, die wiederum den Erfolg gewisser Steuern und Steuersysteme mitbestimmen. Dies wiederum hat Auswirkungen für eine etwaige europäische Steuerharmonisierung[99].

[93] *Kaiser, G.:* a. a. O. (FN 11), 62.

[94] *Ziegert, K.:* Zur Effektivität der Rechtssoziologie: Die Rekonstruktion der Gesellschaft durch Recht, Stuttgart 1975, 196.

[95] *Ziegert, K.:* a. a. O. (FN 94), 197.

[96] *Strümpel, B.:* Steuermoral und Steuerwiderstand der deutschen Selbständigen, Köln, Opladen 1966, 89.

[97] *Schmölders, G.:* Finanz- und Steuerpsychologie, Reinbek bei Hamburg 1970, 113.

[98] *Schmölders, G.:* a. a. O. (FN 97), 117.

[99] *Schmölders, G.:* a. a. O. (FN 97), 115, 125.

Aber auch bei derartigen Einstellungsuntersuchungen gelten grundsätzlich die gleichen Bedenken wie bei den Einstellungsuntersuchungen zum Recht schlechthin. Denn Steuermentalität und Steuerwiderstand sind in das komplexe sozio-kulturelle Gesamtsystem eingebunden.

2.513 Befragungen zur Generalprävention im Vergleich der Sekundäranalysen

Mit der allgemeinen Blickschärfung für die Generalprävention hat sich auch die empirische Vergleichsforschung diesem Problemfeld zugewandt[100]. Zur Untersuchung wird besonders gern und häufig auf den komparativen Ansatz zurückgegriffen. Danach werden Unterschiede in der Gesetzgebung nach Zeit und Raum verglichen mit Unterschieden der Kriminalstatistik[101]. Dabei wird im allgemeinen vorausgesetzt, daß die Bevölkerung eine realistische Vorstellung von Gesetzgebung, Strafrechtspflege und Verbrechensbewegung hat. Gelegentlich wird auch eine hierauf bezogene Befragung mit in die Forschung einbezogen. Hiermit verbindet sich die Erwartung, daß die Strafe nur dann eine abschreckende Kraft entfalten kann, wenn der potentielle Rechtsbrecher weiß oder zumindest eine gewisse Vorstellung hat, was für Strafen es gibt, und er dann aufgrund dieses Wissens handelt. Neuerdings spielt besonders der erfragte Zusammenhang von Verbrechensfurcht, Viktimisierung, Wissen über Verbrechensbewegung und perzipiertes Strafrisiko eine Rolle[102].

Auch wenn es richtig ist, daß es für das eigene Legalverhalten bedeutsamer ist, wie Verbrechens- und Strafrisiko perzipiert werden als die tatsächliche Schwere des Geschehens, so bestehen doch gegenüber einer punktuell bezogenen Betrachtung der Generalprävention erhebliche Bedenken. Diese könnten nur dann ausgeräumt werden, wenn eine hohe Sichtbarkeit der Deliktsbegehung vorgestellt wird, wie z. B. beim Nichtanlegen des Sicherheitsgurtes[103]. Im übrigen jedoch ist die auf Einzelmaßnahmen oder Sanktionen beschränkte generalpräventive Effizienzanalyse in ihrer Aussagekraft sehr unsicher. Allenfalls kann man dabei erfragen, was die Bevölkerung über bestimmte Sanktionen denkt, wie sie sie verglichen mit bestehenden oder in Betracht gezogenen Alternativen einschätzt. Jedoch darf die breite Kluft zwischen Einschätzung und tatsächlichem Handeln keinesfalls übersehen werden.

2.52 Vergleichende Dokumentenanalyse zur Todesstrafe, Gefangenenrate und Geldstrafe

Unmittelbar mit der Frage nach der Generalprävention ist die alte Kontroverse um die Abschreckungskraft der *Todesstrafe* verknüpft. Be-

[100] *Kaiser, G.:* a. a. O. (FN 11), 94.

[101] *Bondeson, U.:* Survey Research as a Means to Explore General Deterrence, in: General Deterrence, Stockholm 1975, 137.

[102] *Kaiser, G.:* a. a. O. (FN 11), 95.

[103] Nach einer Befragung des HUK-Verbandes würden 42,5 % der Autofahrer, die bisher auf das Anlegen von Sicherheitsgurten verzichteten, bei einer Bußgelddrohung von 5 DM ihre Sicherheitsgurte immer anlegen (nach FAZ Nr. 203 v. 2. 9. 1977).

reits seit einigen Jahrzehnten hat sich die Forschung bemüht, durch die Verknüpfung von vergleichender Gesetzgebung, Sanktionsstatistik, Kriminalgeographie und Kriminalstatistik dem Problem der Abschreckungswirkung näherzukommen. Derartige Untersuchungen bieten gleichsam einen Musterfall komparativer Untersuchung, ohne jedoch die Schwierigkeiten vergleichender Analyse ausgeräumt zu haben. Das übliche Vergleichsschema bezieht die langfristige Beobachtung der Kriminalitätsentwicklung in einem Land in Zeiten mit und ohne Todesstrafe ein und vergleicht sie durch Gegenüberstellung gleichzeitig erhobener Daten aus verschiedenen Ländern mit und ohne Todesstrafe[104]. Derartige Dokumentenanalysen sind jedoch in ihrer Aussagekraft sehr problematisch, da sie im allgemeinen Kenntnis oder Perzeption der Bevölkerung über Strafandrohung und Strafverfolgung sowie Strafrisiko und Strafvollstreckung ignorieren und als jeweils zutreffend und gleichverteilt unterstellen. Immerhin zeigt die vergleichende Analyse, daß, jedenfalls aus empirischer Sicht, keine Anhaltspunkte darüber vorliegen, daß die Todesstrafe die generalpräventive Wirkung eines Rechtssystems erhöhte[105].

Wie bereits oben dargelegt, weist die vergleichende Dokumentenanalyse zur *Gefangenenrate* in den einzelnen Ländern erhebliche Unterschiede aus[106]. Man darf wohl ohne Überfolgerung annehmen, daß derartige Relationen gewisse Rückschlüsse auf Struktur und Intensität eines Präventionssystems gestatten, je nachdem ob mehr oder weniger häufig von langfristiger Freiheitsentziehung Gebrauch gemacht wird. Auf diese Weise kann dadurch, daß andere Sozialsysteme aufgrund kriminalpolitischer Alternativen zur Freiheitsstrafe zu gleichen Präventionsergebnissen gelangen, eine Abwendung von der Freiheitsstrafe und letztlich eine Humanisierung erreicht werden. Insofern kommt solch vergleichender Sanktionsstatistik eine erhebliche rechtspolitische Bedeutung zu. Freilich darf man das Prestigebedürfnis der Länder nicht übersehen, welches die Verläßlichkeit der mitgeteilten Zahlen beeinträchtigen mag[107].

Wenn heute in vielen Ländern die *Geldstrafe* zur quantitativ wichtigsten Sanktion geworden ist[108], so hängt dieser Sachverhalt eng mit der seit 100 Jahren geforderten Zurückdrängung und Ersetzung der kurzen Freiheitsstrafe zusammen. Daß einige Länder diesen Schritt noch nicht oder nicht so konsequent durchgeführt haben[109], führt man vor allem auf die unterschiedliche kriminalpolitische Einschätzung dieser Sanktion zurück[110]. Dabei beruht diese Einschätzung nicht nur auf dem Vergleich mit der

[104] *Helfer, Chr.:* Todesstrafe, in: HWKrim 3 (1975), 344.

[105] *Kaiser, G.:* a. a. O. (FN 11), 143 f.

[106] Zur Statistik der UNO über die Gefangenenrate vgl. *Vetere, E., Newman, G.:* a. a. O. (FN 35), 225, 268.

[107] *Kaiser, G., Kerner, H. J., Schöch, H.:* Strafvollzug, 2. Aufl. Heidelberg, Karlsruhe 1977, 27.

[108] *Grebing, G.:* Die Geldstrafe. Untersuchungen zur deutschen Geldstrafenreform in rechtsvergleichender Sicht, veröffentl. Habil.-Schrift, Freiburg 1977.

[109] *Grebing, G.:* a. a. O. (FN 108).

[110] *Grebing, G.:* a. a. O. (FN 108).

kurzfristigen Freiheitsstrafe, sondern auch auf der Abwägung der Vorzüge und Mängel der Geldstrafe[111]. Weiter führt der Systemvergleich über die bestehenden und die ins Auge gefaßten Geldstrafenmodelle zu dem Ergebnis, daß es gegenwärtig kein dem Tagessatzsystem ebenbürtiges oder überlegenes Modell gibt[112], obwohl noch das traditionelle Geldsummensystem vorherrscht[113]. Allerdings fehlen noch immer vergleichende Untersuchungen über die Wirkungsweise der Geldstrafe, wie international immer wieder beklagt wird[114].

2.53 Vergleichende Institutions- und Systemforschung zur strafrechtlichen Sozialkontrolle

Wie schon wiederholt bei Einstellungsuntersuchungen und Dokumentenanalyse angedeutet wurde, mündet die punktuelle Vergleichsanalyse letztlich in die komparative Systemforschung ein. Dem liegt die Einsicht zugrunde, daß komplexe Sachverhalte sich nicht auf linear-kausale Modelle zurückführen lassen, sondern entsprechend komplex beantwortet werden müssen. Dazu kann der Organisations- oder Systemvergleich ein Erkenntnismittel liefern. Bekanntgeworden sind in den letzten Jahren besonders die komparative Untersuchung von Prisonisierungseinflüssen in unterschiedlichen Anstalten (cross-institutional retesting)[115], der Vergleich verschiedener Arten von rechtlicher Sozialkontrolle (Betriebsjustiz und Gesellschaftsjustiz oder staatliche Rechtspflege) sowie die vergleichende Instanzen-Analyse bei Polizei und Staatsanwaltschaft. Wie Polizei, Strafrechtspflege und Strafvollzug handeln und welcher Strategien sie sich bedienen, wirkt sich gestaltend auf Umfang, Struktur und Bewegung der Kriminalität und auf das Bild des Rechtsbrechers aus[116].

Doch derartige Vergleiche sind, wie es scheint, bisher über bilanzierende Gegenüberstellungen der bewerteten Befunde kaum hinausgelangt, wobei die eigene Wertorientierung jeweils den

[111] *Grebing, G.:* a. a. O. (FN 108).

[112] *Grebing, G.:* a. a. O. (FN 108).

[113] *Grebing, G.:* a. a. O. (FN 108).

[114] *Grebing, G.:* a. a. O. (FN 108).

[115] S. dazu *Clarke, R. V. G.:* Cross-Institutional Designs and their Place in Evaluating Penal Treatments. „UNSDRI“ Working Paper subm. for the workshop on Evaluative Research, Geneva 10.—11. Sept. 1975, Rome 1975; *Akers, R., Gruninger, W., Hayner, N.:* Prison Inmate Roles: Inter-Organizational and Cross-Cultural Comparisons, Int. Journal of Criminology 4 (1976), 365—381; zu den Untersuchungen über Prisonisierungseinflüsse ferner *Kaiser, G.* u. a.: a. a. O. (FN 107), 23 f.

[116] *Kaiser, G.:* a. a. O. (FN 11), 90 f.

Maßstab liefert. Doch auf einem Gebiet, für welches ein großes Informationsbedürfnis besteht, aber bisher noch kein oder ein nur lückenhaftes Wissen vorliegt, ist es schon wissenschaftlich verdienstvoll, deskriptive Daten auszubreiten, um auf dieser Grundlage ein mehr realitätsgemäßes Bild zu gewinnen. Im übrigen wird bei der vergleichenden Organisationsanalyse nicht selten das Persönlichkeitsprofil der beobachteten Personen vernachlässigt. Daher wird mitunter als Institutionseinfluß verbucht, was eher der Sozialisationsbiographie etwa des Strafgefangenen zuzurechnen wäre. Insofern ist es wohl richtig gesehen, wenn nunmehr angenommen wird, daß sich die Prisonisierung zuweilen als ein Mythos erweist[117].

2.531 Polizei und Staatsanwaltschaft in vergleichender Betrachtung

Nach dem Krieg hat sich neben der polizeiintern betriebenen Kriminalistik zunehmend eine empirisch orientierte Polizeiwissenschaft entwickelt. Diese hat sich vor allem zur Aufgabe gestellt, *polizeiliche Organisation, Strukturen, selektive Tätigkeit und Handlungsmuster* zu untersuchen[118]. Dabei stand zunächst die „Definitionsmacht der Polizei" im Blickpunkt. Später kamen weitere Fragestellungen wie polizeiliche Reaktion und Ermittlungstätigkeit hinzu[119].

Der Ertrag solcher Untersuchungen besteht zunächst darin, die Aussagekraft der Kriminalstatistik zu verbessern. Darüber hinaus vermittelt diese Forschung neue Einsichten in das Zusammenspiel von normativem Entscheidungsprogramm einerseits und tatsächlicher Handhabung durch die Kontrollinstanzen andererseits. Ein Vergleich mit den Ergebnissen ausländischer Untersuchungen, insbesondere aus England, Schweden und den USA, muß freilich berücksichtigen, daß die Sozialsysteme die Polizei, deren Aufgabenbereich und deren Kompetenzen nach verschiedenen Prinzipien organisiert haben. Außerdem regt eine vergleichende Betrachtung dazu an, Vor- und Nachteile des Legalitäts- gegenüber dem Opportunitätsprinzip besser zu erkennen[120].

Bei vergleichbarer rechtlicher Ausgangslage in Frankreich, den Niederlanden, Österreich und den USA, wo — vereinfacht ausgedrückt — nach der verfahrensrechtlichen Konzeption die polizeilichen Ermittlungen ebenfalls unter der Leitung der *Staatsanwaltschaft* stehen, zeigt die Praxis die-

[117] *Fowles, T.:* Prisonization as Myth?, Home Office Research Unit-Research-Bulletin 4 (1977), 44 ff.

[118] *Kaiser, G.:* a. a. O. (FN 11), 60; *Steinhilper, G.:* Kriminalistisch-kriminologische Forschung im Bundeskriminalamt Wiesbaden, Öffentliche Sicherheit 1977, 7, 6—9.

[119] *Kaiser, G.:* a. a. O. (FN 11), 60.

[120] *Outrive, L., Rizkalla, S.* (Ed.): Final Report on the International Seminar on Police Research, Montreal 1976.

ser Länder ein ähnliches Bild wie in der Bundesrepublik: Die Ermittlungen werden weitgehend von der Polizei in eigener Regie geführt. Nur hinsichtlich der Kapitalverbrechen und der Wirtschaftsstraftaten bestehen Ausnahmen. Im allgemeinen erhält die Staatsanwaltschaft erst nach dem Abschluß der Ermittlungen die entsprechenden Unterlagen übersandt. Die erwähnten Länder stehen daher vor denselben Problemen des Auseinanderfallens von Recht und Rechtswirklichkeit. Doch werden aus dieser Situation ganz unterschiedliche Lösungen vorgeschlagen. So zielen z. B. österreichische Vorschläge auf eine Legalisierung der Funktionstrennung entsprechend dem tatsächlichen Zustand, während in Frankreich eine Sympathie dafür besteht, die Kriminalpolizei dem Justizministerium zuzuordnen und sie damit zu einer echten „Gerichtspolizei" zu machen. In den USA wiederum gibt es praktische Versuche zu einer verstärkten Zusammenarbeit zwischen Polizei und Staatsanwaltschaft im Ermittlungsverfahren von Gewaltverbrechen. In anderen Ländern dagegen ist die rechtliche und tatsächliche Ausgangslage von der deutschen sehr verschieden. Bemerkenswert sind die Bestrebungen in England, dem Land ohne Staatsanwaltschaft, dort die Staatsanwaltschaft einzuführen, woraus ein gewichtiges Argument gegen jeden Versuch folgen würde, etwa eine Abschaffung der Staatsanwaltschaft als Institution zu erwägen. Die Arbeitsteilung zwischen Polizei und Staatsanwaltschaft entsprechend der Deliktsschwere herrscht in Dänemark und Norwegen vor. Das Modell einer echten Gerichtspolizei wiederum, die dem Justizressort untersteht und zusammen mit der Staatsanwaltschaft in den Gebäuden der Justiz residiert, ist in Belgien verwirklicht. Doch liegen hierzu kaum Erkenntnisse aus der Praxis des Ermittlungsverfahrens vor. Im Schweizer Kanton Basel-Stadt ist das Kriminalkommissariat in die Staatsanwaltschaft eingegliedert[121].

Eine Untersuchung über europäische Alternativen zum Strafprozeß und ihre Anwendbarkeit in den Vereinigten Staaten haben neuerdings *Felstiner/Drew* (1976) vorgelegt. In ihrem Bericht behandeln die Autoren die Übertragbarkeit der Verantwortung vom Gericht auf die Polizei, die Staatsanwaltschaft, Verwaltungsbehörden, Laiengerichte und Zivilgerichte in 12 europäischen Ländern aufgrund der Literatur, einer schriftlichen Befragung und Feld-Interviews. Ferner prüfen sie die Übernahme dieser Modelle auf amerikanische Verhältnisse[122]. Dabei stellen die Autoren die Problematik der Vereinbarkeit europäischer Praktiken mit der amerikanischen Kultur fest[123]. In Norwegen etwa kann der Staatsanwalt ohne gerichtliche Beteiligung in bestimmten Fällen schuldig sprechen[124]. Ein solches Modell kann aber kaum auf die Situation in den USA übertragen werden, wo der Staatsanwalt grundsätzlich als Gegner des Angeklagten auftritt. Die fragliche Studie schlägt daher auch keine völlige Innovation vor, sondern vorsichtige und kontrollierte Experimente, in denen man die Vor- und Nach-

[121] Zum ganzen *Grebing, G.:* Polizei und Staatsanwaltschaft im internationalen Vergleich, in: BKA-Vortragsreihe 23 (1977), 31—38.

[122] *Felstiner, W., Drew, A.:* European Alternatives To Criminal Trials and Their Applicability in the United States, o. O. 1976, 2 f.

[123] *Felstiner, W., Drew, A.:* a. a. O. (FN 122), 113.

[124] *Felstiner, W., Drew, A.:* a. a. O. (FN 122), 17.

teile solcher Alternativen zum Strafprozeß Schritt für Schritt erproben kann[125].

2.532 Betriebsjustiz und Gesellschaftsjustiz

Zum Problemfeld Betriebskriminalität und Betriebsjustiz existieren auf nationaler Ebene zahlreiche rechtstatsächliche Arbeiten[126]. Ausländische Erhebungen haben zumeist isoliert sozialwissenschaftliche Einzelfragen behandelt[127]. Zu einem Systemvergleich zwischen Betriebsjustiz und Strafjustiz liegen bisher erst Ansätze vor. Wenn sich ein solcher Vergleich auch nicht auf Erscheinungen in verschiedenen Gesellschaften, sondern auf unterschiedliche Systeme innerhalb ein und derselben Gesellschaft bezieht, so sind die methodischen und begrifflichen Probleme doch ähnlich denen bei international angelegten komparativen Untersuchungen. Demnach ist auch hier zu fragen, welches System und welche Merkmale der Systeme verglichen werden sollen, wie Daten aus verschiedenen Systemen gewonnen werden können und welche Begriffe geeignet scheinen, die betrachteten Merkmale angemessen zu erfassen[128].

Vergleichende Untersuchungen stehen allerdings noch aus, die sich mit der Frage befassen, in welchem Umfang und mit welchen Konsequenzen Betriebsjustiz in einzelnen Ländern praktiziert wird und welche Unterschiede in Organisation und Aufgaben der Gesellschaftsgerichte in den sozialistischen Ländern — verglichen mit der Betriebsjustiz westlicher Nationen — bestehen. Ein solcher Systemvergleich könnte Erkenntnisse über die Effizienz des verfügbaren Instrumentariums sozialer Kontrolle im außerstrafrechtlichen Bereich liefern und vorhandene Zahlen über Kriminalitätshäufigkeit in den Gesellschaftssystemen mit verschiedenen außerstrafrechtlichen Sanktionsmöglichkeiten relativieren, erläutern und ergänzen.

2.533 Lehre und Forschung

Komparative Analyse im Bereich von Forschung und Lehre hat sich im wesentlichen mit wissenssoziologischen und wissenschaftssoziologischen Aspekten zu beschäftigen. Während die erst erwähnte Fragestellung den Theorievergleich zum Gegenstand nimmt, widmet sich die zweite Fragestellung der Organisationsstruktur.

[125] *Felstiner, W., Drew, A.:* a. a. O. (FN 122), 113 ff.

[126] Nachweise bei *Kaiser, G., Metzger-Pregizer, G.:* Betriebsjustiz — Untersuchungen über die soziale Kontrolle abweichenden Verhaltens in Industriebetrieben, Berlin 1976.

[127] Nachweise bei *Kaiser, G., Metzger-Pregizer, G.:* a. a. O. (FN 126), 112 ff.; zum Vergleich des Betriebsbußensystems in der Bundesrepublik mit der Gesellschaftsgerichtsbarkeit in der DDR siehe die theoretische Arbeit von *Luhmann, U.:* Betriebsjustiz und Rechtsstaat, Heidelberg 1975.

[128] *Rosellen, R., Schulz, E.,* in: *Kaiser, G., Metzger-Pregizer, G.:* a. a. O. (FN 126), 248.

Eine vergleichende Betrachtung der Institutionalisierung der Kriminologie muß sich vor allem mit der beruflichen Sozialisation der Kriminologen befassen sowie den Forschungsstrukturen und der Forschungsorganisation. Eine derart *vergleichend angelegte wissenschaftssoziologische Betrachtung* gestattet Rückschlüsse auf die Art des pluralistischen Systems der Kriminologie, die Bedeutung der beteiligten Professionen und ihrer Konzepte sowie auf den Forschungsertrag. Während in der Bundesrepublik die Schulung des kriminologischen Nachwuchses seit Anfang der 70er Jahre vor allem im Rahmen der Wahlfachgruppe „Kriminologie, Jugendstrafrecht und Strafvollzug" innerhalb der juristischen Ausbildung erfolgt[129], ist in den USA z. B. neuerdings die Ausgliederung und Verselbständigung eines Lehr- und Forschungsgebietes unter der Bezeichnung der „criminal justice" zu beobachten[130].

Zum Institutionsvergleich gehört ferner, daß die kriminologische Forschung im internationalen Bereich mehr und mehr auf vielfältige Organisationen und Gesellschaften zurückgreifen kann[131]. Besondere Bedeutung kommt dabei dem Europarat zu, dessen kriminologische Abteilung seit 1960 die Zusammenarbeit und die Integration der europäischen Forschung fördert[132], sowie ferner dem United Nations Social Defence Research Institute (UNSDRI)[133] und den anderen Forschungseinrichtungen der Vereinten Nationen[134]. Eine Einfluß- oder Effizienzanalyse für die Bedeutung solcher der Vergleichung dienenden Organisationen und Einrichtungen für die wissenschaftliche Entwicklung und die Erkenntnissteigerung steht freilich noch aus[134]. Diese Frage hängt mit den Bedingungen und Strukturen kriminologischen Erkenntnisfortschrittes eng zusammen. Dieses wissenschaftshistorische und zugleich -theoretische Problem ist jedoch als Aufgabe kriminologischen Denkens bisher kaum in das Blickfeld getreten.

Eine Aufgabe kriminologischen Forschens liegt bekanntlich darin, über Zusammenhänge, Strukturen und Ursachen der Kriminalität möglichst verallgemeinerungsfähige und gültige Aussa-

[129] *Kaiser, G.:* a. a. O. (FN 11), 31; zum Stand und zur Entwicklung der kriminologischen Forschung in der Bundesrepublik siehe *Kaiser, G.:* Stand und Entwicklung der kriminologischen Forschung in Deutschland, Berlin, New York 1975.

[130] *Kaiser, G.:* a. a. O. (FN 11), 29.

[131] Zusammenstellung bei *Würtenberger, Th.:* Organisationen und Institute, in: HWKrim 2 (1977), 262 ff.

[132] *Kaiser, G.:* a. a. O. (FN 11), 34.

[133] Einen Überblick über die Veröffentlichungen gibt „UNSDRI" Publications and Staff Papers 1968—1974, Rom 1974.

[134] *Würtenberger, Th.:* a. a. O. (FN 131), 267.

gen zu treffen[135]. Geht man davon aus, daß Theorien Problemeinsichten ebenso wie Problemlösungen anbieten, und daß wir es in der Kriminologie gegenwärtig mit einer Fülle von theoretischen Angeboten zu tun haben, dann steht der Kriminologe vor schwierigen Auswahl- und Entscheidungsproblemen: Er muß sich entscheiden, in welcher Theorie-Sprache er sein kriminologisches Problem formulieren und Lösungen suchen will, ob er die zunächst ins Auge gefaßte Theorie nicht besser durch eine andere ersetzt, die mehr zu leisten verspricht, oder ob er im Hinblick auf die jeweils begrenzte Reichweite für sein Problem nicht mehrere Theorien miteinander verknüpfen muß[136]. *Theorievergleich* kann hier helfen, die Entscheidungsfindung zu erleichtern, möglicherweise auch bisher unverbundene Theorien zu einer integrativen Theorie zusammenzufassen. Allerdings liegen Ergebnisse eines solchen Theorievergleichs noch nicht vor, zumal es an allgemeinverbindlichen Kriterien zur Beurteilung der Leistungsfähigkeit von Theorien fehlt und bislang auch eine entsprechende Diskussion darüber noch aussteht. Zwar finden sich hier und da Ansätze zum Theorievergleich, wie etwa bei *Chang*[137]. In einem interkulturellen Überblick über Kriminologie in 12 verschiedenen Ländern werden auch die Kriminalitätstheorien mitbehandelt. Doch fehlt hier, was die komparative Methode eigentlich ausmacht, nämlich eine vergleichende Analyse der verschiedenen Kriminalitätstheorien. Immerhin mag die Beschreibung als Materialbericht, als ein erster Schritt zur weiterführenden vergleichenden Arbeit dienen.

Seit den Anfängen kriminologischer Erklärung läßt sich wohl ein Wandel der Theorien erkennen, und zwar von der Biologie über die Psychologie zur Soziologie. Damit kommt die jeweils veränderte Bedeutung der beteiligten Professionen fraglos zum Ausdruck, nicht aber die tatsächliche Leistung, die Leistungsfähigkeit und die Fruchtbarkeit heute gängiger Theorien. Demgegenüber könnten Art und Umfang des Gegenstandsbereichs, die spezifische Blickrichtung, die Erkenntnisleistung, die Strukturmerkmale, die Verfahren der Datengewinnung und das Potential für praktische

[135] Vgl. dazu *Hess, A. G.*: Theorien des Verbrechens und der sozialen Abweichung, in: HWKrim 3 (1975), 307 ff.

[136] Vgl. dazu *Hondrich, K.*: Entwicklungslinien und Möglichkeiten des Theorievergleichs, in: Verhandlungen des 17. Deutschen Soziologentages. Zwischenbilanz der Soziologie, hrsg. von *R. Lepsius*, Stuttgart 1976, 14—36 (21 ff.).

[137] *Chang, D. H.*: a. a. O. (FN 22).

Problemlösungen ergiebige Gesichtspunkte für den Theorienvergleich liefern.

2.54 Zusammenfassung und Kritik

Entsprechend dem kriminologischen Erkenntniswandel ist die komparative Analyse auch auf die Systeme, Institutionen und Sanktionen im Bereich strafrechtlicher Sozialkontrolle ausgedehnt worden. Dem liegt die Annahme zugrunde, daß Fragen nach der Effektivität des Rechts, nach der Prävention und nach funktionalen Alternativen zu den herkömmlichen Kriminalsanktionen sich nur in einem derart erweiterten Rahmen zureichend beantworten lassen. Das Untersuchungsspektrum reicht demgemäß bis zu den Institutionen von Forschung und Lehre sowie zum Theorievergleich. Ein solches Vorgehen hat fraglos die vergleichende Methodik bereichert, das Blickfeld geweitet und den Forschungsertrag gesteigert. Jedoch sind damit die methodischen Schwierigkeiten der komparativen Analyse noch nicht ausgeräumt.

3. *Ertrag vergleichender Untersuchung in der Kriminologie*

Zusammenfassend läßt sich folgendes feststellen:

1. Vergleichende Untersuchung ist in der Kriminologie nicht nur notwendig und bereichernd, sondern läßt sich schon gar nicht vermeiden.

So kann man im Hinblick auf das weltweite Phänomen der Kriminalität trotz der aufgezeigten Schwierigkeiten auf eine internationale Kriminalstatistik nicht verzichten. Genauso wichtig sind ergänzende Erhebungen zur Schwereeinschätzung von Delikten und zur Opferbefragung, die die Aussagen der Statistik verbessern, ergänzen und vergleichbarer machen können. In der Persönlichkeitsforschung kann der Kontrollgruppenvergleich überdies dazu beitragen, relevante Kausalbeziehungen aufzudecken. Vergleichende Systemforschung schließlich spiegelt den allgemeinen Erkenntniswandel wider, Strategien, Sanktionen und Entscheidungsmuster der strafrechtlichen Sozialkontrolle verstärkt in die kriminologische Analyse einzubeziehen.

2. Die vergleichende Methode zwingt den Forscher, über den Bereich des eigenen Landes hinauszuschauen, um sich mit Befunden sowie überlegenen Methoden, Untersuchungsansätzen und -schwerpunkten anderer Länder zu befassen. Dadurch wird sich der Kriminologe der begrenzten Perspektive des eigenen Forschungsansatzes bewußt und veranlaßt, sich sowohl mit der Frage, was erforscht wird, als auch mit der Frage, wie untersucht wird, auseinanderzusetzen. So bildete z. B. das White-Collar-Verbrechen in Europa längere Zeit weder Begriff noch Thema kriminologischer Forschung, während andererseits in den USA die Verkehrsdelikte erst spät und nur schrittweise in die kriminologische Forschung einbezogen wurden.

3. Vergleichende Analyse erweitert daher das Blickfeld. Einzelerscheinungen wie etwa Raub und Betrug können danach nicht isoliert betrachtet werden, sondern erscheinen in das jeweilige Sozialsystem eingebettet. Auf diese Weise wird das soziokulturelle System verstärkt mit in die Untersuchung einbezogen.

4. Vergleichung ermöglicht es ferner, Daten und Forschungsergebnisse auch da zu erhalten und zu verwerten, wo die nationale Forschung keine Befunde vorzuweisen vermag, weil sie auf entsprechendes Material nicht zurückgreifen kann. Dies liegt etwa bei Untersuchungen zur Frage der Todesstrafe vor. Hier muß hauptsächlich auf Forschungen aus den USA zurückgegriffen werden. Ähnlich liegt es bei der Frage nach der Behandlungsforschung, bei der außerdem Ergebnisse der skandinavischen Länder und Hollands genützt werden.

5. Die komparative Methode bringt aber auch brisante rechtspolitische Fragestellungen mit sich. Denn sie zwingt dazu, mögliche Alternativen in den verschiedenen Ländern zu vergleichen und zu werten. So erschöpft sich etwa der internationale Vergleich der Gefangenenraten nicht in der bloß deskriptiven Gegenüberstellung, vielmehr wirft er zunehmend die Frage nach der Notwendigkeit und Legitimität einer relativ hohen Rate von Gefangenen auf.

6. Eine weitere Aufgabe erwächst der vergleichenden Kriminologie darin, Theorien oder Modelle, die im Bezugsrahmen einer bestimmten Kultur entstanden sind, hinsichtlich Relevanz und Validität auch für andere Kulturen zu überprüfen. Dabei muß gleichzeitig untersucht werden, inwieweit einzelne Ergebnisse allgemeingültig oder kulturell bedingt und auf bestimmte Gesellschaftsformen begrenzt sind.

Diesen zumeist theoretischen, überwiegend positiven Aspekten der vergleichenden Methode in der Kriminologie stehen jedoch nicht unerhebliche Schwierigkeiten in der Praxis gegenüber.

1. Angesichts des Aufwandes, der Kapazität und der Mannigfaltigkeit internationaler Kriminologie fällt der bislang nur begrenzte Informationszuwachs in der Analyse des Verbrechens auf. Einer systematischen Integration der kriminologisch relevanten Theorien, Begriffe und Informationen stehen Rezeptionsprobleme, aber auch Rivalitätskonflikte zwischen einigen Landes- und Fachsprachen entgegen. Auch die Arbeit internationaler Organisationen, wie etwa der UNSDRI oder des Europarats, hat abgesehen von Materialbereitstellung noch kaum zu greifbaren Ergebnissen geführt.

2. Resignation könnte ebenfalls die Tatsache auslösen, daß trotz jahrzehntelanger Bemühungen bislang noch keine brauchbare internationale Kriminalstatistik erstellt werden konnte.

Auch der kürzlich unternommene Versuch, der Kriminalstatistik Indikatoren für die Emanzipation zu entnehmen, hat zu keinem überzeugenden Ergebnis geführt.

3. Persönlichkeitsforschungen durch Kontrollgruppenvergleiche leiden an der Schwierigkeit, richtig gepaarte Kontrollgruppen zusammenzustellen.

Darüber hinaus läßt sich nicht eindeutig klären, ob herausgefundene Unterschiede mehr über unterschiedliche Persönlichkeitsmerkmale oder über abweichende Sozialisationsstile aussagen.

4. Außerdem ist es methodisch immer noch schwierig, verschiedene soziokulturelle und politische Systeme unter kriminologischen Aspekten zu vergleichen. Man kann Ergebnisse, die in einem bestimmten System gewonnen werden, nicht unvermittelt in ein anderes System übertragen und läuft deshalb Gefahr, sie dabei zu verfälschen. Das zeigt sich deutlich etwa bei Untersuchungen zur Einschätzung von Gewalt, zur erfragten Opferbelastung oder auch bei Einstellungsuntersuchungen. Offen bleibt, ob den Befunden gleiche Perzeptionen der Befragten entsprechen. Kriminalitätsphänomene sind essentiell mit dem jeweiligen Sozialsystem verknüpft. Dies nicht nur wegen des soziokulturellen Hintergrundes, sondern auch wegen Struktur und Intensität der Sozialkontrolle. Die forschungssoziologische Analyse zeigt, wie letztlich alle Untersuchungen vor der Schwierigkeit stehen, wirklich vergleichbare Ergebnisse zu gewinnen. Den erzielten Ertrag kann man bislang bestenfalls darin erblicken, daß einzelne Forschungen deskriptive Daten bereitstellen, die der komparativen Untersuchung als Ausgangspunkt und Basiswissen dienen. Vergleichende Kriminologie bildet also für die nahe Zukunft mehr Herausforderung an den Wissenschaftler und Paradigma als eine in Theorie, Vorgehen und Erkenntnisstand klar umrissene Forschungsrichtung.

Diese Einsicht wird dazu führen, sich nicht auf einzelne Untersuchungen von Umfang, Struktur und Bewegung der Kriminalität als abhängigen Variablen zu beschränken, sondern die unabhängigen Variablen als Indikatoren für die Komplexität des jeweiligen Systems miteinzubeziehen. Als unabhängige kriminologische Variablen und zugleich Indikatoren der strafrechtlichen Sozialkontrolle kommen soziokulturelle Wertorientierung, Sozialstruktur, gesetzliches Entscheidungsprogramm, Kapazität und Intensität der Strafverfolgung, Sanktionen und entsprechende Alternativen (etwa Betriebsjustiz und Gesellschaftsgerichte) und Handhabung der Untersuchungshaft in Betracht. Als Indikatoren des soziokulturellen Hintergrundes sind etwa Bevölkerungsdichte und ethnische Homogenität, soziale Schichtung, Urbanisierung und Mobilität, aber auch der Konsens in der Wertorientierung heranzuziehen.

Nur die Berücksichtigung eines solchen Zusammenhanges läßt vergleichbare Daten und damit brauchbare Ergebnisse erwarten. Diese Annahme verstärkt die kriminologische Indikatorenforschung und mündet letztlich in den Systemvergleich.

Jedoch wird man nur bei beharrlicher Arbeit und vorsichtiger Rezeption allmählich verläßlichere Kenntnis, tiefere Einsichten und gesicherte Ergebnisse unter Angabe soziokultureller Randbedingungen erwarten dürfen. Damit stellt die vergleichende Methode in der Kriminologie trotz aller mit ihr verbundenen Schwierigkeiten einen fruchtbaren Ansatz dar, die kriminologische Forschung anzuregen und zu intensivieren, ihre Ergebnisse auf internationaler Ebene zu überprüfen und abzusichern, ferner die kriminologische Theoriebildung zu fördern und damit den allgemeinen Erkenntnisstand zu heben.

Summary

Yield of the comparative method in criminology

Resuming we can make following statements:

1. The comparative method in criminology is not only necessary and enriching, it even cannot be avoided.

Therefore, inspite of the problems we already mentioned, we cannot do without international criminal statistics as to the worldwide phenomenon criminality. As important as the statistics are supplemental studies on the valuation of the gravity of offences and on victimization to improve and complete their statements, and make them easily comparable. Furthermore, control group comparison in personality research is to contribute routing out significant connections between cause and effect. Finally, comparative systematic research reflects the general change of comprehension in integrating more effectively strategies, sanctions and decision patterns of penal social control into the criminological analysis.

2. The comparative method compels the researcher to look over and above the boundaries of his own country, in order to engage in findings, superior approaches, rudimentary stages and focal points of research of other nations. In this way, the criminologist becomes aware of the limited perspective of his own starting point, he feels induced to argue the problems of what is being investigated, and how. In this connection, white-collar-crime e. g. built in Europe for a long time neither a concept nor a subject for criminological research, whereas in the USA e. g. traffic offences were brought into criminological research later and only progressively.

3. Therefore, comparative analysis widens the scope of research. According to this, isolated phenomena such as robbery

and fraud can no longer be examined separately; they are to be considered in their specific social system. This finally works that the integration of the socio-cultural system into the analysis is sharpened out.

4. Furtheron, the comparative system makes it possible to get information and data there too, where the national research is not able to furnish any own findings, because there is no adequate material to fall back upon. This is the case in the Federal Republic of Germany with studies on capital punishment. In this area we mainly refer to surveys carried out in the USA. Similar is the case of research on the treatment of offenders; in this field we mainly refer to findings from the Scandinavian countries or the Netherlands.

5. The comparative method also brings about urgent subjects in the area of legal policy. It obliges to compare and value alternatives practised by other countries. In this way, the international interpretation of prisoners' rates e. g. does not exhaust itself in a mere descriptive comparison, but rather raises the question about the necessity and legitimacy of the relatively high rate of convicts in prison.

6. Another field of research arises from the comparative criminology by also revising in respect of their significance and validity for other cultural groups theories or models originating in the framework of one specific culture group. At the same time one has to examine in how far single statements are universal or dependent on the culture, and limited to specific forms of society.

However, these at least theoretically most positive aspects of the comparative method in criminology face in the practice difficulties which should not be minimized:

a) Compared with the expenditure, capacity and diversity of the international criminological research, the limited increase of information in the analysis of crime is striking. Problems of reception, but also rivalities between national and professional languages are opposed to a systematic integration of the criminologically significant theories, notions and informations. Even the efforts of international organizations hardly lead scientifically to any exceptional results if we except the provision of research equipments.

b) The fact that up to now — inspite of continuing efforts during several decades — no serviceable international criminal statistics could be set up might give raise to resignation. The attempt made shortly to quote indicators for the emancipation from the criminal statistics did not satisfy.

c) Control group comparison in personality research suffers from the difficulty in making up control group matching correctly. Furthermore, we cannot clear unequivocally whether dissimilarities that have been found out give more evidence on different personality attributes or on divergent stiles of socialization.

d) Besides that, it is still difficult to compare methodically dissimilar socio-cultural and political systems under criminological aspects. It is not possible to apply out of the blue sky to another system data which have been collected in a specific one; for we would run the risk of falsifying the findings. This can be shown at the example of research on the valuation of violence, in the load-factor of the victim, or in opinion research. Still unexplained remains however whether the results are matching with similar perceptions of the consulted persons.

Criminal phenomena are essentially bound to specific social systems, not only because of the socio-cultural background, but also in the light of the structure and intensity of social control. Scientific-sociological analysis shows how finally all studies meet with the difficulty of collecting findings which can effectively be compared.

We can at best perceive the yield achieved hitherto in single studies providing descriptive data serving as starting point and basic knowledge to the comparative method. Comparative criminology is therefore for the near future rather a challenge to the scientist and the paradigm than a research trend that is clearly outlined in theory, method and findings.

This comprehension will work that we are not going to restrict ourselves to single studies on extent, structure and evolution of criminality as dependent variables, but integrate the independent variables as indicators for the complexity of the specific system. Socio-cultural value orientation, social structure, legal decision program, capacity and intensity of criminal prosecution, sanctions and appropriate alternatives (such as factory justice and societal courts) as well as the administration of pre-trial detention can be seen as independent criminological variables and at the same time as indicators of penal social control. As indicators of the socio-cultural background we may quote e. g. population density, ethnic homogeneity, social classes, urbanization and mobility, but also the consent in the value orientation.

We can expect comparable data and hence useful findings only in taking such a relation into consideration. This assumption gives an edge to the criminological research on the indicators, and finally flows into the comparative method.

However, we may only expect a deeper comprehension and secured findings in persistent working and cautious reception under statement of socio-cultural marginal conditions. Consequently, the comparative method in criminology represents a productive starting point — inspite of all difficulties bound to it — to stimulate and intensify criminological research, to verify and secure findings at international level, and above this to improve the development of criminological theories and through it of the general knowledge.

Résumé

Résultat d'une recherche comparative en criminologie

En résumé, on peut tirer les conclusions suivantes:

1. La recherche comparative en criminologie n'est pas seulement nécessaire et enrichissante, mais bien plus, on ne peut l'éviter. C'est ainsi qu'en vue du phénomène universel de la criminalité, on ne peut renoncer à une statistique criminelle internationale, malgré les difficultés indiquées. Les enquêtes complémentaires sur l'estimation de l'importance des délits et sur l'interrogation des victimes permettent d'améliorer, de compléter et de mieux comparer les énoncés de la statistique. Dans l'exploration de la personnalité, la comparaison des groupes de contrôle peut, en outre, contribuer à découvrir des relations causales significatives. Enfin, l'investigation comparative des systèmes reflète l'évolution générale des connaissances qui pousse à intégrer de plus en plus à l'analyse criminologique stratégies, sanctions et modèles de décision.

2. La méthode comparative force le chercheur à porter son regard au-delà du seul domaine du propre pays pour s'intéresser aux résultats comme aux méthodes supérieures, aux débuts comme aux points importants des enquêtes d'autres pays. De cette

manière, le criminologue devient conscient de la perspective limitée de point de départ de sa propre enquête et reçoit l'impulsion de se demander ce qui est recherché et comment l'enquête est menée. Ainsi, longtemps le criminel white-collar ne fournit ni le concept ni le thème d'une enquête criminologique, tandis que, d'un autre côté, les délits de la circulation aux USA ne furent incorporés que tard et seulement petit à petit dans la recherche criminologique.

3. C'est pourquoi l'analyse comparative élargit le point de vue. Des phénomènes comme par ex. le vol ou l'escroquerie ne peuvent plus être considérés de manière isolée, mais apparaissent comme insérés dans leur système social respectif. De cette manière, on fait entrer avec plus de force le système socio-culturel dans la recherche.

4. La comparaison permet de plus d'obtenir et d'utiliser des faits et des résultats de recherche même dans les cas où la recherche nationale ne peut produire de résultats parce qu'elle est dans l'incapacité de recourir au matériel correspondant. Cela est le cas, par exemple, pour les recherches concernant la peine de mort. Là, il faut recourir principalement aux enquêtes en provenance des Etats-Unis. Il en est à peu près de même pour les questions concernant la recherche sur le traitement pour laquelle on utilise aussi les résultats des pays scandinaves et de Hollande.

5. Mais la méthode comparative entraîne aussi des interrogations d'ordre politico-juridique. Car elle force à comparer et à évaluer des alternatives possibles dans les différents pays. C'est ainsi que la comparaison internationale des taux de prisonniers ne peut se contenter d'une simple confrontation descriptive. Au contraire, elle soulève de plus en plus la question de la nécessité et de la légitimité d'un taux relativement élevé de prisonniers.

6. Il incombe à la criminologie comparative encore une autre tâche, celle d'examiner les théories et les modèles qui se sont formés dans le cadre d'une culture donnée, afin de savoir s'ils ont signification et validité également pour d'autres cultures. En même temps, il faut examiner jusqu'à quel point certains résultats sont valables de manière générale ou dépendants d'une culture et donc limités à certaines formes de société.

Cependant, en pratique, des difficultés non négligeables s'opposent à ces aspects positifs dans leur majorité, du moins en théorie, de la méthode comparative en criminologie:

a) En face des frais, de la capacité et de la diversité de la criminologie internationale, on est frappé du peu d'informations supplémentaires dans l'analyse du crime. Des problèmes de réception ainsi que des conflits de rivalité entre certaines langues nationales et techniques s'opposent à une intégration systématique des theories, concepts et informations importants pour la criminologie. De même, le travail des organisations internationales n'a guère amené de résultats concrets à part l'apport de matériel.

b) Le fait que, malgré les efforts poursuivis pendant des dizaines d'années, on n'ait toujours pas pu élaborer une statistique internationale valable, pourrait également porter à la résignation. De même, l'essai tenté récemment de déduire de la statistique criminelle des indications pour l'émancipation n'a pas apporté de résultats convaincants.

c) Les investigations de la personnalité par comparaison de groupes de contrôle souffrent de la difficulté de constituer des groupes de contrôle bien répartis. De plus, il n'est pas possible de voir clairement si les différences remarquées témoignent plutôt de caractéristiques différentes de la personnalité ou de styles de socialisation divergents.

d) De plus, au niveau de la méthode, il est toujours difficile de comparer des systèmes socio-culturels et politiques différents sous des aspects criminologiques. On ne peut pas immédiatement transposer dans un autre système des résultats acquis dans un système donné; sans quoi on court le danger de les falsifier. Cela se voit très nettement, par exemple, dans les enquêtes sur l'estimation de la violence, sur la charge des victimes révélée par les questions ou également dans les enquêtes de suspension. La question de savoir si les mêmes perceptions des personnes interrogées correspondent aux résultats, reste ouverte.

Les phénomènes de criminalité sont essentiellement liés au système social correspondant. Cela non seulement à cause de l'arrière-plan socio-culturel, mais aussi à cause de la structure et de l'intensité du contrôle social. L'analyse sociologique de la recherche montre que, finalement, toutes les enquêtes sont acculées à la difficulté d'obtenir des résultats réellement comparables.

Jusqu'à maintenant, on peut tout au plus apercevoir le bénéfice recherché dans le fait que certaines enquêtes apportent des faits descriptifs qui servent de point de départ et de savoir de base à la recherche comparative. La criminologie comparative représente donc, pour le proche avenir, plutôt un défi pour le savant et un paradigme qu'une direction de recherche nettement délimitée en theorie, procédé et niveau de connaissance.

Cette constatation mène à ne pas se contenter d'analyses de détail de l'importance, de la structure et de l'évolution de la criminalité comme de variables dépendantes, mais à intégrer les variables indépendantes comme indicateurs de la complexité de chaque système. On peut considérer comme variables criminologiques indépendantes et en même temps comme indicateurs du contrôle social de droit pénal l'orientation socio-culturelle des valeurs, la structure sociale, le programme de décisions légales, la capacité et l'intensité de la poursuite pénale, les sanctions et les alternatives correspondantes (par ex. justice d'entreprise et tribunaux sociaux) et pratique de la détention préventive. Comme indicateurs de l'arrière-plan socio-culturel il faut voir par exemple la densité de la population et l'homogénéité éthnique, les couches sociales, l'urbanisation et la mobilité, mais aussi le consensus dans l'orientation des valeurs.

Ce n'est qu'en considérant un tel contexte que l'on peut attendre des faits comparables et donc des résultats comparables. Cette hypothèse renforce la recherche criminologique des indicateurs et débouche finalement dans une comparaison des systèmes. Cependant, c'est seulement par un travail persévérant et une réception prudente que l'on pourrait attendre petit à petit une connaissance plus solide, des jugements plus profonds et des résultats assurés sans oublier les conditions marginales socio-culturelles. Ainsi, la méthode comparative en criminologie représente malgré toutes les difficultés qui lui sont inhérentes un point de départ fécond pour intensifier la recherche criminologique, pour examiner et assurer ses résultats à un niveau international, de plus pour encourager l'élaboration d'une théorie criminologique et, par là, pour élever le niveau général de connaissance.

Resumen

Los beneficios de la investigación comparada en la criminología

Resumiendo, puede afirmarse lo siguiente:

1. La investigación comparativa en la criminología no solo es necesaria y enriquecedora, sino que no puede eludirse.

En este sentido, por ejemplo, no puede renunciarse a una estadística criminal internacional en lo referente al fenómeno mundial de la criminalidad y a pesar de las dificultades señaladas. De la misma manera son importantes los encuestas complementarios con relación a la apreciación del daño causado por los delitos y las encuestas de la opinión de las victimas, cuyas declaraciones permiten corregir, completar y comparar los resultados de la estadística. En lo que se refiere a la investigación de la personalidad, la comparación con el grupo de control contribuirá al descubrimiento de las relaciones causales relevantes. La investigación comparativa del sistema, por último, refleja el cambio general en los conocimientos: así como la inclusión robustecida en el análisis criminológico de las estrategias, las sanciones y los modelos de decisión propios del control social juridicopenal.

2. El método comparativo obliga al investigador a dirigir su mirada más allá del ámbito de su propio pais para ocuparse con el estado de la cuestión investigada, métodos superiores, puntos de partida y centro de gravedad de las investigaciones de otros paises. De esta manera el criminólogo es consciente de la perspectiva limitada de su propio punto de partida investigador e impulsado a la discusión de las cuestiones que deben investigarse y someterse a análisis. Es así como el delito "white-collar" en Europa no ha sido durante largo tiempo ni concepto ni tema de la investigación criminólogica, mientras en los Estados Unidos los delitos de tráfico solo tardíamente y paso a paso han sido incluidos en este tipo de investigación.

3. El análisis comparativo amplía por lo tanto la extensión de la mirada. Sucesos particulares, como por ejemplo el robo y la estafa, no pueden por ello tratarse de forma aislada, sino que aparecen insertados en los respectivos sistemas sociales. De esta manera el sistema socio-cultural se incluye robustecidamente en la investigación.

4. La comparación permite, además, recibir o utilizar datos y conclusiones de las investigaciones también allí donde la investigación nacional no presenta conclusiones concretas precisamente porque no ha echado mano a un material semejante. Esto se da, por ejemplo, en las investigaciones que se refieren a la pena de muerte. Aquí es preciso tomar en consideración básicamente investigaciones realizadas en USA. Lo mismo sucede con la cuestión de la investigación referente al tratamiento en la que además se

utilizan resultados provenientes de los Paises escandinavos y de Holanda.

5. Por otra parte, el método comparativo introduce en la discusión de cuestiones muy actuales de política jurídica pues obliga a comparar y valorar las posibles alternativas en los diversos países. De esta manera la comparación internacional referente a la población penitenciaria no se agota en la presentación frente a frente y descriptiva de los datos. Por el contrario, aparece en forma creciente la cuestión de la necesidad y la legitimidad de cuotas relativamente altas de condenados.

6. Otra tarea de la criminología comparada consiste en la verificación de la relevancia y la validez entre otras culturas de teorías y modelos surgidos en el marco de referencia de una cultura determinada. Aquí se hace preciso investigar al mismo tiempo, en qué medida los resultados particulares tienen validez general o bien so encuentran culturalmente condicionados y son por lo tanto limitados a determinadas formas sociales.

Frente a estos aspectos predominantemente positivos del método comparativo en la criminología se encuentran en la praxis considerables dificultades:

1. Teniendo en cuenta el grado de erudición alcanzado, la capacidad y la diversidad de la criminología internacional llama la atención el crecimiento, hasta ahora reducido, de la información en el análisis del delito. Una integración sistemática de las teorías criminológicamente relevantes, conceptos e informaciones encuentran, sin embargo, problemas vinculados con su recepción y también conflictos de rivalidad expresados en la lengua de un pais o en el lenguaje técnico. También el trabajo de las organizaciones internacionales no ha alcanzado todavia resultados concretos, si se prescinde de la preparación de materiales.

2. La resignación no podría, de todas maneras, superar el hecho de que a pesar de las décadas de esfuerzo consumidas hasta ahora, no haya podido elaborarse una estadística criminal internacional que resulte de utilidad. Tampoco ha conducido a resultados convincentes el ensayo realizado hace poco de extraer de la estadística criminal indicadores para la emancipación.

3. Las investigaciones sobre la personalidad mediante los grupos de control comparativos adolece de la dificultad que presenta la correcta confrontación de grupos de control. Por lo demás, no

es facil aclarar de una forma precisa si las diferencias obtenidas expresan más sobre los diferentes elementos de la personalidad o sobre estilos divergentes de socialización.

4. Fuera de ello resulta siempre dificultoso desde el punto de vista metodológico, comparar distintos sistemas socioculturales y políticos desde el ángulo de mira de los aspectos criminológicos. Los resultados que se obtienen en un sistema determinado no pueden ser trasladados directamente a otro sistema y se corre, por lo tanto, el peligro de falsearlos en el momento de esta operación. Esto aparece con toda claridad en las investigaciones sobre la valoración de la violencia, en las encuestas de la forma en que se han distribuido las víctimas en el contexto social ("Opferbelastung") así como en las investigaciones de sobreseimientos. Queda abierta la cuestión de si los encuestados han procedido a partir de identicas percepciones.

Los fénomenos de la criminalidad están conectados esecialmente con los del respectivo sistema social. Esto es así no solo a causa del trasfondo sociocultural, sino también como consecuencia de la estructura y la intensidad del control social. El análisis sociológico en la investigación pone de manifiesto hasta que punto todas las investigaciones se encuentran frente a dificultades en la obtención de resultados realmente comparables.

El resultado perseguido puede verse en el mejor de los casos en la obtención de datos descriptivos en las investigaciones particulares, que sirven como punto de partida y conocimientos básicos para la investigación comparativa. La criminologia comparada constituye para el futuro inmediato más un desafio al cientifico y un paradigma que una dirección de la investigación claramente circunscrita en la teoria del procedimiento y el estado de los conocimientos.

A partir de estos conocimientos será preciso no limitarse a investigaciones particulares de la amplitud, estructura y movimiento de la criminalidad como variables dependientes, sino que se re querirá además incluir las variables independientes como indicadores de la complejidad de los sistemas respectivos. Como variables criminológicas no dependientes y a la vez como indicadores de control social juridicopenal entrarán en consideración las orientaciones valorativas socioculturales, la estructura social, el programa de decisiones legales, la capacidad y la intensidad de la persecución penal, las sanciones y las correspondientes alternativas (por ejemplo, potestad sancionatoria en el séno de la empresa y los tribunales de trabajo) y la manipulación de la detención preventiva. Como indicadores del trasfondo sociocultural habrá que referirse, por ejemplo, a la densidad de población y a la homegeneidad étnica, a la estratificación social, a la urbanización y la movilidad, pero también al consenso relativo a la orientación valorativa.

Sólo tomar en cuenta tales conexiones permite aguardar la obtención de datos comparables y, por lo tanto, resultados de utilidad. Esta suposición robustece la investigación de indicadores criminológicos y desemboca finalmente en la comparación sistemática.

Sin embargo, es de esperar que con intenso trabajo y cuidadosa recepción de conocimientos cada vez dignos de mayor confianza se logrará una mas profunda compresión y mas seguros resultados, dandose también los datos de las condiciones marginales pertenecientes a lo socio-cultural. De esta manera el método comparativo presenta en la criminología, y a pesar de todas las dificultades que implica, un punto de partida fructífero para estimular la investigación criminológica intensificandola, verificar sus resultados en el plano internacional y, además, fomentar la construcción de teorías criminológicas elevando de esta manera el estado general de los conocimientos.

Die Hauptverhandlung in Abwesenheit des Angeklagten in der Bundesrepublik Deutschland*

Von Ministerialrat Dr. Peter *Rieß*, Bonn

Inhaltsübersicht

* Abgeschlossen im September 1977. Vereinzelt konnte Rechtsprechung und Schrifttum noch bis Ende April 1978 berücksichtigt werden.

I. Grundprinzip und Übersicht

1. Der Grundsatz der Anwesenheit des Angeklagten

a) Eine flüchtige Lektüre der Strafprozeßordnung der Bundesrepublik Deutschland[1] könnte den unrichtigen Eindruck erwecken, die Hauptverhandlung ohne den Angeklagten sei eine

[1] Strafprozeßordnung vom 1. Februar 1877 in der Fassung der Bekanntmachung vom 7. Januar 1975 (BGBl. I, S. 129), zuletzt geändert durch Gesetz vom 14. April 1978 (BGBl. I, S. 497). In der nachfolgenden Darstellung sind Paragraphen ohne zusätzliche Gesetzesbezeichnung solche der StPO in dieser Fassung. Absätze werden mit nachgestellten römischen Ziffern bezeichnet, Sätze mit arabischen Ziffern.

alltägliche Erscheinung. Zahlreiche verstreute und ins Einzelne gehende Vorschriften regeln, unter welchen Voraussetzungen sie ganz oder teilweise ohne den Angeklagten stattfinden darf und wie in solchen Fällen zu verfahren ist[2]. Doch ist dieses optische Übergewicht der die Abwesenheit des Angeklagten in der Hauptverhandlung gestattenden und regelnden Ausnahmevorschriften nur die gesetzestechnische Folge eines auch in rechtsvergleichender Betrachtung[3] sehr weitgespannten Anwesenheitsgrundsatzes. Dabei wird traditionell seit der Entstehung der Strafprozeßordnung[4] nicht nur ein Anwesenheitsrecht eingeräumt, sondern auch eine recht weitgehende Anwesenheitspflicht begründet.

Für den hier zu behandelnden Fragenkreis wird im deutschen Strafverfahrensrecht terminologisch unterschieden: Als Verfahren gegen Abwesende gilt das Strafverfahren gegen solche Beschuldigte, die unbekannten Aufenthalts sind oder sich im Ausland aufhalten, ohne daß ihre Gestellung bewirkt werden kann (§ 276); als Verfahren gegen Angeklagte, die in der Hauptverhandlung ausbleiben, wird das Verfahren gegen an sich erreichbare Beschuldigte bezeichnet[5]. Gegen Abwesende in diesem technischen Sinne ist — seit dem 1. Januar 1975[6] — eine Hauptverhandlung ausnahmslos nicht zulässig (§ 285 I 1). Nach der Grundregel des § 230 I findet auch gegen einen ausgebliebenen Angeklagten keine Hauptverhandlung statt. Nur dieser zweite Grundsatz unterliegt einer Reihe von Ausnahmen und Einschränkungen, die nachfolgend näher darzustellen und zu würdigen sind.

[2] Vgl. die zusammenfassende tabellarische Übersicht unter I 2 b.

[3] Vgl. für das französische, italienische, österreichische und schweizerische Recht die rechtsvergleichende Darstellung von *Denz*, Zulässigkeit und Umfang des Verfahrens gegen Abwesende, 1969.

[4] Zusammenfassender Überblick über die Entwicklung und die Entstehungsgeschichte bei *Denz* (Fußn. 3), S. 37 ff. und eingehend bei *Rieß*, Der Beschuldigte als Subjekt des Strafverfahrens in Entwicklung und Reform der Strafprozeßordnung, in: Vom Reichsjustizamt zum Bundesministerium der Justiz, 1977, S. 373, 390 ff. Zu den einzelnen Vorschriften vgl. jeweils die entstehungs- und entwicklungsgeschichtlichen Hinweise in der Kommentierung von *Löwe-Rosenberg* (LR-), Großkommentar zur Strafprozeßordnung und zum Gerichtsverfassungsgesetz, 22./23. Aufl.

[5] Legaldefinition der Abwesenheit in § 276. Nach allgemeiner Auffassung unterscheiden sich beide Fälle dadurch, daß der „abwesende Beschuldigte" sich nicht im Machtbereich der inländischen Gerichtsbarkeit befindet, während dies im übrigen der Fall ist.

[6] Zu der bis dahin geltenden Regelung: vgl. unten III 1 b.

b) Die Anwesenheit des Angeklagten in der Hauptverhandlung ist nicht nur nach dem Gesetz die Regel, sondern in der Tatsacheninstanz auch statistisch. Hauptverhandlungen ohne Angeklagte kommen, wie die nachfolgende Tabelle für 1975[7] zeigt, nur in geringerem Umfang vor[8]:

Instanz	Hauptverhandlungen		
	insgesamt	davon ohne Angeklagte Zahl	%
Amtsgericht	478 919	15 215	3,2
Landgericht in erster Instanz	8 771	58	0,7
Landgericht als Berufungsinstanz	44 556	564	1,3
Oberlandesgericht als Revisionsinstanz	1 322	1 066	80,6
Bundesgerichtshof als Revisionsinstanz	491	477	97,2

2. Überblick über die gesetzliche Regelung

a) Das Anwesenheitsprinzip der Strafprozeßordnung ergibt sich für den abwesenden Angeklagten (im Sinne des § 276) aus § 285 I 1; für den im Machtbereich der deutschen Gerichtsbarkeit befindlichen erreichbaren Angeklagten aus § 230 I und § 231 I. Die Ausnahmen vom Anwesenheitsprinzip lassen sich in erster Linie dahingehend systematisch erfassen, ob und inwieweit das Anwesenheitsrecht entzogen oder lediglich von der Anwesenheitspflicht dispensiert wird. Eine Zwischenform stellt es dar, wenn der Angeklagte infolge eigenen, zurechenbaren Verhaltens seine Anwesenheitsmöglichkeit verliert. Sie kann als Verwirkung der Anwesenheitsmöglichkeit bezeichnet werden.

7 Die Werte unterliegen seit Jahren keinen großen Schwankungen.

8 Die abweichenden Werte für das Revisionsverfahren sind darauf zurückzuführen, daß es hier keine Anwesenheitspflicht gibt (vgl. unten V 3 b).

Zu fragen ist weiter jeweils nach dem Umfang der Durchbrechung des Prinzips und nach den näheren Voraussetzungen hierfür. Die Durchbrechung kann die Hauptverhandlung im ganzen oder einzelne Abschnitte betreffen; sie kann an sehr unbestimmte Rechtsbegriffe oder gar ein pflichtgemäßes Ermessen geknüpft, aber auch zwingend vorgeschrieben sein. Verfahren von geringerer Bedeutung und besondere Verfahrensarten enthalten ebenso wie das Rechtsmittelverfahren zum Teil weitergehende Ausnahmen vom Anwesenheitsprinzip.

Wo das Prinzip sich zu einer Anwesenheitspflicht verdichtet, bedarf es besonderer Erzwingungsnormen zur Sicherung der Anwesenheit. Soweit das Prinzip nicht gilt, stellt sich die Frage, ob und auf welche Art der für den Angeklagten dadurch eintretende Verlust an Verteidigungsmöglichkeiten auf andere Weise kompensiert werden kann.

b) Ausgehend von diesen Fragestellungen läßt sich das Normgefüge der Strafprozeßordnung etwa folgendermaßen tabellarisch darstellen:

GRUNDNORMEN FÜR DAS ANWESENHEITSPRINZIP

Anwesenheit	§ 230 I, § 231 I 1, § 285 I 1	
Sanktionsnormen	§ 337, § 338 Nr. 5	
Erzwingungsnormen	unmittelbar	§ 230 II, § 231 I 2, § 236, § 329 IV, § 387 III, § 412 Satz 1
	mittelbar	§ 329 I, § 412 Satz 1

DURCHBRECHUNGEN DES ANWESENHEITSPRINZIPS

Gegenstand	Anwesenheitsrecht Entziehung	Anwesenheitsrecht Verwirkung	Anwesenheitspflicht/Dispens
Total		§ 231 a	
Einzelne Verfahrensabschnitte	§ 247 Satz 1—3 § 415 III	§ 231 b § 231 II	
Verfahren geringerer Bedeutung			§ 232 I § 233 I
Rechtsmittel-Verfahren	§ 350 II 2	§ 329 I	§ 329 II 1 § 350 II 1
besondere Verfahren	§ 415 I, III		§ 387 I § 411 II

KOMPENSATIONSVORSCHRIFTEN

Hinweise	§ 232 I 1, 2, § 233 II 2, § 323 I 2
rechtliches Gehör	§ 231 II, § 231 a I 2, § 231 b I 2, § 233 II 1, § 415 II
Verteidiger	§ 231 a IV, § 234, § 140 I Nr. 7, § 350 III, § 411 II
Unterrichtung	§ 231 a II, § 231 b II, § 247 Satz 4, § 232 IV
Besondere Rechtsbehelfe	§ 231 a III 3, § 235, § 329 III

c) Eine dem Gesetzeswortlaut nach[9] für alle Verfahren geltende, im Extremfall — wenn auch nicht notwendig — zur Abwesenheit in der gesamten Hauptverhandlung führende Ausnahme vom Anwesenheitsprinzip enthält nur § 231 a (verschuldete Verhandlungsunfähigkeit), doch ist diese Vorschrift durch eine Vielzahl einengender Voraussetzungen und zusätzlicher Kompensationsmaßnahmen gekennzeichnet. Die vom Verhalten des Beschuldigten unabhängige Entziehung des Anwesenheitsrechts ist auf einzelne Verfahrensabschnitte und das Sicherungsverfahren als Sonderverfahren beschränkt. Der Verzicht auf die Anwesenheitspflicht ist im erstinstanzlichen Verfahren hauptsächlich für Verfahren von geringerer Bedeutung vorgesehen.

Lockerungen von besonderer Art zeigen sich im Rechtsmittelverfahren: In der zweiten Tatsacheninstanz wird bei grundsätzlicher Aufrechterhaltung der Anwesenheitspflicht das unentschuldigte Nichterscheinen durch den Verlust des eigenen Rechtsmittels sanktioniert; in der Revision beschränkt sich das Anwesenheitsprinzip auf ein bloßes Anwesenheitsrecht.

Bemerkenswert und für den hohen Rang kennzeichnend, den das geltende Recht der Anwesenheit einräumt, sind das breite Erzwingungsinstrumentarium, das von der Festhaltebefugnis über die zwangsweise Vorführung bis zum Haftbefehl reicht, und der differenzierte Versuch, den mit der Abwesenheit für den Angeklagten notwendig verbundenen Nachteil durch eine ganze Palette kompensierender Maßnahmen auszugleichen.

[9] Über die faktische Begrenzung auf größere Verfahren von einiger Bedeutung vgl. unten IV 3 b.

II. Inhalt, Rechtfertigung und Rechtsnatur des Anwesenheitsprinzips

1. Inhalt des Anwesenheitsprinzips

a) Aus der gesetzlichen Regelung, daß gegen einen ausgebliebenen Angeklagten keine Hauptverhandlung stattfindet (§ 230 I) und daß das Gericht das Erscheinen durch Vorführungs- oder Haftbefehl erzwingen kann (§ 230 II), ergibt sich, daß die Anwesenheitspflicht zunächst eine Erscheinenspflicht bedeutet. Sie besteht — abhängig von einer entsprechenden Anordnung des Gerichtes — auch dort, wo das Gesetz eine Verhandlung ohne Angeklagten zuläßt. Auch in diesen Fällen kann das Gericht jederzeit nach pflichtgemäßem Ermessen das persönliche Erscheinen des Angeklagten anordnen und erzwingen[10]. Bei Angeklagten, die sich im staatlichen Gewahrsam befinden, folgt aus der Erscheinenspflicht die Verpflichtung der Justizorgane, diese — notfalls auch gegen ihren Willen und unter Einsatz von Zwangsmitteln — zur Hauptverhandlung zu stellen[11]. Der Erscheinenspflicht korrespondiert die Pflicht, in der Hauptverhandlung anwesend zu bleiben (§ 231 I 1). § 231 I 2 gibt dem Vorsitzenden die erforderlichen Zwangsbefugnisse, das Entfernen zu verhindern.

Die — unverzichtbare[12] — Anwesenheitspflicht besteht während der gesamten Hauptverhandlungsdauer. Sie gilt auch für Augenscheinseinnahmen außerhalb des Gerichtssaales[13]. Auch für sogenannte „unwesentliche Teile" der Hauptverhandlung besteht keine Ausnahme. Diese von der Rechtsprechung vorgenommene Unterscheidung hat lediglich für die rein revisionsrechtliche Frage Bedeutung, ob ein Verstoß gegen die Anwesenheitspflicht die Revision begründen kann[14].

Keine Anwesenheitspflicht besteht bei solchen Beweisaufnahmen, deren Ergebnis zwar zum Gegenstand der Hauptverhandlung gemacht werden soll, die aber formal nicht einen Teil der Hauptverhandlung darstellen, insbesondere bei kommissa-

[10] Dies gilt — außer für das Revisionsverfahren — umfassend (§ 329 IV, § 387 III, § 412 Satz 1).

[11] *LR-Gollwitzer*, 23. Aufl., § 230 Rdnr. 11 m. weit. Nachw.

[12] BGHSt 22, 20; 25, 317; *LR-Gollwitzer* (Fußn. 11), § 230 Rdnr. 2.

[13] Vgl. aus der Rspr. dazu z. B. BGHSt 3, 187; 25, 317 und näher unter Hinweis auf unvermeidbare Ausnahmen *LR-Gollwitzer* (Fußn. 11), § 230 Rdnr. 8.

[14] So zutreffend *LR-Gollwitzer* (Fußn. 11), § 230 Rdnr. 7; *Eb. Schmidt*, Lehrkommentar zur Strafprozeßordnung, Bd. II. 1957, § 230 Rdnr. 5.

rischen Zeugen- und Sachverständigenvernehmungen nach den §§ 223, 225. Gewährleistet bleibt indessen normalerweise auch für diese Fälle das Anwesenheitsrecht des Angeklagten. Lediglich der nicht auf freiem Fuß befindliche Angeklagte hat keinen Anspruch auf Anwesenheit, wenn die Beweisaufnahmen nicht an der Gerichtsstelle des Ortes stattfinden, wo er sich in Haft befindet, *und* wenn er einen Verteidiger hat (§ 224 II).

b) Weniger deutlich hat das Anwesenheitsrecht des Angeklagten in der Strafprozeßordnung Ausdruck gefunden. Es ergibt sich indessen daraus, daß das Gesetz die Fälle seiner Entziehung einzeln und erkennbar abschließend regelt und ist im Schrifttum und der Rechtsprechung allgemein anerkannt[15]. Neuerdings kann es darüberhinaus aus dem auch innerstaatlich verbindlichen internationalen Pakt über bürgerliche und politische Rechte abgeleitet werden[16].

c) Aus dem Rechtsgrund der Anwesenheit, das rechtliche Gehör zu sichern, folgt, daß der Angeklagte über das bloße körperliche Dabeisein hinaus auch verhandlungsfähig sein muß. Anwesenheit bedeutet daher nach allgemeiner Auffassung Verhandlungsfähigkeit. Daher ist der zwar körperlich anwesende aber nicht verhandlungsfähige Angeklagte in der Hauptverhandlung des normalen Strafverfahrens als abwesend zu behandeln[17]. Die Verhandlungsfähigkeit ist mehr als bloße Vernehmungsfähigkeit[18]. Sie verlangt, daß der Angeklagte in der Lage sein muß,

[15] *Kleinknecht*, StPO, 33. Aufl. 1977, § 230 Rdnr. 1; *LR-Gollwitzer* (Fußn. 11), § 230 Rdnr. 7; *Rieß*, Die Durchführung der Hauptverhandlung ohne Angeklagten, JZ 1975, 265, 266; BGHSt 19, 147; 26, 84, 90. In einem Teil des Schrifttums wird — ohne daß das Recht damit geleugnet wird — die Pflicht zur Anwesenheit stärker betont (Nachw. bei *Rieß*, Anm. 19).

[16] Artikel 14 Abs. 3 lit. d des internationalen Paktes über bürgerliche und politische Rechte v. 19. 12. 1966 (BGBl. II, 1973, S. 1533). Im Zustimmungsgesetz v. 15. 11. 1973 (Artikel 1 Nr. 1) ist für die Anwesenheit des nicht auf freiem Fuß befindlichen Angeklagten im Revisionsverfahren ein Vorbehalt gemacht worden, der § 350 II 2 deckt.

[17] BGHSt 2, 300, 305; 23, 334; *Kleinknecht* (Fußn. 15), § 230 Rdnr. 2; *Eb. Schmidt* (Fußn. 14), § 230 Rdnr. 6; *LR-Gollwitzer* (Fußn. 11), § 230 Rdnr. 9; *LR-Schäfer*, 23. Aufl., Einleitung Kap. 12, Rdnr. 97.

[18] So ausdrücklich der Schriftliche Bericht des Rechtsausschusses des Deutschen Bundestages zum Ergänzungsgesetz zum Ersten Gesetz zur Reform des Strafverfahrensrechts v. 20. 12. 1974 (BT-Drucks. 7/2989), S. 6. Im Schrifttum allgem. Meinung (vgl. z. B. *LR-Gollwitzer* [Fußn. 11], § 231 a Rdnr. 14; *LR-Schäfer* [Fußn. 17], Rdnr. 100; *Rieß* [Fußn. 15], S. 267).

allen relevanten Vorgängen in der Hauptverhandlung zu folgen, die Hauptverhandlungsergebnisse in ihrer Bedeutung zu erkennen und seine Verteidigungsinteressen sachgerecht wahrzunehmen[19].

2. Rechtfertigung des Anwesenheitsprinzips

In Anlehnung an die Motive zur Strafprozeßordnung[20] sehen Rechtsprechung und Schrifttum überwiegend zwei rechtfertigende Gründe für das weitgehende Anwesenheitsprinzip der Strafprozeßordnung.

a) Einmal soll die Anwesenheit sicherstellen, daß der Angeklagte nicht ungehört verurteilt wird, und damit der Gewährung des rechtlichen Gehörs dienen[21]. Damit wird das Anwesenheitsprinzip eng mit dem verfassungsrechtlich gesicherten Anspruch auf rechtliches Gehör (Art. 103 I GG)[22] verknüpft. Zwar erfordert es dieser Verfassungsgrundsatz nicht schlechthin und in jedem Verfahren, daß der Anspruchsberechtigte bei einer mündlichen Verhandlung stets persönlich anwesend sein muß[23]. Das Strafverfahren ist jedoch durch ein besonders ausgeprägtes Mündlichkeits- und Unmittelbarkeitsprinzip gekennzeichnet, nach dem allein das mündlich Verhandelte ohne hinreichenden Niederschlag

[19] In Anschluß an *Henkel*, Strafverfahrensrecht, 2. Aufl. 1968, S. 233, wird unter Verhandlungsfähigkeit allgemein die Fähigkeit verstanden, „seine Interessen vernünftig zu vertreten, seine Rechte zu wahren und seine Verteidigung in verständiger und verständlicher Weise zu führen". So etwa *Kern-Roxin*, Strafverfahrensrecht, 14. Aufl. 1976, S. 101; *LR-Schäfer* (Fußn. 17), Rdnr. 98; *Kleinknecht* (Fußn. 15), Einl., Rdnr. 94. Sie kann allerdings nach den Anforderungen des jeweiligen Verfahrensstadiums unterschiedlich zu beurteilen sein (so zutreffend *Zipf*, Strafprozeßrecht, 2. Aufl. 1977, S. 94), so daß man in dem hier interessierenden Zusammenhang von der allgemeinen Verhandlungsfähigkeit eine besondere „Hauptverhandlungsfähigkeit" unterscheiden muß, die ein höheres Maß an geistiger Präsenz verlangt.

[20] *Hahn*, Die gesamten Materialien zur Strafprozeßordnung, 1881, S. 187; dazu näher *Rieß* (Fußn. 15), S. 266 f.

[21] *LR-Gollwitzer* (Fußn. 11), § 230 Rdnr. 1 m. Rspr. Nachw.; *LR-Schäfer* (Fußn. 17), Rdnr. 107; *Kleinknecht* (Fußn. 15), § 230 Rdnr. 1; *Rüping*, Der Grundsatz des rechtlichen Gehörs und seine Bedeutung im Strafverfahren, 1976, S. 163; *Dahs*, Das rechtliche Gehör im Strafverfahren, 1965, S. 84, 86. Aus der Rspr. etwa RGSt 32, 89 und BGHSt 3, 190; 26, 90.

[22] Zur Bedeutung dieses Grundsatzes im Strafverfahren vgl. umfassend *Rüping* (Fußn. 21) und *Dahs* (Fußn. 21), zu seinem Einfluß auf Entwicklung und Reform der StPO: *Rieß* (Fußn. 4), S. 388 ff.

[23] *Maunz-Dürig*, Grundgesetz, Art. 101, Rdnr. 74 m. weit. Nachw.

in schriftlichen Unterlagen Entscheidungsgrundlage ist. Hier kann kaum anders als durch Gestattung der Anwesenheit und damit des unmittelbaren Miterlebens der Verhandlung die Möglichkeit eingeräumt werden, zu allen entscheidungserheblichen Tatsachen und Rechtsfragen Stellung zu nehmen[24].

Mit der Gewährleistung des rechtlichen Gehörs läßt sich nicht nur das Anwesenheitsrecht begründen, sondern auch eine weitreichende Anwesenheitspflicht. Das Gehörsgebot ist nicht nur ein Justizgrundrecht, sondern stellt auch eine in Verfassungsrang erhobene objektive Verfahrensnorm dar[25] und unterliegt deshalb nicht voll der Disposition des Berechtigten. Bei den Besonderheiten des Strafverfahrens liefe eine im Fernbleiben von der Hauptverhandlung liegende Disposition nicht nur auf den zulässigen Verzicht auf die Ausübung des Anhörungsrechts im Einzelfall hinaus, sondern käme in gefährliche Nähe eines unzulässigen generellen Vorausverzichts[26]. Gerade weil die Anwesenheit in der Hauptverhandlung für den Angeklagten mancherlei Erschwernisse und Belastungen mit sich bringt, ist die Verlockung groß, sich ihr zu entziehen. Deshalb läßt sich die weitgehende Anwesenheitspflicht nach heutigem Verfassungsverständnis als fürsorgerische und damit im Kern sozialstaatliche gesetzliche Maßnahme zur Sicherung des Anwesenheitsrechts und zur Gewährleistung des rechtlichen Gehörs interpretieren[27].

b) Demgegenüber rechtfertigt die herrschende Meinung insbesondere die Pflichtkomponente des Anwesenheitsprinzips gleichrangig mit dem Zweck der Wahrheitserforschung[28]. Dem kann

[24] Dies die übliche Definition des Gehörsanspruchs, vgl. etwa *Maunz-Dürig* (Fußn. 23), Art. 101, Rdnr. 43.

[25] Vgl. *Maunz-Dürig* (Fußn. 23), Art. 101, Rdnr. 8, 9, 16 ff.; *Dahs* (Fußn. 21), S. 4 ff.

[26] Zu dieser Unterscheidung näher *Maunz-Dürig* (Fußn. 23), Art. 103, Rdnr. 49 und *Rüping* (Fußn. 21), S. 146.

[27] Näher *Rieß* (Fußn. 15), S. 267 f.

[28] Diese Rechtfertigung ist z. B. betont bei *Peters*, Strafprozeß, 2. Aufl. 1966; *Henkel* (Fußn. 19), S. 332, aber auch gleichwertig neben der Sicherung des Gehörsanspruchs bei *Kern-Roxin* (Fußn. 19), S. 217; *Eb. Schmidt* (Fußn. 14), § 230 Rdnr. 1; *Niethammer*, Festschrift für Rosenfeld, 1949, S. 120. Wie hier und bereits *Rieß* (Fußn. 15), S. 267, jetzt *LR-Schäfer* (Fußn. 17), Rdnr. 107. In der Rspr. läßt BGHSt 26, 84, 91 mit dem Hinweis, daß vorwiegend individuelle Interessen des Angeklagten von der Abwesenheit betroffen seien, eine gegenüber früheren Entscheidungen (RGSt 29, 48; 60, 180; BGHSt 3, 190) geringere Bewertung des Aufklärungsinteresses deutlich werden; ebenso die Entscheidung des BGH in

nur insoweit zugestimmt werden, als das rechtliche Gehör auch dazu beitragen soll, eine wahrheitsgemäße und gerechte Entscheidung zu erreichen[29]. Angesichts des gesetzlich verbürgten Rechts, sich nicht belasten zu müssen, kann es dagegen bei der Anwesenheitspflicht nicht um den Angeklagten als Beweisperson gehen. Auch eine Anwesenheitspflicht kann nicht mehr als ein stummes Dabeisitzen erzwingen, das allein den Richter nicht zu einer besseren Sachverhaltsaufklärung befähigen kann. Es trifft zwar faktisch zu, daß die Mehrzahl der anwesenden Angeklagten sich auch zu äußern pflegt und deshalb dem Gericht bessere Erkenntnis- und Beurteilungsmöglichkeiten eröffnet werden. Der gesetzlich umfassend anerkannte Grundsatz „nemo tenere prodere se ipsum“[30] schließt es jedoch aus, in dieser faktischen Erwartung eine zureichende rechtliche Grundlage für die Normierung umfassender Anwesenheitspflichten zu sehen[31].

c) Andere und zusätzliche Rechtfertigungen für das Anwesenheitsprinzip ließen sich aus andersartigen Deutungen des Strafverfahrens herleiten, wie sie zur Zeit vor allem von mehr soziologisch fundierten Ansätzen her entwickelt werden. Rollen- oder systemtheoretische und vor allem kommunikationstheoretische Erklärungen und Zwecksetzungen des Strafprozesses[32] erfordern die Anwesenheit des Angeklagten als des Hauptbetroffenen nicht nur und primär zu dem Zweck, ihm rechtliches Gehör zu sichern. Doch müssen sich diese Deutungsversuche zur Zeit noch entgegenhalten lassen, daß sie dem gesetzlichen Bild des Strafverfahrens nicht entsprechen.

3. Sanktionierung und Rechtsnatur des Anwesenheitsprinzips

a) Der absolute Revisionsgrund des § 338 Nr. 5 liegt vor, wenn die Hauptverhandlung in Abwesenheit der Staatsanwalt-

NJW 1977, 1928, die die Anwesenheitspflicht in erster Linie als Ausdruck prozessualer Fürsorge für den Angeklagten zur Sicherung seines rechtlichen Gehörs bezeichnet.

[29] Zu den verschiedenen Geltungsgründen des rechtlichen Gehörs vgl. *Rüping* (Fußn. 21), S. 101 ff.

[30] Dazu *Eser*, Der Schutz vor Selbstbezichtigung im deutschen Strafprozeßrecht, Deutsches strafrechtliches Landesreferat zum IX. Internationalen Kongreß für Rechtsvergleichung, 1974, Beiheft ZStW, 1974, S. 136 ff. und *Rieß* (Fußn. 4), S. 415 ff.

[31] Näher *Rieß* (Fußn. 15), S. 267 f.

[32] Zusammenfassende Übersicht bei *Schreiber*, ZStW 88 (1976), S. 117 ff., insbes. S. 132—146.

schaft oder einer Person, deren Anwesenheit das Gesetz vorschreibt, stattgefunden hat. Zu diesen Personen gehört, soweit eine Anwesenheitspflicht besteht, stets der Angeklagte. Damit sind Verstöße gegen die Anwesenheitspflicht revisionsrechtlich wirksam sanktioniert. Allerdings hat die Rechtsprechung diesen Revisionsgrund dadurch in gewisser Weise relativiert, daß sie ihn nicht anerkennt, wenn der Angeklagte nur bei unwesentlichen Teilen der Hauptverhandlung abwesend war[33].

§ 338 Nr. 5 greift dort nicht ein, wo das Gericht befugt in Abwesenheit des Angeklagten verhandelt. Beeinträchtigungen des auch in diesen Fällen meist fortbestehenden Anwesenheitsrechts sind als einfache verfahrensrechtliche Verstöße nach § 337 zu behandeln und führen zur Urteilsaufhebung, wenn nicht ausgeschlossen werden kann, daß das Urteil auf diesem Verstoß beruht. Dies wird allerdings, da sich meist nicht sagen lassen wird, wie sich der Angeklagte in der Hauptverhandlung verhalten und eingelassen hätte, fast regelmäßig der Fall sein.

b) Die revisionsrechtliche Überprüfung des Anwesenheitserfordernisses setzt voraus, daß der Angeklagte den Verfahrensverstoß unter Angabe der den Mangel enthaltenden Tatsachen fristgerecht rügt. Da Verfahrensvoraussetzungen nach allgemeiner Auffassung vom Revisionsgericht auch ohne besondere Rüge von Amts wegen zu beachten sind, würde diese Voraussetzung entfallen, wenn man in der gesetzlich vorgeschriebenen Anwesenheit des Angeklagten in der Hauptverhandlung eine Verfahrensvoraussetzung sehen würde. Dies ist in Rechtsprechung und Schrifttum umstritten, der Bundesgerichtshof hat es vor kurzem verneint[34].

Dagegen ist nach im wesentlichen unbestrittener Auffassung die Verhandlungsfähigkeit des Angeklagten als Verfahrensvoraussetzung einzuordnen[35], so daß ein Verstoß gegen die Anwesenheitspflicht, der auf Verhandlungsunfähigkeit des Angeklagten

[33] Vgl. mit Kasuistik und Rspr. Nachw. *LR-Meyer*, 22. Aufl., § 338 Anm. V 2. Aus der Rspr. etwa RGSt 58, 180; BGHSt 15, 263. Bedenken bei *Eb. Schmidt* (Fußn. 14), Nachtragsband I, § 226 Rdnr. 2.

[34] Nachw. über den Streitstand *LR-Schäfer* (Fußn. 17), Kap. 12, Rdnr. 105 ff. BGHSt 26, 84 verneint den Charakter als Verfahrensvoraussetzung, zustimmend *LR-Schäfer*, Rdnr. 107; *LR-Gollwitzer* (Fußn. 11), § 230 Rdnr. 5; ablehnend *Kern-Roxin* (Fußn. 19), S. 102.

[35] *LR-Schäfer* (Fußn. 17), Kap. 12, Rdnr. 97 m. weit. Nachw.

beruht, auch ohne Rüge vom Revisionsgericht von Amts wegen zu berücksichtigen ist[36].

III. Verlust des Anwesenheitsrechts

1. Allgemeines

a) Rechtfertigt man das Anwesenheitsprinzip vorwiegend mit der Gewährleistung des rechtlichen Gehörs, so folgt daraus, daß das Primäre und in erster Linie verfassungsrechtlich Gebotene das Anwesenheitsrecht darstellt. In Sonderfällen ist aber auch sein Verlust nicht ausgeschlossen. Zwar steht die Gewährleistung des rechtlichen Gehörs in Art. 103 I GG nicht unter einem Gesetzesvorbehalt, doch unterliegt auch dieses Justizgrundrecht immanenten Schranken[37], die sich insbesondere aus der dem Rechtsstaatsprinzip entspringenden Pflicht zur staatlichen Justizgewährung[38] und der Pflicht zur Gewährleistung der Menschenwürde und der körperlichen Unversehrtheit aller Prozeßbeteiligten (Art. 1, 2 GG) ergeben können. Ein hierauf beruhender Verlust des Anwesenheitsrechtes wird durch Art. 103 I GG namentlich deshalb nicht untersagt, weil die Anwesenheit zwar die optimale, aber nicht die einzige Form des rechtlichen Gehörs darstellt. Verfassungsrechtlich zu fordern ist indessen, daß bei einem Verlust des Anwesenheitsrechts ein Minimum an rechtlichem Gehör in anderer Weise sichergestellt ist.

Einen Verlust des Anwesenheitsrechts für die gesamte Hauptverhandlung im normalen tatrichterlichen Verfahren kennt das geltende Recht nicht. Hier kann das Anwesenheitsrecht nur für einzelne, eng umgrenzte Teile der Verhandlung entzogen werden (§ 247). Lediglich im Sicherungsverfahren gegen Schuld- und/oder Verhandlungsunfähige kommt ein Verlust des gesamten Anwesenheitsrechts in Betracht (§ 415). Kein Anwesenheitsrecht hat im Revisionsverfahren ferner der nicht auf freiem Fuß befindliche Angeklagte (§ 350 II 2).

[36] Anders *Peters* (Fußn. 28), S. 235 ff., der zwischen den im Revisionsverfahren von Amts wegen zu beachtenden Prozeßvoraussetzungen und den nur auf Rüge zu beachtenden Verfahrensvoraussetzungen unterscheidet und die Verhandlungsfähigkeit den letzteren zurechnet.

[37] *Maunz-Dürig* (Fußn. 23), Art. 103 Rdnr. 44.

[38] Vgl. BVerfGE 33, 367, 383; 39, 156, 163; 41, 246, 250. Kritisch hierzu *Grünwald*, JZ 1976, 767, 772.

b) Das frühere, auf bloße Übertretungen beschränkte Verfahren gegen Abwesende im Sinne des § 276[39] stellte der Sache nach eine Entziehung des Anwesenheitsrechts dar. Zwar war eine Ladung des Angeklagten vorgeschrieben, doch genügte öffentliche Zustellung und war in der Praxis die Regel. Bei dieser Sachlage war es aber eine reine Fiktion, anzunehmen, daß der Angeklagte von einer Ladung etwas erfuhr. Eine wirksame Gewährung des Anwesenheitsrechts bei bloßem Dispens von der Anwesenheitspflicht stellte dieses Verfahren daher nicht dar. Weil der Gesetzgeber es mit Wirkung vom 1. Januar 1975 beseitigt hat, braucht hier auf die mit ihm verbundenen Probleme nicht näher eingegangen zu werden.

2. *Ausschluß des Angeklagten bei einzelnen Beweisaufnahmeakten in der Hauptverhandlung*

§ 247 Satz 1—3 ermöglicht es in drei Fällen, dem Angeklagten für die Dauer einzelner, bestimmter Vernehmungen und Erörterungen in der Hauptverhandlung das Anwesenheitsrecht zu entziehen und ihn aus dem Sitzungszimmer zu entfernen, nämlich

— wenn zu befürchten ist, daß ein Mitangeklagter oder Zeuge in seiner Gegenwart nicht die Wahrheit sagen werde,
— wenn eine Person unter 16 Jahren vernommen wird und die Gegenwart des Angeklagten einen erheblichen Nachteil für ihr Wohl befürchten läßt, oder
— wenn bei Erörterungen über den Zustand des Angeklagten und seine Behandlungsaussichten von seiner Anwesenheit ein erheblicher Nachteil für seine Gesundheit zu befürchten ist.

Während der erste Fall der Sicherung der Wahrheitsfindung dient, liegt die Rechtfertigung für die beiden anderen, erst im Laufe der Zeit in die Strafprozeßordnung eingefügten Fälle[40] mehr in fürsorgerischen Überlegungen. Bei der Vernehmung jugendlicher Zeugen geht es insbesondere darum, eine Schädigung von Tatopfern in Sittlichkeitsverfahren durch das Strafverfahren selbst zu verhindern[41]. Im dritten Fall sollen Nachteile für den

[39] Vgl. §§ 277—284 StPO i. d. bis zum 31. 12. 1974 geltenden Fassung. Zur historischen Entwicklung vgl. *Dünnebier*, in: Festschrift für Heinitz, 1972, S. 669 ff.; *Rieß* (Fußn. 4), S. 394 f. und *LR-Dünnebier*, 22. Aufl., Vorb. von § 276.

[40] Satz 2 eingefügt: 1974 (Gesetz v. 20. 12. 1974 — BGBl. I, S. 3686), Satz 3 eingefügt: 1953 (Gesetz v. 4. 8. 1953 — BGBl. I, S. 735).

[41] Zustimmend zu dieser Änderung *Peters*, Der neue Strafprozeß, 1975, S. 165; auf das Erfordernis sorgfältiger Abwägung hinweisend und vor schematischer Anwendung warnend *Rieß* (Fußn. 15), S. 272.

Angeklagten vermieden werden[42]. Dieser Gedanke findet sich in erweiterter Form im Jugendgerichtsverfahren: nach § 51 JGG kann der jugendliche Angeklagte zeitweilig von der Verhandlung ausgeschlossen werden, wenn von der Kenntnis der Erörterungen Nachteile für seine Erziehung zu befürchten sind.

Die verhältnismäßig eng gefaßten Voraussetzungen der Vorschrift werden von der Rechtsprechung restriktiv interpretiert[43]. Erweiternde und analoge Anwendung wird allgemein für unzulässig gehalten[44]. Die Hauptverhandlung in Abwesenheit des Angeklagten hat sich streng im Rahmen der nach § 247 zulässigen Beweishandlungen zu halten. Zur Vernehmung von Zeugen im Sinne dieser Vorschrift gehört beispielsweise nicht die Erörterung und Beschlußfassung über die Vereidigung; hierzu ist der Angeklagte wieder zuzulassen[45].

Der Ausnahmecharakter wird dadurch betont, daß die Entfernung des Angeklagten entgegen der Grundregel des § 238 nur durch begründeten Gerichtsbeschluß angeordnet werden darf. Er kann nicht dadurch ersetzt werden, daß sich der Angeklagte auf Anregung des Vorsitzenden „freiwillig" oder auch nur mit stillschweigender Billigung des Gerichts aus der Hauptverhandlung entfernt[46]. Das rechtliche Gehör wird dadurch gesichert, daß der

[42] Vor der Rechtsänderung 1953 wendete die Rspr. auf derartige Fälle § 247 entsprechend an (RGSt 49, 40; 60, 313; 73, 306).

[43] Auffallend ist die verhältnismäßig große Zahl von erfolgreichen Revisionen. Wegen Verkennung der Grenzen des § 247 wurden vom BGH allein 1975 und 1976 9 Urteile aufgehoben.

[44] BGHSt 21, 333; 22, 18; 26, 218; *LR-Gollwitzer* (Fußn. 11), § 247 Rdnr. 3, 9; *Kleinknecht* (Fußn. 15), § 247 Rdnr. 1.

[45] BGHSt 21, 333; 26, 218 (= JR 1976, 341 m. Anm. *Gollwitzer); LR-Gollwitzer* (Fußn. 11), § 247 Rdnr. 20, 35. Für den Fall der Verteidigung selbst großzügiger *Kleinknecht* (Fußn. 15), § 247 Rdnr. 11. Eine gewisse Lockerung läßt auch der BGH im Urteil v. 18. 1. 1978, 2 StR 603/77 erkennen (kein absoluter Revisionsgrund nach § 338 Nr. 5, wenn die Beschlußfassung über die Nichtvereidigung nach dem zwingenden § 60 Nr. 1 erfolgt, weil hierauf auch der anwesende Angeklagte nicht durch Anträge hätte Einfluß nehmen können).

[46] BGHSt 1, 346 (Gerichtsbeschluß); 15, 194 (fehlende Begründung); BGH, NJW 1973, 522 (freiwilliges Entfernen mit stillschweigender Billigung des Gerichts). Großzügiger auch hier *Kleinknecht* (Fußn. 15), § 247, Rdnr. 12, unter Hinweis auf die Beurteilung nach § 231 II. Doch hält die Rspr. des BGH auch in neueren unveröffentlichten Urteilen an ihren strengen Voraussetzungen fest.

Angeklagte vom Inhalt der Erörterungen nach seiner Wiederzulassung unterrichtet werden muß (§ 247 Satz 4).

3. Ausschluß des Beschuldigten im Sicherungsverfahren

Die §§ 413 ff. ermöglichen mit dem Ziel einer Anordnung der Maßregel der Besserung und Sicherung die Durchführung eines Sicherungsverfahrens auch gegen schuld- oder verhandlungsunfähige Beschuldigte. Die Besonderheiten des hier in Betracht kommenden Täterkreises schließen es aus, ein uneingeschränktes Anwesenheitsrecht in der Hauptverhandlung zu gewähren. Deshalb kann nach § 415 I die Hauptverhandlung in Abwesenheit des Beschuldigten durchgeführt werden, wenn sein Erscheinen wegen seines Zustandes unmöglich[47] oder aus anderen Gründen der öffentlichen Sicherheit oder Ordnung unangebracht ist. Liegen diese Voraussetzungen nicht vor, so ist auch im Sicherungsverfahren wie im normalen Strafverfahren der Beschuldigte zur Anwesenheit in der Hauptverhandlung berechtigt und verpflichtet.

Ein Minimum an rechtlichem Gehör wird auch im Falle des § 415 I dadurch gewährleistet, daß der Beschuldigte vor der Hauptverhandlung durch einen beauftragten Richter unter Zuziehung eines Sachverständigen zu vernehmen ist (§ 415 II).

§ 415 III ermöglicht es, nach Vernehmung des Beschuldigten zur Sache unter relativ unbestimmten Voraussetzungen (Rücksicht auf den Zustand des Beschuldigten oder ordnungsgemäße Durchführung der Hauptverhandlung), die Verhandlung ganz oder teilweise in Abwesenheit des Beschuldigten durchzuführen[48].

4. Ausschluß des nicht auf freiem Fuß befindlichen Angeklagten im Revisionsverfahren

Nach § 350 II 2 hat der nicht auf freiem Fuß befindliche Angeklagte in der Hauptverhandlung im Revisionsverfahren keinen Anspruch auf Anwesenheit, doch ist ihm auf Antrag für diese

[47] Anders als im normalen Strafverfahren ist hier die bloße Verhandlungsunfähigkeit nicht als Abwesenheit zu werten und macht das Erscheinen auch nicht unmöglich, da das Sicherungsverfahren ausdrücklich auch für Verhandlungsunfähige in Betracht kommt (*LR-Schäfer* [Fußn. 17], § 415, Rdnr. 2; *Kleinknecht* [Fußn. 15], § 415 Rdnr. 2).

[48] Umstritten ist, ob bei zeitweiliger Abwesenheit gegenüber dem wiedererscheinenden Beschuldigten entsprechend § 247 Satz 4 eine Unterrichtungspflicht gilt. Bejahend *Rüping* (Fußn. 21), S. 164; verneinend *LR-Schäfer* (Fußn. 17), § 415 Rdnr. 5; *Kleinknecht* (Fußn. 15), § 415 Rdnr. 10.

Verhandlung ein Verteidiger zu bestellen. Diese Sonderregelung hat ihren Grund in den praktischen Schwierigkeiten, die mit der Notwendigkeit verbunden wären, inhaftierte Beschuldigte an den oft entfernten Sitz des Revisionsgerichts zu transportieren. Ihre Rechtfertigung findet sie in den Besonderheiten des auf Rechtsfragen beschränkten Themas der Revisionshauptverhandlung[49]. Im übrigen wird, wie die Statistik zeigt, auch von den auf freiem Fuß befindlichen Angeklagten das Anwesenheitsrecht in der Revisionshauptverhandlung nur wenig genutzt.

IV. Verwirkung der Anwesenheitsmöglichkeit

1. Allgemeines

Ein Strafverfahren, in dessen Hauptverhandlung eine grundsätzlich unverzichtbare Anwesenheitspflicht besteht, gibt dem Angeklagten damit das Mittel in die Hand, die Hauptverhandlung zu sabotieren und ihren Abschluß zu verhindern. Es muß deshalb Vorkehrungen dagegen treffen, daß die staatliche Justizgewährungspflicht erfüllbar bleibt. Würde der Grundsatz uneingeschränkt gelten, daß gegen einen ausgebliebenen Angeklagten keine Hauptverhandlung stattfindet und gegen einen ausbleibenden die Hauptverhandlung zu beenden wäre, so hätte es der Angeklagte in der Hand, seine Aburteilung nach Belieben zu verhindern. Dem könnte allenfalls durch eine extensive Anwendung der Untersuchungshaft begegnet werden. Er hätte es — was überhaupt nicht zu verhindern wäre — in der Hand, durch schwerwiegende Störungen der Verhandlung seine Entfernung wegen ordnungswidrigen Benehmens zu provozieren und auf diese Weise den Abbruch der Verhandlung zu erzwingen. Gegen diese Mißbrauchsmöglichkeit hat die Strafprozeßordnung von Anfang an vorgesorgt[50]. Sie hat dem Gericht die Ermächtigung gegeben, nach der Vernehmung des Angeklagten zur Sache trotz seines unentschuldigten Fernbleibens die Verhandlung zu beenden (§ 231 II) und ohne den Angeklagten zu verhandeln, wenn er wegen ordnungswidrigen Benehmens aus dem Sitzungszimmer entfernt worden war (§ 231 b)[51].

[49] Vgl. dazu *Dahs-Dahs*, Die Revision im Strafprozeß, 1972, Rdnr. 444 f.

[50] Die Motive (vgl. *Hahn* [Fußn. 20], S. 187) weisen darauf hin, daß es dem Angeklagten nicht gestattet werden könne, die bereits begonnene Hauptverhandlung gleichsam ungeschehen zu machen.

[51] Der wesentliche Inhalt des neuen § 231 b war früher in § 247 II enthalten.

Der neue, mit Wirkung vom 1. Januar 1975 in die Strafprozeßordnung eingeführte § 231 a[52] beruht auf dem gleichen Bedürfnis und knüpft an die vorhandenen Regelungen an[53]. Er ermöglicht die Hauptverhandlung ohne Rücksicht auf die Verhandlungsfähigkeit von Angeklagten, die ihre Verhandlungsunfähigkeit vorsätzlich herbeiführen. Gesetzgeberischer Anlaß war, daß inhaftierte Beschuldigte aus dem Kreis terroristischer Gewalttäter mit dem Mittel des Hungerstreiks und in ähnlicher Weise ihre Verhandlungsunfähigkeit mit dem Ziel herbeizuführen trachteten, das Hauptverfahren gegen sich zu verhindern. Erkennt man an, daß zum Rechtsstaat auch die Justizgewährungspflicht gehört[54], so war es geboten, Vorkehrungen gegen den Versuch zu treffen, auf diese Weise die Verhandlung planmäßig zu hintertreiben.

Diesen drei Regelungen liegt der Verwirkungsgedanke zugrunde[55]. Die Rechtfertigung des im Interesse des Angeklagten zu einer Anwesenheitspflicht gesteigerten Anwesenheitsprinzips besteht in der Gewährung des rechtlichen Gehörs und damit im Schutz des Verteidigungsinteresses innerhalb eines geordneten Prozeßablaufes. Wird das Anwesenheitsgebot dazu mißbraucht, den geordneten Prozeßablauf zu verhindern, so wird das Anwesenheitsrecht nicht nur überdehnt, sondern zu einer nach den Grundstrukturen des Strafverfahrens unzulässigen Waffe der Prozeßsabotage pervertiert[56].

2. *Fortsetzung der Hauptverhandlung bei unentschuldigtem Fernbleiben*

Nach § 231 II kann die Hauptverhandlung in Abwesenheit des Angeklagten, der sich unentschuldigt entfernt oder bei ihrer Fortsetzung ausbleibt, fortgesetzt und beendet werden, wenn er bereits zur Sache vernommen war, und wenn das Gericht seine

[52] Zur Entstehungsgeschichte vgl. BGHSt 26, 228, 229; *Rieß* (Fußn. 15), S. 265, Anm. 3.

[53] So ausdrücklich Schriftlicher Bericht (Fußn. 18), S. 5. Zu denkbaren Alternativmöglichkeiten und ihren Nachteilen vgl. *Rieß* (Fußn. 15), S. 268 und *Baumann*, ZRP 1975, 38 ff., 43.

[54] Vgl. oben, Fußn. 38.

[55] So auch *Grünwald*, JZ 1976, 771 zu § 231 a; *LR-Gollwitzer* (Fußn. 11), § 231 Rdnr. 29; *Kleinknecht* (Fußn. 15), § 231, Rdnr. 4.

[56] Im Sinne der Terminologie von *Rüping* und *Dornseifer* (JZ 1977, 417) über dysfunktionales Verhalten im Prozeß wäre dieser Formenkreis wohl in die Kategorie des objektiven Institutsmißbrauchs durch fehlenden Sachbezug einzuordnen.

fernere Anwesenheit nicht für erforderlich erachtet. Die Rechtsprechung hat herausgearbeitet, daß die vorwerfbare Eigenmächtigkeit mit der Zielrichtung, den Verfahrensfortgang zu verhindern, diese Ausnahmevorschrift rechtfertigt und zugleich begrenzt[57]. Dies hat teilweise einschränkende, teilweise ausdehnende Bedeutung.

Eine restriktive Auslegung ergibt sich aus dem Merkmal der vorwerfbaren Eigenmacht. Sie schließt die Anwendung des § 231 II aus, wenn das Fernbleiben auf einen entsprechenden Hinweis, mit Genehmigung oder auch nur mit Billigung des Gerichtes erfolgt[58]. Befindet sich der Angeklagte in Haft, so kommt nach der nicht unbestrittenen Rechtsprechung des Bundesgerichtshofes Eigenmacht regelmäßig nicht in Betracht[59], vielmehr besteht hier die — in den Grenzen des Verhältnismäßigkeitsgrundsatzes — notfalls mit Zwangsmitteln durchsetzbare Pflicht, den Angeklagten in die Hauptverhandlung zu bringen.

Eine erweiternde Interpretation des Merkmals Fernbleiben ergibt sich aus der Zielrichtung, den Verfahrensfortgang zu sabotieren, dem Zweck der Vorschrift, dem entgegenzutreten und der Gleichsetzung der Verhandlungsunfähigkeit mit der Abwesenheit. § 231 II ist danach auch anzuwenden, wenn sich der Angeklagte in vorwerfbarer Weise in einen verhandlungsunfähigen Zustand versetzt. Dies ist generell auch in der Wissenschaft anerkannt[60]. Widerspruch hat jedoch die weitere Folgerung des Bundesgerichtshofes gefunden, daß § 231 II auch anwendbar sei, wenn der Angeklagte in schuldfähigem Zustand einen Selbstmordversuch begeht

[57] Vgl. RGSt 22, 247; 69, 21; RG DR 1944, 836; BGHSt 3, 187; 10, 304; 178; 25, 319. Aus dem Schrifttum vgl. *Müller-Sax* (KMR), 6. Aufl. 1966, § 231, Anm. 3 a; *Kleinknecht* (Fußn. 15), § 231 Rdnr. 3; *Kern-Roxin* (Fußn. 19), S. 218; *Niethammer* (Fußn. 28), S. 126.

[58] RGSt 58, 149; BGH NJW 1973, 522; OLG Stuttgart, NJW 1970, 343; OLG Düsseldorf, GA 1957, 417; *LR-Gollwitzer* (Fußn. 11), § 231 Rdnr. 24.

[59] RGSt 58, 149; BGHSt 25, 317. Zustimmend *LR-Gollwitzer* (Fußn. 11), § 231 Rdnr. 22 und *Gollwitzer*, JR 1975, 76; ablehnend *Küper*, NJW 1974, 2218 und NJW 1978, 251 und *Peters* (Fußn. 41), S. 167. In der Entscheidung vom 30. 6. 1977 — 4 StR 198/77 (NJW 1977, 1928) hat der BGH nochmals ausgesprochen, § 231 II sei in aller Regel nur anwendbar, wenn sich der Angeklagte auf freiem Fuß befinde.

[60] Vgl. RG DR 1944, 836; BGHSt 2, 300; 16, 178; 19, 145; *LR-Gollwitzer* (Fußn. 11), § 231 Rdnr. 17; *Müller-Sax* (Fußn. 57) § 231, Anm. 3 a; *Kleinknecht* (Fußn. 15), § 231 Rdnr. 3; *Kern-Roxin* (Fußn. 19), S. 218.

und infolgedessen verhandlungsunfähig wird[61]. Die fast einhellige Kritik der Wissenschaft in diesem Punkt[62] erscheint begründet, soweit der Selbstmordversuch ernstgemeint war und nicht etwa nur als Mittel der Verfahrenssabotage eingesetzt wird. Denn dann verfolgt der Angeklagte mit ihm nicht das Ziel, die Feststellung und Durchsetzung des staatlichen Strafanspruchs in dem vorgeschriebenen Verfahren zu verhindern, sondern er will diesen Strafanspruch durch seinen Tod gegenstandslos machen. Das stellt keine Verfahrenssabotage dar. Zu dieser Frage muß jetzt auch die neue Regelung des § 231 a mitbeachtet werden[63]. Nach § 231 a I 1 muß aber die Fortführung der Verhandlung wissentlich verhindert werden; damit ist bedingter Vorsatz ausgeschlossen. Wer einen ernsthaften Selbstmordversuch unternimmt, dem kann, was die Verhinderung des geordneten Verfahrensablaufes angeht, allenfalls eine billigende Inkaufnahme für den Fall des Scheiterns seines Selbstmordes und damit höchstens bedingter Vorsatz vorgeworfen werden.

Mit der Voraussetzung, daß der Angeklagte bereits zur Sache vernommen sein muß, sichert § 231 II das rechtliche Gehör. Erfolgt die Vernehmung des Angeklagten in Punktensachen abschnittsweise, so kann daher § 231 II erst angewendet werden, wenn sie insgesamt abgeschlossen ist, es sei denn, man entschließt sich zur Abtrennung der noch nicht mit ihm erörterten Taten. 1972 hatte der Bundesgerichtshof entschieden, daß auch die Erörterung der Vorstrafen zur Sachvernehmung des Angeklagten gehöre, so daß § 231 II unanwendbar sei, wenn er noch nicht zu den Vorstrafen gehört worden sei. Dies kann empfindlich mit der gesetzgeberischen Tendenz kollidieren, die Vorstrafen möglichst spät zu erörtern und ist daher in der Literatur auf Kritik gestoßen. 1977 hat der Bundesgerichtshof diese Rechtsprechung aufgegeben und aus-

[61] RG DR 1944, 836; BGHSt 16, 178. Der 5. Strafsenat des BGH, der in BGHSt 19, 144 die Frage unentschieden gelassen hatte, hat nunmehr im unveröffentlichten Urteil 5 StR 547/76 v. 6. 4. 76 ohne weitere Begründung sich dieser Rechtsprechung angeschlossen. OLG Koblenz, NJW 1975, 322 will differenzieren, ob der Selbstmordversuch ein Akt menschlicher Verzweiflung oder Verzögerungstaktik gewesen sei.

[62] *LR-Gollwitzer* (Fußn. 11), § 231 Rdnr. 18; *Eb. Schmidt* (Fußn. 14), Nachtragsband I, § 231 Rdnr. 8; *Müller-Sax* (Fußn. 57), § 231, Anm. 3 a; *Kleinknecht* (Fußn. 15), § 231 Rdnr. 3; *Kern-Roxin* (Fußn. 19), S. 218; *Schneidewin*, JR 1962, 308; *Franzheim*, GA 1961, 108; *Hanack*, JZ 1972, 81; mit Einschränkungen auch *Peters* (Fußn. 28), S. 220.

[63] Zum Verhältnis § 231 II zu § 231 a näher unter IV 3 d.

gesprochen, daß die Vorstrafen auch in Abwesenheit des Angeklagten festgestellt werden dürfen, wenn im übrigen die Voraussetzungen des § 231 II vorliegen[64].

3. *Hauptverhandlung bei selbstverschuldeter Verhandlungsunfähigkeit*

a) Nach § 231 a kann die gesamte Hauptverhandlung ohne den Angeklagten durchgeführt werden, wenn er in vorwerfbarer Weise seine Verhandlungsunfähigkeit selbst herbeigeführt hat. Die am 1. Januar 1975 in Kraft getretene Vorschrift hat in dieser Form weder in der Strafprozeßordnung noch in der Reformgeschichte ein Vorbild. Sie wahrt aber mit ihrem bewußten Anknüpfen an die Regelung des § 231 II in der Auslegung der Rechtsprechung und Wissenschaft den Zusammenhang mit der überkommenen Systematik, Dogmatik und Rechtstradition[65]. Das Bundesverfassungsgericht hat die Verfassungsmäßigkeit bejaht[66]; die hiergegen im Schrifttum noch vereinzelt vorgebrachten Einwände erscheinen nicht begründet[67]. Die Bestimmung ist bisher selten angewendet worden[68], freilich in recht bedeutsamen Verfahren[69].

b) Nach § 231 a I ist die Hauptverhandlung in Abwesenheit des Angeklagten durchzuführen oder fortzusetzen, wenn

— dieser sich vorsätzlich und schuldhaft in einen seine Verhandlungsfähigkeit ausschließenden Zustand versetzt hat,

[64] Vgl. ursprünglich BGHSt 25, 4; dagegen *Kleinknecht* (Fußn. 15), § 231 Rdnr. 4 und *Peters* (Fußn. 41), S. 167 f.; nunmehr BGHSt 27, 216.

[65] Vgl. oben IV 1. Zur Entstehungsgeschichte und Interpretation der Vorschrift eingehend *Rieß* (Fußn. 15), S. 268 ff.

[66] BVerfGE 41, 246 = JZ 1976, 766 m. Anm. *Grünwald*.

[67] Insbes. *Grünwald*, JZ 1976, 767 ff. Abgesehen von der hier nicht zu erörternden Sonderproblematik, ob die konkrete Anwendung des § 231 a in dem BGHSt 26, 228 und BVerfGE 41, 247 zugrundeliegenden Fall deshalb gegen ein Rückwirkungsverbot verstieß, weil das die Verhandlungsfähigkeit bewirkende Verhalten vor dem Inkrafttreten des Gesetzes begann, leitet Grünwald die Verfassungswidrigkeit daraus her, daß Art. 103 I GG keinen Gesetzesvorbehalt enthalte. Indessen schließt dies nach allgemeiner Auffassung die Annahme immanenter Schranken nicht aus, mit denen allein sich beispielsweise auch § 247 rechtfertigen läßt.

[68] Dies hat Ende 1976 eine Umfrage des Bundesministeriums der Justiz bei den Landesjustizverwaltungen ergeben.

[69] BGHSt 26, 228 betrifft das sogenannte „Stammheim-Verfahren" gegen *Bader*, *Enßlin* und *Raspe* mit rund 200 Hauptverhandlungstagen. Vgl. auch OLG Hamm, NJW 1977, 1739.

— dieser dadurch wissentlich die ordnungsmäßige Durchführung oder Fortsetzung der Hauptverhandlung verhindert und

— wenn das Gericht seine Anwesenheit nicht für unerläßlich hält.

Ferner muß der Angeklagte nach Eröffnung des Hauptverfahrens — nicht notwendig erst nach Beginn der Hauptverhandlung — Gelegenheit gehabt haben, sich vor dem Gericht oder einem beauftragten Richter zur Anklage zu äußern (§ 231 a I 2). Im Gegensatz zu allen anderen Durchbrechungen des Anwesenheitsprinzips ist es bei Vorliegen der Voraussetzungen — die allerdings teilweise gewisse Beurteilungsspielräume enthalten — dem Gericht nicht freigestellt, ob es ohne den Angeklagten verhandeln will, sondern zwingend vorgeschrieben[70]. Die Verhandlung in Abwesenheit des Angeklagten muß durch — auch vor Beginn der Hauptverhandlung möglichen — Gerichtsbeschluß angeordnet werden, dem die Anhörung eines Arztes als Sachverständigen vorauszugehen hat (§ 231 a III 1). Abweichend von der allgemeinen Regelung, wonach Beschlüsse des erkennenden Gerichts nur mit der Revision angefochten werden können, ist gegen diese Entscheidung sofortige Beschwerde zulässig[71], deren Einlegung ausnahmsweise aufschiebende Wirkung hat und zur Unterbrechung einer bereits begonnenen Hauptverhandlung nötigt (§ 231 a III 2, 3). Schon für die Beschlußfassung über die Verhandlung nach dieser Bestimmung ist dem unverteidigten Angeklagten ein Verteidiger zu bestellen (§ 231 a IV).

Die Häufung der Voraussetzungen und die Vielzahl der dem Schutz des Angeklagten dienenden Sonderregelungen kennzeichnen die Vorschrift als eine nach dem Willen des Gesetzgebers nur für Ausnahmesituationen in Betracht kommende Maßnahme. Für Fälle leicht behebbarer vorübergehender Verhandlungsunfähigkeit in kleineren Verfahren kommt sie praktisch nicht in Betracht[72].

[70] Zu den Gründen *Rieß* (Fußn. 15), S. 270.

[71] Durch diesen besonderen Rechtsbehelf wird zugleich die revisionsrechtliche Überprüfung nach dem erklärten Willen des Gesetzgebers ausgeschlossen (vgl. Schriftlicher Bericht [Fußn. 18], S. 6; *Rieß* [Fußn. 15], S. 270; *LR-Gollwitzer* [Fußn. 11], § 231 a Rdnr. 42). A. A. nur *Gössel*, Strafverfahrensrecht, 1977, S. 150. Klarheit im Sinne der h. M. wird durch die Ergänzung des § 336 geschaffen, die das kurz vor der Verkündung stehende Strafverfahrensänderungsgesetz 1979 vorsieht.

[72] Für die in der täglichen Praxis nicht ganz seltenen Fälle etwa, in denen der Angeklagte betrunken zur Hauptverhandlung kommt und dadurch

c) Die erste Auslegung der Bestimmung durch den Bundesgerichtshof[73] hat eine Reihe von Zweifelsfragen deutlich werden lassen, zu denen im Schrifttum noch Meinungsverschiedenheiten bestehen.

Ziemliche Übereinstimmung herrscht allerdings bei den auf die Begriffe des materiellen Strafrechts abhebenden subjektiven Voraussetzungen. Jeweils schuldhaft (im Sinne des materiellen Strafrechts) muß die Verhandlungsunfähigkeit als solche vorsätzlich (auch mit dolus eventualis) herbeigeführt worden sein, während in bezug auf die Verhinderung der ordnungsmäßigen Durchführung der Hauptverhandlung mit dem Begriff „wissentlich" der bedingte Vorsatz ausgeschlossen wird[74].

Der Zweck der Vorschrift, bewußte und absichtliche Verfahrenssabotage zu vermeiden und der Wortlaut (in einen Zustand „versetzt"), legt die Auslegung nahe, daß ein bewußtes Hinwirken auf die Verhandlungsunfähigkeit notwendig ist. Noch nicht recht geklärt ist die Konkurrenz vorwerfbarer und neutraler Ursachen für die Verhandlungsunfähigkeit. Die vom Bundesgerichtshof verwendete „Zurechenbarkeitsformel" darf jedenfalls nicht dazu führen, aus § 231 a eine allgemeine Verpflichtung des Angeklagten abzuleiten, den aufgrund von ihm nicht zu verantwortender Umstände drohenden Verlust seiner Verhandlungsfähigkeit durch aktive Maßnahmen zu bekämpfen, die über das hinausgehen, was allgemein zur Erhaltung der Gesundheit üblich ist[75].

Führt das vorwerfbare Verhalten des Angeklagten dazu, daß nur eine zeitlich stark reduzierte Verhandlungsfähigkeit übrig bleibt, so soll dies nach der Rechtsprechung des Bundesgerichts-

den Fortgang des Verfahrens kurzfristig verzögert, ist die Vorschrift weder bestimmt noch geeignet (vgl. auch *LR-Gollwitzer* [Fußn. 11], § 231 a Rdnr. 6; *Peters* [Fußn. 41], S. 121).

[73] BGHSt 26, 228 (= JZ 1976, 763 m. Anm. *Grünwald*).

[74] So BGHSt 26, 228, 239 (bedingter Vorsatz hinsichtlich der Verhandlungsunfähigkeit), 240 (direkter Vorsatz hinsichtlich der Verhinderung der Verhandlung); *Kleinknecht* (Fußn. 15), § 231 a Rdnr. 2; *Rieß* (Fußn. 15), S. 269 und Schriftlicher Bericht (Fußn. 18), S. 6. Unklar *LR-Gollwitzer* (Fußn. 11), § 231 a Rdnr. 8. Für den Ausschluß des bedingten Vorsatzes auch bei der Verhandlungsunfähigkeit *Kern-Roxin* (Fußn. 19), S. 218 f., unter unzutreffendem Bezug auf den Schriftlichen Bericht und *Rieß*.

[75] Zur Zurechenbarkeitsformel des BGH, die freilich dem Schriftlichen Bericht (Fußn. 18), S. 6, entnommen ist, kritisch *Grünwald* (Fußn. 38), S. 767 f.

hofes die Anwendung des § 231 a jedenfalls dann nicht ausschließen, wenn anders eine Erledigung des Verfahrens in vernünftiger Frist nicht möglich ist. Ansatzpunkt für diese Auslegung, deren Vereinbarkeit mit der im Schrifttum allerdings nicht unbestritten gebliebenen bisherigen Rechtsprechung zu § 231 II nicht ganz unzweifelhaft ist[76], ist der wenig klare Begriff „ordnungsmäßige Durchführung" der Hauptverhandlung[77]. Nach dem gesetzgeberischen Sinn der Vorschrift, zu verhindern, daß der Angeklagte das Verfahren langfristig verhindert oder unmöglich macht, erscheint es vertretbar, die reduzierte Verhandlungsfähigkeit dann der vollen Verhandlungsunfähigkeit gleichzustellen, wenn andernfalls eine Verfahrensverzögerung eintreten würde, die unter den Umständen des konkreten Falles auch bei Ausnutzung aller sonstigen Straffungsmöglichkeiten mit großer Wahrscheinlichkeit dazu führen würde, daß das Verfahren nicht mehr durch Urteil beendet werden kann.

Entgegen der Formulierung „ist in Abwesenheit zu verhandeln", gibt § 231 a nach der Rechtsprechung des Bundesgerichtshofes lediglich die Befugnis, ohne Rücksicht auf die Verhandlungsfähigkeit zu verhandeln, berechtigt aber nicht dazu, den möglicherweise oder sicher verhandlungsunfähigen Angeklagten gegen seinen Willen von der Verhandlung fernzuhalten. Dies ist insbesondere in Hinblick auf Art. 103 I GG als teleologische Reduktion des Gesetzeswortlauts zu billigen. Im Ergebnis führt diese Auslegung dazu, daß in diesem Fall die Gleichstellung von Anwesenheit und Verhandlungsfähigkeit aufgegeben wird und sich die sonst geltende Anwesenheitspflicht zu einem Anwesenheitsrecht abschwächt.

d) Der Gesetzgeber hat die neue Vorschrift nicht dazu genutzt, die Verhandlungsunfähigkeit insgesamt im neuen § 231 a zu regeln und damit § 231 II dem Wortlaut entsprechend auf das Fernbleiben zurückzuführen[78]. Welche Reflexwirkungen sich aus

[76] BGHSt 19, 145 mit ablehnender Anm. *Pawlik*, NJW 1964, 779. BGHSt 26, 233 führt aus, der frühere Fall sei anders gelagert gewesen, da hier das Verfahren auch bei Rücksichtnahme auf die reduzierte Verhandlungsfähigkeit in angemessener Zeit hätte beendet werden können.

[77] Im Prinzip gegen die generelle Gleichstellung der beschränkten Verhandlungsfähigkeit *Rieß* (Fußn. 15), S. 269 f.; ablehnend auch gegen die Auslegung des BGH *Grünwald* (Fußn. 38), S. 769 f., *Kern-Roxin* (Fußn. 19), S. 219; wie BGH *LR-Gollwitzer* (Fußn. 11), § 231 a Rdnr. 3 und *Kleinknecht* (Fußn. 15), § 231 a Rdnr. 3.

[78] Vgl. *Rieß* (Fußn. 15), S. 271, Anm. 95; *Baumann* (Fußn. 53), S. 43.

dem neuen § 231 a für § 231 II ergeben, ist deshalb nicht voll geklärt. Es läßt sich die Auffassung vertreten, daß, jedenfalls soweit § 231 II Fälle der Verhandlungsunfähigkeit betrifft, § 231 a gewisse Mindeststandards bestimmt hat, die auch für § 231 II gelten müssen[79].

4. Hauptverhandlung ohne Angeklagten bei ordnungswidrigem Benehmen

§ 231 b ermöglicht die Verhandlung ohne den wegen ordnungswidrigen Benehmens aus dem Sitzungszimmer entfernten Angeklagten, solange zu befürchten ist, daß die fernere Anwesenheit den Hauptverhandlungsablauf in schwerwiegender Weise beeinträchtigen würde[80]. Die Dauer der Entziehung des Anwesenheitsrechts hängt davon ab, wie lange und mit welcher Intensität weitere Störungen der Verhandlung zu befürchten sind. Sie kann äußerstenfalls — mit einer einzigen Ausnahme — die gesamte Hauptverhandlung betreffen. Jedoch muß dem Angeklagten die Gelegenheit zur Äußerung zur Anklage stets in der Hauptverhandlung eingeräumt werden[81].

V. Verzicht auf die Anwesenheitspflicht

1. Allgemeines

Während Verlust und Verwirkung des Anwesenheitsrechts vorwiegend den Zweck haben, die Funktionsfähigkeit des Strafverfahrens vor Gefährdungen zu sichern, die sich aus einem kompromißlos durchgeführten Anwesenheitsprinzip ergeben würden, sind für die dritte große Gruppe der Durchbrechungen in erster Linie der Gedanke der Befreiung des Angeklagten von einer oft lästigen Pflicht und der Verhältnismäßigkeitsgrundsatz leitend. Deshalb ist für diesen Bereich des Dispenses von der Anwesenheitspflicht weniger die tatbestandsmäßige Umschreibung der Voraussetzungen oder die Begrenzung auf bestimmte Ver-

[79] Einzelheiten bei *Rieß* (Fußn. 15), S. 271.

[80] Die Vorschrift ist 1975 unter Präzisierung ihres Inhalts nur von ihrem früheren gesetzlichen Standort als § 247 II nach § 231 b übertragen worden; vgl. *Rieß* (Fußn. 15), S. 271 und Schriftlicher Bericht (Fußn. 18), S. 7. Bedenken bei *Rüping* (Fußn. 21), S. 168, der die Bestimmung unzutreffend als Sanktion des ordnungswidrigen Verhaltens versteht.

[81] *LR-Gollwitzer* (Fußn. 11), § 231 b Rdnr. 19; *Rieß* (Fußn. 15), S. 271. A. A. (auch ersuchter oder beauftragter Richter) *Kleinknecht* (Fußn. 15), § 231 b, Rdnr. 2. Wie hier auch eingehend Schriftl. Bericht (Fußn. 18), S. 7.

fahrensabschnitte als die Beschränkung des Strafbannes oder die sonstige Anknüpfung an besondere Verfahrensarten der Kleinkriminalität charakteristisch.

2. Kleinere Kriminalität

Der Dispens von der Anwesenheitspflicht bei der kleineren Kriminalität orientiert sich einmal ohne Rücksicht auf die Verfahrensart an der Straferwartung und ist durch einen entsprechenden Strafbann begrenzt. Ferner ist er generell in den besonderen — typischerweise Kleinkriminalität umfassenden — Verfahrensarten des Einspruchsverfahrens zulässig.

Gemeinsam ist allen Fällen des Dispenses von der Anwesenheitspflicht, daß das Gericht in der Tatsacheninstanz das persönliche Erscheinen des Angeklagten jederzeit anordnen und durch einen Vorführungs- oder Haftbefehl erzwingen kann (§ 236, § 329 IV, § 387 III)[82]. Zwar ist die Anwesenheitspflicht in diesen Fällen gelockert, doch hat der Angeklagte kein Recht auf Abwesenheit. Ferner kann der Angeklagte sich in allen Fällen gesetzlich gestatteter oder geduldeter Abwesenheit durch einen Verteidiger nicht nur — was als Selbstverständlichkeit keiner besonderen Regelung bedarf — verteidigen, sondern auch vertreten lassen (§ 234, § 387, § 411 II)[83].

a) Befreiung von der Anwesenheitspflicht bei geringen Strafen[84]

Nach § 232 I kann ohne den Angeklagten verhandelt werden, wenn nur Geldstrafe bis zu 180 Tagessätzen, Verwarnung mit Strafvorbehalt und gewisse Nebenfolgen zu erwarten sind[85]. Von den Maßregeln der Besserung und Sicherung ist allein die Entziehung der Fahrerlaubnis zulässig; sie setzt voraus, daß der Angeklagte auf diese Möglichkeit ausdrücklich hingewiesen ist. An-

[82] Allerdings bindet die Anordnung des persönlichen Erscheinens das Gericht nicht dergestalt, daß es nunmehr gehindert wäre, ohne den Angeklagten zu verhandeln, wenn hierfür die Voraussetzungen weiterhin vorliegen (vgl. *Küper*, NJW 1969, 493 f. m. weit. Nachw.).

[83] Zu den besonderen Befugnissen des Verteidigers, zu denen diese Vertretung ermächtigt, vgl. *LR-Gollwitzer* (Fußn. 11), § 234 Rdnr. 12 ff.; *Kleinknecht* (Fußn. 15), § 234 Rdnr. 3.

[84] Der Anwendungsbereich dieser Bestimmungen ist seit dem Inkrafttreten der StPO recht unterschiedlich gewesen. Einzelheiten vgl. *LR-Gollwitzer* (Fußn. 11), § 232 Anm. 1; *Niethammer* (Fußn. 28), S. 120 und — mit Übersicht über frühere Reformbemühungen — *Rieß* (Fußn. 4), S. 392.

[85] Zum Verfahren nach § 232 vgl. umfassend *Küper*, GA 1971, 289 ff.

dere Strafen oder Maßregeln dürfen in Abwesenheit des Angeklagten nicht verhängt werden. Das Verfahren ohne Angeklagten ist nur zulässig, wenn er ordnungsgemäß geladen und in der Ladung auf die Möglichkeit der Verhandlung in seiner Abwesenheit hingewiesen worden ist[86]. Die Ladung durch öffentliche Zustellung genügt nicht (§ 232 II).

Nach § 233 I kann der Angeklagte auf seinen Antrag vom Erscheinen in der Hauptverhandlung entbunden werden, wenn nur Freiheitsstrafe bis zu sechs Monaten, Geldstrafe bis zu 180 Tagessätzen, Verwarnung mit Strafvorbehalt und gewisse Nebenfolgen zu erwarten sind. Von den Maßregeln darf auch hier nur die Entziehung der Fahrerlaubnis angeordnet werden. Auch hier dürfen höhere Strafen oder andere Maßregeln nicht verhängt werden. Der vom Erscheinen in der Hauptverhandlung entbundene Angeklagte muß richterlich vernommen und hierbei über die bei Verhandlung in seiner Abwesenheit zulässigen Strafen und Maßnahmen belehrt werden (§ 233 II).

In Literatur und Rechtsprechung wird gelegentlich das Verfahren nach § 232 als „Ungehorsamsverfahren" dem Verfahren bei gestatteter Abwesenheit nach § 233 gegenübergestellt[87]. Doch erscheint diese Deutung zweifelhaft. Infolge des zwingend vorgeschriebenen und unverzichtbaren Ladungshinweises auf die Möglichkeit der Verhandlung in Abwesenheit läßt sich auch das Verfahren nach § 232 als ein solches mit vom Gericht gestatteten Fernbleiben interpretieren[88]. Da das Gericht den Hinweis nach § 232 I in der Ladung zweckmäßigerweise nur anordnen wird, wenn es nach der Lage des Einzelfalles tatsächlich eine Hauptverhandlung auch ohne den Angeklagten zum Abschluß bringen zu können glaubt[89], dürfte dies den tatsächlichen Verhältnis-

[86] Nach OLG Zweibrücken, NJW 1968, 1977 (= JZ 1969, 271 m. krit. Anm. *Küper*) soll der fehlende Hinweis die Anwendung des § 232 dann nicht hindern, wenn der Angeklagte zu erkennen gegeben hat, daß er mit einer Verhandlung in seiner Abwesenheit einverstanden sei. Dagegen ausdrücklich *Küper* (Fußn. 85), S. 296. Auch das übrige Schrifttum folgt dieser Auffassung nicht.

[87] So schon die Motive zur StPO (*Hahn* [Fußn. 20], S. 187); ferner *LR-Gollwitzer* (Fußn. 11), § 232 Rdnr. 2; *Müller-Sax* (Fußn. 57), § 232 Anm. 1 und entschieden *Küper* (Fußn. 85), S. 295 ff. Dagegen spricht *Kleinknecht* (Fußn. 15), § 232 Rdnr. 1, von vermutetem Verzicht.

[88] In diesem Sinne etwa OLG Hamm, NJW 1954, 1131. Dagegen *Küper* (Fußn. 85), S. 294 f.

[89] So auch BGHSt 25, 165 (dazu Anm. *Küper*, NJW 1973, 1334).

sen besser entsprechen. Das besondere Antragserfordernis und das weitere vorgeschriebene Verfahren in § 233 bedeuten dann eine zusätzliche Sicherung, die es rechtfertigt, auch Freiheitsstrafen bis zu 6 Monaten zu verhängen[90].

b) Einschränkung der Anwesenheitspflicht im Einspruchsverfahren nach Strafbefehl

Nach § 411 II kann sich der Angeklagte in der Hauptverhandlung, die nach dem Erlaß eines Strafbefehls auf seinen Einspruch hin stattfindet, durch einen mit schriftlicher Vollmacht versehenen Verteidiger vertreten lassen. Erscheint er nicht selbst und läßt er sich auch nicht vertreten, so wird sein Einspruch ohne Verhandlung zur Sache verworfen (§ 412 I). Hieraus folgt, daß für diese Hauptverhandlung zwar eine Anwesenheitspflicht des Angeklagten besteht, daß sie aber — anders als in normalen Verfahren — nicht persönlich erfüllt werden muß[91]. Diese Regelung gilt nicht nur für das Einspruchsverfahren vor dem Amtsgericht, sondern für das gesamte weitere Verfahren, so daß auch im Berufungsverfahren die Vertretung durch einen Verteidiger bei Nichterscheinen des Angeklagten die sofortige Verwerfung der Berufung nach § 329 I hindert[92]. Dies gilt selbst dann, wenn das persönliche Erscheinen des Angeklagten angeordnet worden war[93]. Während diese Sonderregelung des § 411 II, § 412 I die für das normale Strafverfahren geltende Vorschrift des § 232 verdrängt, bleibt die Möglichkeit der ausdrücklichen Befreiung von der Anwesenheitspflicht nach § 233 auch im Einspruchsverfahren erhalten.

Im Verfahren nach § 411 II sind ohne persönliche Anwesenheit des Angeklagten Strafen möglich, die über die in den §§ 232, 233 gezogenen Strafbanngrenzen hinausgehen. Schon der Strafbefehl selbst ermöglicht Geldstrafe in unbeschränkter Höhe, also bis zu 360, in Fällen der Gesamtgeldstrafe bis zu 720 Tagessätzen. Daneben ist im Einspruchsverfahren auch die Verhängung einer Freiheitsstrafe möglich, die theoretisch auch über die Sechsmonats-

[90] Dazu kritisch *Peters* (Fußn. 41), S. 165.

[91] Allerdings kann, was heute unbestritten ist, auch im Einspruchsverfahren das persönliche Erscheinen stets angeordnet werden (vgl. *LR-Schäfer* [Fußn. 17], § 411 Rdnr. 11 m. weit. Nachw.).

[92] Vgl. *LR-Schäfer* (Fußn. 17), § 411 Rdnr. 12 m. weit. Nachw. Heute unbestritten.

[93] Vgl. *LR-Gollwitzer* (Fußn. 11), § 329 Rdnr. 52 m. weit. Nachw.

grenze des § 233 hinausgehen kann. Zwar ist im Strafbefehl selbst keine Freiheitsstrafe zulässig, doch gilt für das Einspruchsverfahren das Verbot der reformatio in peius nicht (§ 411 IV)[94]. Ob diese theoretische Möglichkeit, ohne Anwesenheit des Angeklagten und ohne die Gewähr für seine persönliche Äußerung Freiheitsstrafen bis zum vollen Strafbann des Amtsgerichts zu verhängen, mit dem Sinn des Gesetzes wirklich vereinbar ist, erscheint zweifelhaft. Es könnte daher daran gedacht werden, § 411 II im Wege der teleologischen Reduktion dahingehend einzuengen, daß die Strafbanngrenzen der §§ 232, 233 auch für diesen Fall gelten. Bei den vermutlich höchst seltenen Fällen, daß im Einspruchsverfahren eine reformatio in peius in Betracht käme, die diese Grenzen überschreitet, hätte dann das Gericht stets das persönliche Erscheinen des Angeklagten anzuordnen.

c) Einschränkung der Anwesenheitspflicht im Privatklageverfahren

Auch im Privatklageverfahren[95] besteht grundsätzlich eine Anwesenheitspflicht für den Angeklagten[96]. Doch kann sie hier wie im Einspruchsverfahren nach Strafbefehl auch durch einen bevollmächtigten Verteidiger erfüllt werden (§ 387 I)[97]. Das persönliche Erscheinen kann auch hier stets angeordnet werden, allerdings steht dem Gericht bei Ungehorsam als Erzwingungsmittel nur der Vorführungsbefehl, dagegen nicht die Haft zur Verfügung (§ 387 III).

3. Rechtsmittelverfahren

Für das Rechtsmittelverfahren ist das Anwesenheitsprinzip generell in größerem Umfang gelockert.

a) Berufung

Da die Vorschriften für das erstinstanzliche Hauptverfahren grundsätzlich auch für das Berufungsverfahren gelten (§ 332), sind

[94] Zur Problematik vgl. *LR-Schäfer* (Fußn. 17), § 411 Rdnr. 31 ff.

[95] Die Häufigkeit des Privatklageverfahrens ist gering und im Rückgang begriffen. So waren 1975 nur 2,3 % aller Strafverfahren vor dem Amtsgericht Privatklagen, in der Berufungsinstanz betrug ihr Anteil 1,2 %.

[96] Vgl. *LR-Wendisch*, 23. Aufl., § 487 Rdnr. 20 f.

[97] Trotz des Wortlautes des § 387 I geht die überwiegende Meinung dahin, daß neben dem Rechtsanwalt auch sonstige nach der StPO als Verteidiger zugelassene Personen (§ 138) den Angeklagten auch im Privatklageverfahren verteidigen und vertreten können (vgl. *LR-Wendisch* [Fußn. 96], § 487 Rdnr. 23 f. m. weit. Nachw.).

die allgemeinen Durchbrechungen des Anwesenheitsprinzips auch auf das Berufungsverfahren anwendbar. Darüber hinaus gelten für die Berufungshauptverhandlung weitere Ausnahmen.

Bleibt ein Angeklagter zu Beginn der Verhandlung über die von ihm eingelegte Berufung unentschuldigt aus, so ist seine Berufung ohne Verhandlung zur Sache zu verwerfen (§ 329 I), es sei denn, daß einer der Fälle vorliegt, in denen zulässigerweise ohne den Angeklagten oder mit seinem Vertreter verhandelt werden darf[98]. Die Anwesenheitspflicht wird hier dergestalt durch Verlust des Rechtsmittels sanktioniert, daß eine Hauptverhandlung in Abwesenheit des Angeklagten überhaupt nicht stattfindet[99]. Eine Ausnahme gilt für eine Berufungsverhandlung nach einer Zurückverweisung durch das Revisionsgericht (§ 329 I 2). Dem vom Revisionsgericht aufgehobenen Sachurteil kann nicht durch ein bloßes Prozeßurteil wieder Geltung verschafft werden[100].

Bei Berufung der Staatsanwaltschaft und des Nebenklägers kann vollen Umfangs ohne den unentschuldigt ausgebliebenen Angeklagten verhandelt werden (§ 329 II). Hier ist das Anwesenheitsprinzip zu einem bloßen Anwesenheitsrecht des Angeklagten reduziert. Die Anordnung des persönlichen Erscheinens und dessen Erzwingung durch einen Haft- oder Vorführungsbefehl bleiben indessen zulässig (§ 329 IV).

b) Revision

Für die Hauptverhandlung im Revisionsverfahren besteht generell lediglich ein Anwesenheitsrecht des Angeklagten, eine Anwesenheitspflicht hat er nicht (§ 350 II 1). Zur Sicherung dieses Rechts ist eine Mitteilung vom Hauptverhandlungstermin vorge-

[98] Zu den teilweise recht kontroversen Einzelheiten des § 329 vgl. umfassend m. weit. Nachw. *LR-Gollwitzer* (Fußn. 11), § 329 und *Küper* (Fußn. 85), S. 289 ff.

[99] Die dogmatische Einordnung des Verwerfungsurteils nach § 329 ist umstritten. Teilweise wird aus dem Nichterscheinen eine unwiderlegliche Verzichtsvermutung hergeleitet; überwiegend wird jedoch in der neueren Literatur in dieser Regelung ein gesetzlich geregelter Sonderfall der Verwirkung gesehen. Näher (m. weit. Nachw.) *LR-Gollwitzer* (Fußn. 11), § 329 Rdnr. 76 ff.; und *Hanack*, JZ 1973, 694.

[100] *Kleinknecht* (Fußn. 15), § 329 Rdnr. 9. Deshalb gilt diese Ausnahme nicht, wenn über die Berufung noch nicht in der Sache entschieden war (BGHSt 27, 236; *LR-Gollwitzer* [Fußn. 11], § 329 Rdnr. 81; *Kleinknecht*, a. a. O.; *Gollwitzer*, JR 1976, 378; *Küper*, NJW 1977, 1275 und JZ 1978, 205; a. A. OLG Hamburg, NJW 1976, 905).

schrieben, doch genügt die Unterrichtung des Verteidigers, wenn sie nicht an den Angeklagten ausgeführt werden kann (§ 350 I)[101].

Umstritten ist, ob unter besonderen Voraussetzungen das persönliche Erscheinen des Angeklagten angeordnet werden kann[102]. Aus den revisionsrechtlichen Bestimmungen kann dies nicht hergeleitet werden. Da für das Revisionsverfahren auch keine allgemeine Verweisung auf das erstinstanzliche Hauptverfahren gilt, dürfte sich eine solche Pflicht hier auch nicht mit § 236 begründen lassen. Allein das Interesse des Revisionsgerichts, den Angeklagten zu freibeweislich aufzuklärenden Vorgängen der Verfahrensgeschichte zu befragen[103], kann ohne gesetzliche Grundlage eine Erscheinenspflicht nicht begründen. Da somit im Revisionsverfahren keine Anwesenheitspflicht des Angeklagten besteht, ist § 231 I auch nicht entsprechend anwendbar. Der Angeklagte darf sich daher auch während der Revisionshauptverhandlung jederzeit entfernen; der Vorsitzende hat nicht die Befugnis, dies durch Zwangsmaßnahmen zu unterbinden.

4. *Befreiung von der Anwesenheitspflicht für einzelne Mitangeklagte bei Verhandlungsteilen, die sie nicht betreffen*

Bei umfangreicheren Verfahren mit mehreren Mitangeklagten gibt es gelegentlich längere Verhandlungsteile, von denen einzelne Angeklagte nicht betroffen sind. Da nach geltendem Recht die Anwesenheitspflicht formal auf die gesamte Hauptverhandlungsdauer bezogen ist, gilt sie auch für solche Abschnitte. Die Praxis behilft sich hier — um dem verständlichen und anerkennenswerten Interesse der Angeklagten und ihrer Verteidiger nach einer Lockerung der Anwesenheitspflicht zu entsprechen —

[101] Wenn der Angeklagte keinen Verteidiger hat, wird allgemein auch die öffentliche Bekanntmachung der Mitteilung für zulässig gehalten (vgl. RGSt 65, 417; BayObLG 1962, 84; *Kleinknecht* [Fußn. 15], § 350 Rdnr. 2).

[102] Dafür OLG Koblenz, NJW 1958, 2027; *LR-Meyer* (Fußn. 33), § 350 Anm. 3; *Kleinknecht* (Fußn. 15), § 236 Rdnr. 1; *LR-Gollwitzer* (Fußn. 11), § 236, Rdnr. 7; dagegen *Eb. Schmidt* (Fußn. 14), § 236 Rdnr. 1 und Nachtragsband I, § 236 Rdnr. 1. Von einem bloßen Anwesenheitsrecht in der Revisionsinstanz gehen auch — ohne Behandlung dieser Spezialfrage — aus *Kern-Roxin* (Fußn. 19), S. 283; *Peters* (Fußn. 28) S. 579 und *Dahs-Dahs* (Fußn. 49), Rdnr. 437.

[103] Dies die Rechtfertigung in OLG Koblenz, NJW 1958, 2027. Diese — soweit ersichtlich — einzige Entscheidung zu dieser Frage läßt allerdings nicht deutlich erkennen, ob das OLG mit der Anordnung des persönlichen Erscheinens auch die Zwangsbefugnisse des § 236 in Anspruch nimmt.

damit, daß sie vorübergehend das Verfahren gegen einzelne Angeklagte abtrennt und es wieder verbindet, wenn Gegenstände verhandelt werden, die diese Angeklagten betreffen[104]. Die damit praktisch erreichte Befreiung von der Anwesenheitspflicht ist jedoch deshalb nicht ganz unbedenklich, weil sie den Angeklagten aus seiner Prozeßrolle als Angeklagter in der Hauptverhandlung verdrängt und sich damit einem Verlust des Anwesenheitsrechts nähert.

Ein kurz vor der Verkündung stehendes Gesetz sieht deshalb im Anschluß an eine Anregung des 50. Deutschen Juristentages[105] in einem neuen § 231 c vor, daß in Hauptverhandlungen gegen mehrere Mitangeklagte einzelne Angeklagte auf Antrag von ihrer Anwesenheitspflicht während solcher Verhandlungsabschnitte befreit werden können, von denen sie nicht betroffen sind[106].

VI. Sicherung der Verteidigungsmöglichkeit bei abwesenden Angeklagten

Mit der Nichtanwesenheit des Angeklagten in der Hauptverhandlung ist unvermeidlich eine Beeinträchtigung der Verteidigungsmöglichkeiten verbunden. Die Strafprozeßordnung hat als Ausgleich hierfür ein differenziertes Instrumentarium entwickelt.

1. Hinweise

Der Verzicht auf die Anwesenheitspflicht des Angeklagten bzw. die an sein unentschuldigtes Nichterscheinen geknüpften Folgen setzen regelmäßig voraus, daß der Angeklagte hierauf vorher aufmerksam gemacht worden ist. So erfordert das Verfahren nach § 232 den Hinweis in der Ladung, daß in Abwesenheit des Angeklagten verhandelt werden könne; bei der Vernehmung durch den Richter ist der Angeklagte, der nach § 233 einen Antrag auf Entbindung von der Erscheinenspflicht gestellt hat, über die bei Verhandlung in seiner Abwesenheit zulässigen Rechtsfolgen zu belehren und zu befragen, ob er seinen Antrag aufrecht-

[104] BGHSt 24, 257; *LR-Gollwitzer* (Fußn. 11), § 230 Rdnr. 14 ff.

[105] Verhandl. d. 50. DJT, Gutachten *Grünwald*, Bd. C, S. 28, Sitzungsberichte, Bd. K, S. 54, 195 f.

[106] Gesetzentwurf der Bundesregierung für ein Strafverfahrensänderungsgesetz 1979 (BT-Drucks. 8/976); Artikel 1 Nr. 20 (neuer § 231 c StPO) sowie Gesetzentwurf des Bundesrates für ein Gesetz zur Beschleunigung strafrechtlicher Verfahren (BT-Drucks. 8/354), Artikel 1 Nr. 8 (§ 231 III StPO). Der Rechtsausschuß des Bundestages hat § 231 c i. d. F. des Regierungsentwurfs beschlossen.

erhält. Ferner muß die Ladung zur Berufungsverhandlung einen Hinweis auf die gesetzlichen Folgen des Ausbleibens enthalten (§ 323 I 1). Keine besonderen Hinweise auf die Möglichkeiten, ohne Angeklagten zu verhandeln, sind dagegen bei den Fällen des Verlustes und der Verwirkung des Anwesenheitsrechts vorgeschrieben; sie wären bei den Besonderheiten dieser Fallkonstellationen auch schwer vorstellbar.

2. Andere Gewährleistungen des rechtlichen Gehörs

Regelmäßig, wenn auch in unterschiedlicher Form, wird ein Minimum an rechtlichem Gehör gewährleistet. Bei der Weiterverhandlung trotz unerlaubten Entfernens ergibt es sich daraus, daß diese erst zulässig ist, wenn der Angeklagte bereits zur Sache vernommen worden ist. Die Anwendung des § 231 a ist nur zulässig, wenn der Angeklagte nach Eröffnung des Verfahrens Gelegenheit hatte, sich vor einem Richter zur Sache zu äußern, nach § 231 b ist diese Gelegenheit in der Hauptverhandlung zu gewähren. Nach der Befreiung von der Anwesenheitspflicht ist der Angeklagte richterlich zur Sache zu vernehmen (§ 233 II). Bei unentschuldigtem Ausbleiben sind etwa vorhandene Niederschriften über richterliche Vernehmungen nach zwingender Vorschrift in der Hauptverhandlung zu verlesen (§ 232 III). Zweifelhaft ist hierbei, ob auch andere schriftliche, in den Akten befindliche Äußerungen des Angeklagten entgegen dem generellen Verlesungsverbot verlesbar sind[107]. Wenn man davon ausgeht, daß es sich hierbei nicht etwa um eine — nach der Grundstruktur der StPO unzulässige — Beweisaufnahme durch Verlesung anstelle mündlicher Vernehmung handelt, sondern um eine mindere Form des rechtlichen Gehörs, so wird man dies für zulässig und geboten halten müssen.

Auch vor unvermuteten Veränderungen der Sach- und Rechtslage in der Hauptverhandlung ist der Angeklagte weitgehend geschützt, wenn in seiner Abwesenheit verhandelt wird. Soweit solche Veränderungen einen Hinweis auf die Veränderung des rechtlichen Gesichtspunktes nach § 265 erfordern, bleibt die Pflicht hierzu auch bestehen, wenn der Angeklagte nicht anwesend ist. Das kann dazu führen, daß die Hauptverhandlung ohne den Angeklagten ausgesetzt oder unterbrochen werden muß, um diesen

[107] So *LR-Gollwitzer* (Fußn. 11), § 232 Rdnr. 30; a. A. *Kleinknecht* (Fußn. 15), § 232 Rdnr. 8; *Eb. Schmidt* (Fußn. 14), § 232 Rdnr. 16.

Hinweis nachzuholen[108]. Lediglich in Abwesenheitsverfahren nach § 231 II und § 231 a genügt es, wenn der rechtliche Hinweis dem Verteidiger gegeben wird (§ 265 V); aus dieser Vorschrift ergibt sich aber zugleich, daß er auch in diesen Fällen nicht gänzlich entbehrlich ist.

Ebenso kann auch der abwesende Angeklagte darauf vertrauen, daß nicht gegen seinen Willen von regelmäßigen Verfahrensvorschriften abgewichen werden darf, wenn das Gesetz diese Abweichung nur mit ausdrücklicher Zustimmung des Angeklagten zuläßt. Beim Verzicht auf die Vereidigung (§ 61 Nr. 5), auf die Verwendung präsenter Beweismittel (§ 245 Satz 3) und der Zustimmung zur Verlesung (§ 251 I Nr. 4) ist nach allgemeiner Auffassung auch die Zustimmung eines abwesenden Angeklagten erforderlich[109]; ob in den Verwirkungsfällen etwas anderes gilt, ist zweifelhaft[110].

3. Beistand eines Verteidigers

In allen Fällen, in denen der totale Verlust des Anwesenheitsrechts in Frage steht, ist die Verteidigung gewährleistet. Bei Verhandlung in Abwesenheit wegen selbstverschuldeter Verhandlungsunfähigkeit ist dem Angeklagten schon vor der Entscheidung ein Verteidiger zu bestellen (§ 231 a IV). Im Sicherungsverfahren ist stets notwendige Verteidigung gegeben (§ 140 I Nr. 7). Entfällt das Anwesenheitsrecht für die Revisionsverhandlung, weil sich der Angeklagte nicht auf freiem Fuß befindet, so ist ihm auf Antrag ein Verteidiger zu bestellen (§ 350 III).

Auch in den Fällen des Verzichtes auf die Anwesenheitspflicht erlangt die Verteidigung gesteigerte Bedeutung. Ist der Verteidiger normalerweise nur Beistand des Angeklagten, so wird ihm in diesen Fällen dessen Vertretung gestattet (§ 234).

[108] Vgl. *LR-Gollwitzer* (Fußn. 11), § 232 Rdnr. 32, § 233 Rdnr. 34. Hat der Verteidiger eine besondere Vertretungsvollmacht nach § 234, so genügt in den Fällen des § 232, § 411 II der Hinweis an diesen (*LR-Gollwitzer*, § 234 Rdnr. 14, 15).

[109] BayObLG, JZ 1964, 328 m. zust. Anm. *Kleinknecht; LR-Gollwitzer* (Fußn. 11), § 245 Rdnr. 38.

[110] BGHSt 3, 206 für den Fall, daß der nach § 231 II abwesende Angeklagte einen Verteidiger hatte; generell aus dem Verwirkungsgedanken heraus *Eb. Schmidt* (Fußn. 14), § 231 Rdnr. 11 und *LR-Gollwitzer* (Fußn. 11), § 231 Rdnr. 29.

4. Nachträgliche Unterrichtung über den Prozeßstoff

Die nachträgliche Unterrichtung über den in Abwesenheit des Angeklagten erarbeiteten Prozeßstoff noch im Laufe der Hauptverhandlung nach Wiedererscheinen ist seit jeher bei dem Verlust des Anwesenheitsrechts vorgeschrieben, den der Angeklagte nicht zu vertreten hat, nämlich beim Ausschluß von einzelnen Beweisaufnahmeakten nach § 247 (§ 247 Satz 4). In dem überkommenen Verwirkungsfall des § 231 II bestand eine solche Verpflichtung bisher nach allgemeiner Auffassung nicht[111]. Obwohl der neue § 231 a gerade hieran anknüpft, ist in dieser Vorschrift eine Unterrichtungspflicht vorgeschrieben worden (§ 231 a II). Bei einer langfristigen Abwesenheit, die in den Fällen des § 231 a nicht ausgeschlossen ist, hat allerdings diese Unterrichtungspflicht eine ganz andere Dimension und ist in der Praxis sehr viel schwieriger zu erfüllen als bei den gegenständlich eng begrenzten Verhandlungsvorgängen, die § 247 im Auge hat. Man wird deshalb hier eine kursorische Unterrichtung genügen lassen müssen.

Eine besondere Form der nachträglichen Unterrichtung über den Prozeßstoff stellt es dar, wenn bei der Verhandlung gegen den ausgebliebenen Angeklagten nach § 232 vorgeschrieben ist, daß ihm das Urteil mit den Gründen stets persönlich zugestellt werden muß (§ 232 IV). Schließlich werden die Interessen des abwesenden Angeklagten auch dadurch geschützt, daß die Frist zur Einlegung eines Rechtsmittels für ihn erst mit der Zustellung des vollständigen schriftlichen Urteils beginnt (§ 314 II, § 341 II).

5. Besondere Rechtsbehelfe

Urteile, die aufgrund einer Hauptverhandlung ohne Angeklagten ergehen, sind ausnahmslos voll rechtskraftsfähig[112]. Eine erleichterte Wiederaufnahme oder eine Erneuerung der Hauptverhandlung ist nicht vorgesehen[113]. Diese Lösung ist insbesondere

[111] BGHSt 3, 189; *LR-Gollwitzer* (Fußn. 11), § 231 Rdnr. 15; *Kleinknecht* (Fußn. 15), § 231 Rdnr. 9; a. A. im Hinblick auf die neue Regelung in § 231 a II *Rieß* (Fußn. 15), S. 271.

[112] Über die Bedeutung der Rechtskraft allgemein vgl. *Grünwald*, Die materielle Rechtskraft im Strafverfahren der Bundesrepublik Deutschland, Deutsches strafrechtliches Landesreferat zum IX. Internationalen Kongreß für Rechtsvergleichung, 1974, Beiheft ZStW, 1974, S. 94 ff.

[113] Anders die erleichterte Wiederaufnahmemöglichkeit des früheren Verfahrens gegen Abwesende in § 282 c StPO i. d. bis zum 31. 12. 1974 geltenden Fassung (vgl. dazu *LR-Dünnebier* [Fußn. 39], § 282 c, Anm. 5 und *Rieß* [Fußn. 4], S. 268).

deshalb vertretbar, weil auch in den Verfahren in Abwesenheit des Angeklagten ausnahmslos ein Minimum an rechtlichem Gehör gewährleistet ist und die Verteidigungsmöglichkeiten des Angeklagten auf andere Art durch kompensierende Maßnahmen gesichert sind. Ob die engen Voraussetzungen der Verhandlung in Abwesenheit des Angeklagten beachtet worden sind, wird regelmäßig mit den normalen Rechtsmitteln gegen Urteile, insbesondere mit der Revision überprüft. Lediglich im Verfahren ohne den Angeklagten wegen selbstverschuldeter Verhandlungsunfähigkeit nach § 231 a ist gegen diese Entscheidung vorweg sofortige Beschwerde gegeben (§ 231 a III 3).

Wenn die Verhandlung in Abwesenheit des Angeklagten davon abhängig ist, daß er unentschuldigt nicht erscheint (§§ 232, 329, 412), kann er neben dem normalen Rechtsmittel gegen das Urteil die Wiedereinsetzung in den vorigen Stand mit der Begründung verlangen, daß er ohne sein Verschulden nicht erscheinen konnte. Die Unkenntnis von der Ladung rechtfertigt stets die Wiedereinsetzung (§ 235, § 329 III)[114]. Der die Wiedereinsetzung gewährende Beschluß beseitigt ohne weiteres das in Abwesenheit des Angeklagten ergangene Urteil.

VII. Reformüberlegungen

In den gegenwärtigen rechtspolitischen Überlegungen zur Reform des Strafverfahrensrechts[115] spielen grundsätzlichere Erwägungen zur Änderung der Vorschriften über die Hauptverhandlung ohne den Angeklagten keine bedeutende Rolle. Die Beseitigung des Verfahrens gegen Abwesende im technischen Sinne zum 1. Januar 1975 ist allgemein begrüßt worden[116]; die Vorschläge zur Beurlaubung einzelner Angeklagter bei Hauptverhandlungen gegen mehrere Angeklagte haben in den vorbereitenden Erörterungen der Gesetzentwürfe von der gerichtlichen, staatsanwaltschaftlichen und anwaltschaftlichen Praxis überwiegend eine positive Aufnahme gefunden. Hiervon abgesehen, scheint auf diesem Gebiet ein dringendes Reformbedürfnis nicht zu existieren.

114 Umstritten ist, ob auch gegen die unverschuldete Versäumung der Revisionshauptverhandlung Wiedereinsetzung möglich ist (vgl. *LR-Meyer* [Fußn. 33], § 350 Anm. 4 m. weit. Nachw.).

115 Gesamtüberblick bei *Rieß*, ZRP 1977, 67 ff.

116 Vgl. *Dünnebier* (Fußn. 39); *LR-Dünnebier* (Fußn. 39), Vorb. 3 vor § 276; *Rieß* (Fußn. 15), S. 268; *Peters* (Fußn. 41), S. 190.

Allerdings ist bei der zunehmenden Freizügigkeit auch über die Staatsgrenzen hinweg zu fragen, ob auf längere Sicht uneingeschränkt daran festgehalten werden soll, daß gegen einen im Ausland befindlichen Beschuldigten keine Hauptverhandlung stattfinden darf. Es ist de lege ferenda prüfenswert, die Hauptverhandlung gegen Ausländer mit bekanntem Aufenthaltsort nicht völlig auszuschließen, sondern etwa in den Grenzen des § 232 zu ermöglichen[117]. Jedoch wird zunächst die weitere Entwicklung des internationalen Rechtshilfeverkehrs in Strafsachen abzuwarten sein.

Bei einer Gesamtreform des erstinstanzlichen Hauptverfahrens sollte auch die starke Betonung der Anwesenheitspflicht im deutschen Strafverfahrensrecht auf ihre Berechtigung und Praktikabilität hin mit überprüft werden. Die Reformgeschichte zeigt, daß damit kein völliges Neuland betreten würde[118]. Von dem Ausgangspunkt her, daß auch die Anwesenheitspflicht in erster Linie der Sicherung des rechtlichen Gehörs und damit dem Verteidigungsinteresse des Angeklagten dient, erscheint eine vorsichtige Lockerung diskussionswürdig. In der jüngsten Strafprozeßwirklichkeit kommt es nicht ganz selten zu ritualisierten Beschimpfungsszenen im Gerichtssaal, mit deren Hilfe die Weiterführung der Hauptverhandlung ohne Angeklagten nach § 231 b erreicht werden soll und auch erreicht wird. Eine Gesetzesfassung, die zu solchem Formenmißbrauch zwingt, kann nicht als völlig befriedigend bezeichnet werden. Näher geprüft werden könnte hierbei etwa ein Lösungsansatz, nach dem es — gegebenenfalls unter normativ näher zu umschreibenden Voraussetzungen — dem Gericht gestattet wird, den Angeklagten von seiner Anwesenheitspflicht auf dessen ausdrücklichen Antrag jedenfalls dann zu dispensieren, wenn für ihn ein Verteidiger in der Hauptverhandlung mitwirkt.

Außer Diskussion stehen dagegen angesichts des Verfassungsranges des Anspruchs auf rechtliches Gehör und der zentralen Bedeutung der Anwesenheit für seine Gewährung weitere Einschränkungen des Anwesenheitsrechts des Angeklagten. Das zur Sicherung des geordneten Verfahrensablaufs Unerläßliche — und damit auch allein verfassungsrechtlich Legitimierte — dürfte durch die letzten Rechtsänderungen erreicht worden sein. Ob der

[117] Vgl. die Vorschläge bei *Oppe*, ZRP 1972, 56 ff.

[118] Vgl. *Rieß* (Fußn. 4), S. 392.

Verlust des Anwesenheitsrechts im Revisionsverfahren für den inhaftierten Angeklagten[119] sich weiter rechtfertigen läßt, ist eine Frage, die mit von der zukünftigen Ausgestaltung der Rechtsmittel in Strafsachen abhängt[120].

Zusammenfassung

1. Der Hauptverhandlung im Strafverfahrensrecht der Bundesrepublik Deutschland liegt sehr weitgehend das Prinzip der Anwesenheit des Angeklagten zugrunde. Dabei steht nahezu gleichrangig neben dem Anwesenheitsrecht des Angeklagten auch seine Anwesenheitspflicht.

2. Mit diesem Anwesenheitsprinzip soll in erster Linie das rechtliche Gehör des Angeklagten sichergestellt werden. Deshalb bedeutet Anwesenheit Verhandlungsfähigkeit. Von einem Teil der Lehre wird das Anwesenheitsprinzip auch mit dem Sachaufklärungsinteresse gerechtfertigt.

3. Eine Abwesenheitshauptverhandlung gegen Beschuldigte, die unerreichbar (flüchtig oder ohne Gestellungsmöglichkeit im Ausland) sind, ist ausnahmslos unzulässig. Ist der Angeklagte erreichbar, so gilt ebenfalls der Grundsatz, daß bei seinem Ausbleiben keine Hauptverhandlung stattfindet. Allein dieser Grundsatz ist durch eine Reihe von Ausnahmen durchbrochen.

4. Dabei unterliegt das Recht des Angeklagten auf Anwesenheit in der Hauptverhandlung den geringsten Einschränkungen. Im normalen Strafverfahren in der Tatsacheninstanz darf der Angeklagte lediglich für einzelne Beweisaufnahmeakte aus der Hauptverhandlung entfernt werden, wenn von seiner Anwesenheit eine erhebliche Gefährdung der Wahrheitsfindung oder des Wohls von Zeugen unter sechzehn Jahren oder seiner eigenen Gesundheit zu befürchten ist. Ohne den Angeklagten darf ferner im Sicherungsverfahren gegen verhandlungs- oder schuldunfähige Beschuldigte verhandelt werden. Keinen Anspruch auf Anwesen-

[119] Kritisch zur gegenwärtigen Situation im Revisionsverfahren etwa *Eb. Schmidt*, NJW 1967, 853 und *Kern-Roxin* (Fußn. 19), S. 283.

[120] Zu den gegenwärtigen Reformüberlegungen im Rechtsmittelrecht vgl. umfassend *Fezer*, Möglichkeiten der Revision in Strafsachen, 1975, und *Rieß*, DRiZ 1975, 3 ff. sowie den Diskussionsentwurf für ein Gesetz über die Rechtsmittel in Strafsachen, 1975, insbesondere dessen § 351 II.

heit hat im Revisionsverfahren der nicht auf freiem Fuß befindliche Angeklagte.

5. Der Angeklagte kann seine Anwesenheitsmöglichkeit in folgenden drei Fällen verwirken: Wenn er sich nach seiner Vernehmung zur Sache eigenmächtig aus der Hauptverhandlung entfernt, wenn er sich vorsätzlich und in dem Bewußtsein, dadurch die ordnungsmäßige Durchführung der Hauptverhandlung zu verhindern, in einen verhandlungsunfähigen Zustand versetzt und wenn er durch ordnungswidriges Verhalten den Hauptverhandlungsablauf schwerwiegend beeinträchtigt und deshalb aus dem Sitzungszimmer entfernt werden muß.

6. In einer Reihe von Fällen wird lediglich die Anwesenheitspflicht eingeschränkt, das Anwesenheitsrecht bleibt unverkürzt: Gegen einen unentschuldigt ausbleibenden Angeklagten kann nach entsprechendem Ladungshinweis in seiner Abwesenheit auf Geldstrafe erkannt werden. Auch auf Freiheitsstrafe bis zu sechs Monaten darf erkannt werden, wenn der Angeklagte auf seinen Antrag von der Anwesenheitspflicht befreit wird. Im Einspruchsverfahren nach vorherigem Strafbefehl und im Privatklageverfahren kann sich der Angeklagte anstelle seiner persönlichen Anwesenheit durch einen Verteidiger vertreten lassen. Im Berufungsverfahren kann auf eine Berufung der Staatsanwaltschaft auch ohne einen unentschuldigt ausbleibenden Angeklagten verhandelt werden. In allen diesen Fällen kann das Gericht das persönliche Erscheinen des Angeklagten anordnen und erzwingen.

7. Für das Revisionsverfahren besteht für den auf freiem Fuß befindlichen Angeklagten lediglich ein Anwesenheitsrecht, aber keine erzwingbare Anwesenheitspflicht.

8. Zur Durchsetzung der Anwesenheitspflicht stehen dem Gericht Zwangsbefugnisse (Festhalterecht, Vorführungsbefehl, Haftbefehl) zur Verfügung. Im Berufungsverfahren ist die Anwesenheitspflicht dadurch indirekt sanktioniert, daß bei unentschuldigtem Ausbleiben eine Berufung des Angeklagten ohne Sachverhandlung zu verwerfen ist. Verstößt das Gericht gegen die Anwesenheitsvorschriften, so stellt dies einen absoluten Revisionsgrund dar.

9. Der durch die fehlende Anwesenheit bewirkte Verlust an Verteidigungsmöglichkeiten wird durch besondere Bestimmungen gemindert. Hierzu zählen: Hinweise auf die Möglichkeiten der Verhandlung in Abwesenheit, andersartigen Gewährungen des

rechtlichen Gehörs, Bestellung von Verteidigern, nachträgliche Unterrichtung über den Prozeßstoff und Gewährung von Wiedereinsetzung in den vorigen Stand bei unverschuldeter Abwesenheit.

10. Urteile, die in Abwesenheit des Angeklagten ergehen, sind ebenso wie alle anderen Urteile der vollen Rechtskraft fähig. Eine erleichterte Wiederaufnahmemöglichkeit besteht nicht. Doch beginnt in diesen Fällen die Rechtsmittelfrist erst, wenn das schriftliche Urteil mit den Gründen dem Abwesenden zugestellt worden ist.

Summary

1. Under the law of criminal procedure of the Federal Republic of Germany the trial is based largely on the principle that the accused must be present. But of almost equal weight as the accused's right to be present is his obligation to be present.

2. This principle requiring the accused's presence is primarily meant to ensure that the accused is granted the right of audience. Presence therefore means that the accused must be capable to stand trial. Some of the learned writers justify the principle that the accused must be present also by the interest in having the facts of the case elucidated.

3. It is invariably inadmissible to conduct the trial in the absence of accused who are out of reach (because they are fugitive or abroad and cannot therefor appear before the court). Where the accused is within reach, the principle likewise applies that in case of his absence the trial cannot take place. However, there are a number of exceptions to this principle.

4. The accused's right to be present at the trial is subject to few restrictions only. In ordinary criminal proceedings before the trial court the accused can be removed from the trial only for individual acts in the taking evidence if it is to be apprehended that his presence might considerably jeopardise the ascertainment of the truth, or the welfare of witnesses below the age of sixteen, or his own health. Further, in proceedings concerning a measure of rehabilitation or prevention the trial may be conducted in the absence of the accused if he is unfit to stand trial or incapable of contracting guilt. In review proceedings on points

of law only an accused who is not at liberty has no right to be present.

5. The accused may forfeit his right of being present in the following three cases: If, after having been heard on the facts, he absents himself from the trial without authority to do so; if, knowingly and with intent to prevent the proper conduct of the trial, he brings on a state of health which renders him incapable of standing trial; or if, by improper conduct, he seriously disturbs the course of the trial and must, for this reason, be removed from the court room.

6. In a number of cases it is merely the obligation to be present that will be restricted while the right to be present remains unaffected: An accused who fails to turn up for trial without any excuse can, where this has been pointed out in the summons, be imposed a fine in his absence. Even a sentence of imprisonment for a term not exceeding six months can be imposed if, upon his application, the accused is relieved from his obligation to be present. In private suits on appeal against a written penal order (Strafbefehl) the accused need not be present but can be represented by defence counsel. In appellate proceedings, where the appeal has been lodged by the prosecuting authority, the case may be dealt with even in the absence of an accused who offers no excuse. In all these cases the court may order and enforce the accused's personal appearance.

7. As far as review proceedings on points of law only are concerned, an accused who is at liberty has merely a right to be present, but there is no enforceable obligation for him to be present.

8. To enforce the obligation to be present the court has powers to take coercive measures (right to detain the accused, order for his compulsory production to the court, warrant of arrest). In appellate proceedings the obligation to be present is indirectly sanctioned by the fact that in case of the accused's absence without any excuse an appeal lodged by the accused must be rejected without the court dealing with the facts of the case. Where the court infringes any of the provisions concerning the presence of the accused this will constitute an absolute ground for review on points of law.

9. The loss of means of defence effected by the accused's absence is mitigated by special provisions. Some of these are:

Reference to the possibility that the proceedings will be conducted in the accused's absence; granting the right of audience in some other way; assignment of defence counsel; subsequent information on what was said and done in the proceedings; or granting *restitutio in integrum* where the accused's absence was not due to his own default.

10. Judgments passed in the accused's absence can fully become final and binding like any other judgment. There is no facilitation of the means for reopening the proceedings. However, in such cases the time allowed for lodging a legal remedy does not commence to run until the written judgment together with the reasons therefor has been served on the absent accused.

Résumé

1. Le principe de la présence de l'accusé préside, dans la plus large majorité des cas, aux débats dans le droit de la procédure pénale dans la République fédérale d'Allemagne. Mais en même temps, à côté du droit de présence de l'accusé, se trouve à peu près au même niveau son obligation d'être présent.

2. Par ce principe de la présence, il s'agit avant tout de garantir le droit de l'accusé à être entendu par un tribunal. C'est pourquoi la présence équivaut à la capacité de participer aux débats. Une partie de la doctrine justifie également le principe de la présence par l'intérêt qu'il y a à éclaircir le cas.

3. Des débats en l'absence d'accusés que l'on ne peut atteindre (en fuite ou que l'on ne peut citer à l'étranger) sont sans exception illicites. Si l'on peut atteindre l'accusé, vaut également le principe qu'il n'y a pas de débats en son absence. Seulement il existe de nombreuses exceptions à ce principe.

4. Dans ces cas, c'est le droit de l'accusé à assister aux débats qui est soumis aux restrictions les plus insignifiantes. Dans la procédure pénale normale, à l'instance du constat, l'accusé ne peut être exclu des débats que si l'on peut craindre de sa présence une menace considérable pour l'éclaircissement des faits, le bien des témoins en-dessous de seize ans ou sa propre santé. De plus, dans la procédure d'internement à l'encontre d'accusés qu'on ne peut soumettre à une procédure ou à une notion de faute, des débats peuvent également se dérouler sans l'accusé. Dans la

procédure de révision, l'accusé qui ne se trouve pas en liberté n'a pas le droit d'être présent.

5. L'accusé peut perdre son droit de présence dans les trois cas suivants: Lorsque, après avoir été entendu sur les faits, il s'absente arbitrairement des débats; lorsque, sciemment et dans la volonté d'empêcher le déroulement régulier des débats, il se met dans un état qui le rend incapable de suivre les débats ou lorsqu'il porte gravement atteinte au déroulement des débats par une conduite contraire au règlement et que, pour cette raison, il faut l'exclure de la salle des séances.

6. Dans toute une série de cas, ce n'est que le devoir de présence qui est soumis à des restrictions tandis que le droit de présence reste illimité: une amende peut être statuée à l'encontre d'un accusé qui, sans excuse, ne se présente pas après citation à ce sujet. De même une peine de prison allant jusqu'à six mois peut être décidée lorsque l'accusé est exempté à sa demande du droit de présence. Dans la procédure d'opposition, après une condamnation pénale, et dans la prócédure de l'action pénale privée, l'accusé, au lieu d'être présent personnellement, peut se faire représenter par son défenseur. Dans la procédure d'appel, les débats peuvent avoir lieu, sur le recours du ministère public, même en l'absence d'un accusé qui ne s'est pas fait excuser. Dans tous ces cas, le tribunal peut prescrire et rendre obligatoire la présence personnelle de l'accusé.

7. Pour la procédure de pourvoi en cassation, il existe pour l'accusé qui se trouve en liberté simplement un droit de présence, mais pas de devoir de présence qui puisse être rendu obligatoire.

8. Pour faire exécuter le devoir de présence, le tribunal a à sa disposition de pouvoirs de coercition (droit de maintien, mandat d'amener, mandat d'arrêt). Dans la procédure de pourvoi en appel, le devoir de présence est indirectement sanctionné par le fait que, lors d'une absence non justifiée, un recours de l'accusé, sans débats sur les faits, est à rejeter. Si le tribunal enfreint les prescriptions sur la présence, ce fait constitue un motif absolu de pourvoi en cassation.

9. La diminution des possibilités de défense qui découle du fait de l'absence est atténuée par certaines dispositions. En font partie: des indications sur les possibilités de débats en absence de l'accusé, autres possibilités d'être entendu par un tribunal, nomi-

nation de défenseurs, supplément de renseignements sur la matière du procés et possibilité d'un retour à la situation antérieure, dans lors d'une absence sans faute.

10. Les jugements qui sont prononcés en l'absence de l'accusé ont pleine force de chose jugée comme tout autre jugement. Il n'existe pas d'allègement pour une possibilité de cassation. Cependant, dans ces cas, le délai de recours ne commence qu'au moment où le jugement écrit, accompagné des motifs, a été communiqué à l'absent.

Resumen

1. — En el Derecho Procesal Penal de la República Federal alemana, el principio de presencia del acusado constituye una de las normas fundamentales del procedimiento plenario. Junto con ese derecho a estar presente el acusado, rige con el mismo rango el principio de su deber de presencia.

2. — Con este principio de la presencia del acusado se tiende a asegurar, en primer lugar, su derecho a ser oido en juicio. Por consiguiente, su presencia significa también la posibilidad de seguir las actuaciones. Por un sector de la doctrina se justifica también el principio de la presencia del acusado, por el interés de averiguar la verdad.

3. — Una condena en rebeldía contra inculpados ilocalizables (fugitivos o sin posibilidad de ser habidos en el extranjero), resulta improcedente. Si el acusado es asequible, rige igualmente el principio de que no tenga lugar la vista en su ausencia. No obstante, este principio conoce una serie de excepciones.

4. — El derecho del acusado a estar presente en la vista, está sometido a limitaciones mínimas. En las fases de instrucción de los procesos penales normales, solamente se permite la ausencia del acusado en casos excepcionales. Así ocurre en supuestos de toma de pruebas en el caso de que, al dejar de practicarlas, fuera de temer un considerable riesgo en el hallazgo de la verdad o en el estado de salud de los testigos de menos de dieciséis años o de la salud propia del acusado. Además, se puede ver la causa sin el acusado en procesos a los que se imponen medidas de seguridad a inimputables o inculpados imposibilitados para seguir el juicio.

Ningún derecho tiene a estar presente en el recurso de casación el acusado que esté en prisión.

5. — El acusado puede perder su derecho a estar presente en el juicio en los tres casos siguientes: si después del interrogatorio relacionado con el caso, se ausenta voluntariamente de la vista; si dolosa e intencionadamente, con objeto de impedir la normal ejecución de la vista, se coloca a sí mismo en una situación de incapacidad para seguir el proceso; y si, mediante un comportamiento perturbador del orden, dificulta el normal desarrollo de la vista de tal manera que tenga que ser expulsado de la Sala.

6. — Si bien hay una serie de casos en los que se puede limitar el deber de presencia, el derecho de presencia des acusado no sufre limitación alguna: a un acusado al que no se le ha autorizado para estar ausente del juicio se le puede imponer una sanción (solamente multa) en su ausencia despues de haberle sido hecha la advertencia correspondiente. También se le puede imponer una pena de privación de libertad de hasta seis meses si el acusado, tras haberlo solicitado, es excusado del deber de presencia. En el procedimiento de orden penal (Strafbefehl) en supuestos de disconformidad del acusado y en el proceso de acusación privada, el acusado puede hacerse representar por un defensor en lugar de su presencia personal. En el recurso de apelación llevado a cabo por la Fiscalía, se puede hacer el juicio aunque haya un acusado indebidamente ausente.

En todos estos casos, el Tribunal tiene derecho a ordenar y forzar la comparedencia del acusado.

7. — En el recurso de casación existe para el acusado en libertad, solamente un derecho de presencia pero ninguna obligación de presencia forzosa.

8. — Para la ejecución del deber de presencia, están a disposición del Tribunal autorizaciones de fuerza (derecho de detención, orden de reprehensión, mandato de detencion). En el recurso de apelación, la infracción del deber de presencia del acusado se sanciona indirectamente en el sentido de que al estar aquel ausente indebidamente, hay que rechazar su apelación sin que sea necesario realizar la vista de la causa. En el caso de que el Tribunal infrinja las normas de presencia del acusado, surge un motivo absoluto de casación de la causa.

9. — La pérdida de posibilidades de defensa que se deduzcan de la falta de presencia pueden ser suavizadas mediante proce-

dimientos especiales. Entre estos están: indicaciones sobre las posibilidades de la vista en ausencia, otra clase de garantías de ser oído, encargo de defensores, ulterior información sobre el material del proceso y concesión de reposición en el anterior estado o situación de la causa en el caso de ausencia inculpable.

10. — Las sentencias emitidas en ausencia del acusado tienen la misma fuerza jurídica que las demás. No hay ninguna posibilidad de revisión. Sin embargo, en estos casos el plazo de término del recurso sólo empieza a contarse cuando se haya extendido el fallo motivado por escrito y entregado al inculpado ausente.